Nadine M. Schöneck · Georg Wenzelburger · Frieder Wolf

Promotionsratgeber Soziologie

Nadine M. Schöneck
Georg Wenzelburger
Frieder Wolf

Promotionsratgeber
Soziologie

VS VERLAG

Bibliografische Information der Deutschen Nationalbibliothek
Die Deutsche Nationalbibliothek verzeichnet diese Publikation in der
Deutschen Nationalbibliografie; detaillierte bibliografische Daten sind im Internet über
<http://dnb.d-nb.de> abrufbar.

1. Auflage 2012

Alle Rechte vorbehalten
© VS Verlag für Sozialwissenschaften | Springer Fachmedien Wiesbaden GmbH 2012

Lektorat: Katrin Emmerich

VS Verlag für Sozialwissenschaften ist eine Marke von Springer Fachmedien.
Springer Fachmedien ist Teil der Fachverlagsgruppe Springer Science+Business Media.
www.vs-verlag.de

Umschlaggestaltung: KünkelLopka Medienentwicklung, Heidelberg
Druck und buchbinderische Verarbeitung: Ten Brink, Meppel
Gedruckt auf säurefreiem und chlorfrei gebleichtem Papier
Printed in the Netherlands

ISBN 978-3-531-17954-4

Inhalt

Verzeichnis der Gastbeiträge

Verzeichnis der Abbildungen und Tabellen

Abkürzungsverzeichnis

ALLBUS	Allgemeine Bevölkerungsumfrage der Sozialwissenschaften
BJS	Berliner Journal für Soziologie
BMBF	Bundesministerium für Bildung und Forschung
BuwiN	Bundesbericht zur Förderung des wissenschaftlichen Nachwuchses
CHE	Centrum für Hochschulentwicklung
·DAAD	Deutscher Akademischer Austausch Dienst
DFG	Deutsche Forschungsgemeinschaft
DGS	Deutsche Gesellschaft für Soziologie
DHV	Deutscher Hochschulverband
DIW	Deutsches Institut für Wirtschaftsforschung
DPG	Deutsche Physikalische Gesellschaft
ECPR	European Consortium for Political Research
EITM	Empirical Implications of Theoretical Models
ESA	European Sociological Association
Eurodoc	The European Council of Doctoral Candidates and Junior Researchers
GESIS	Gesellschaft Sozialwissenschaftlicher Infrastruktureinrichtungen, heute: Leibnitz-Institut für Sozialwissenschaften
HRK	Hochschulrektorenkonferenz
IBSS	International Bibliography of the Social Sciences
IHF	Bayerisches Staatsinstitut für Hochschulforschung und Hochschulplanung
ISA	International Sociological Association
KZfSS	Kölner Zeitschrift für Soziologie und Sozialpsychologie
MPIfG	Max Planck-Institut für Gesellschaftsforschung
SOEP	Sozio-Oekonomisches Panel
SOFIS	Sozialwissenschaftliches Forschungsinformationssystem
SSCI	Social Science Citation Index
WR	Wissenschaftsrat
WZB	Wissenschaftszentrum Berlin für Sozialforschung
ZfS	Zeitschrift für Soziologie

Zum Geleit

von Martina Löw

Promovieren ist eine große Herausforderung – für jeden. Für die meisten ist es das erste Buch, das sie schreiben. Das bedeutet, dass eine ausführliche Argumentation entworfen werden muss. Oft wird eine eigene empirische Untersuchung durchgeführt. Ein langer Zeitraum ist demnach zu planen. Das Schwierigste ist in der Regel die Fragestellung. Wie gelingt es, diese so präzise zu fassen, dass wirklich jedes Kapitel eine Teilantwort auf die Frage bietet? Den Forschungsstand international gilt es, genau zu kennen, bevor die Frage festgelegt werden muss. Gleichzeitig meldet sich schon bald der Zeitdruck, insbesondere wenn Stipendien beantragt werden müssen. Aber möchte man die Freiheit eines Stipendiums oder die institutionelle Anbindung an die Universität auf einer Stelle wählen? Bietet ein Graduiertenkolleg von beidem etwas? Wie findet man einen Betreuer oder eine Betreuerin? Was darf man fordern, was muss man bereit sein, zu erbringen? Wann ist der richtige Zeitpunkt, um sich von dem Werk wieder zu trennen?

Meist werden Erfahrungen mündlich weitergegeben. Promovierte erzählen von ihrem Arbeitsprozess, die Betreuer/-innen haben Tipps etc. Das ist hilfreich, aber eben immer nur ein kleiner Einblick. Deshalb ist es ausgesprochen begrüßenswert, dass nun ein *Promotionsratgeber Soziologie* vorliegt. Er gibt Aufschluss auf all die vielen Themen, die sich im Laufe des Promovierens stellen: Sinnfrage, Themenfindung, Finanzierung, Konzeption, Krisen, Feedback, Schulung, Konflikte, Publizieren etc. Der Ratgeber kann in unterschiedlichen Phasen der Erstellung einer Doktorarbeit immer wieder zur Hand genommen werden und neu Antworten bereitstellen. Der Ratgeber kann auch nützlich sein, wenn man sich die Frage stellt, ob man überhaupt promovieren will und kann. Kurze Erfahrungsberichte lockern die Informationsteile auf.

Als Vorsitzende der Deutsche Gesellschaft für Soziologie (DGS) begrüße ich es sehr, dass die Verfahren zur Erstellung einer Promotion transparenter werden. Damit können nicht nur Umwege erspart werden, sondern auch Zugänge offengelegt werden. Einer dieser Zugänge ist die Mitgliedschaft in einer Fachgesellschaft. Für die Soziologie ist das die DGS. Sie ist eine wissenschaftliche Gesellschaft, die den Zweck hat, soziologische Wissenschaft und Forschung zu fördern, soziologische und sozialwissenschaftliche Probleme in Wort und Schrift zu erörtern, den Gedankenaustausch ihrer Mitglieder zu fördern, an der Verbreitung und Vertiefung soziologischer Denkweisen mitzuwirken und sich an der Klärung von Fach- und Studienfragen der Soziologie zu beteiligen und die Beziehung zur Soziologie des Auslands zu pflegen. Dies wird insbesondere durch die Durchführung soziologischer Kongresse, die Koordination und Teilfinanzierung der wissenschaftlichen Sektionen und ihrer Tagungen sowie die Herausgabe von Publikationen verwirklicht. Spätestens in der Promotionsphase bietet es sich an, die Netzwerke der DGS zu nutzen und durch eigene Beiträge zu bereichern. Mehr als 2.100 Mitglieder kommen hier zusammen. Ungefähr vier Fünftel aller promovierten Soziologinnen und Soziologen Deutschlands organisieren sich in der DGS.

Die DGS wurde im Jahre 1909 gegründet, unter anderem von Ferdinand Tönnies, Max Weber und Georg Simmel. Schon zur Zeit der Weimarer Republik führte die DGS regelmäßig Soziologentage durch. In der Zeit des Nationalsozialismus mussten die Aktivitäten eingestellt werden. Bereits im Jahre 1946 wurde die DGS wieder ins Leben gerufen. Sie wuchs seither von einem kleinen Gelehrtenverein zu einer großen akademischen Gesellschaft heran. In den Hauptforschungsgebieten der Soziologie wurden bislang 35 Sektionen, zwei Arbeitsgemeinschaften und zwei Arbeitsgruppen eingerichtet. Diese veranstalten alljährlich zahlreiche Tagungen, deren Ergebnisse zumeist veröffentlicht werden. In den Sektionen und Arbeitsgruppen, die zum Promotionsthema passen, sollte man sich anmelden, um dort Mitdiskutanten, Ratgeber/-innen oder allgemeiner Zugang zu Wissensbeständen und Kontakten zu finden, die für die Promotion und oft für die gesamte berufliche Laufbahn von großer Bedeutung sind.

Viel Erfolg beim Promovieren und viel Freude beim Lesen!

Dr. Martina Löw ist Professorin für Soziologie an der Technischen Universität Darmstadt und Vorsitzende der Deutschen Gesellschaft für Soziologie (DGS).

Vorwort

Der Promotionsratgeber Soziologie hat einen älteren Bruder, den Promotionsratgeber Politikwissenschaft von Frieder Wolf und Georg Wenzelburger. Dessen Verfasser kamen gemeinsam mit dem VS Verlag für Sozialwissenschaften zu der Auffassung, dass er vieles enthält, was auch für potenzielle und tatsächliche Doktoranden in den Nachbardisziplinen hilfreich sein könnte. So entstand die Idee, die Ratschläge aus der Politikwissenschaft auf die Soziologie zu übertragen, die Idiosynkrasien einer soziologischen Promotion herauszuarbeiten und als interdisziplinäre Übersetzerin eine Soziologin mit ins Boot zu holen. Nadine M. Schöneck hat dies aus der Sicht der beiden ursprünglichen Autoren mit großer Kompetenz und Leidenschaft getan und zugleich mancherlei Unebenheiten des Ausgangstexts geglättet sowie zahlreiche eigene Akzente gesetzt. Drei Erfahrungsschätze sind hier erkennbar wesentlich mehr als zwei.

Eine wichtige Quelle für unsere Empfehlungen und Ratschläge, die wir in diesem Band zusammengetragen haben, waren neben unseren eigenen Erfahrungen Erkenntnisse aus Gesprächen mit Kolleginnen und Kollegen aus nah und fern, denen wir für ihre beabsichtigten und unbeabsichtigten Inputs herzlich danken.

Alle drei Autoren des vorliegenden Bandes sind überdies (in alphabetischer Reihenfolge) Dennis Bachmann, Carola Fricke, Carolin Knoll, Andreas Krämer, Steffen Mau, Carla Mundt, Uwe Schimank, Sina Schlemermeyer, den Teilnehmern des Brown-Bag-Seminars am Institut für Politische Wissenschaft in Heidelberg sowie – und ganz besonders – allen Gastbeitragenden und auch jenen vier Promovierten, die sich bereit erklärten, uns Teile ihrer Dissertationsexposés für Kapitel 6 zur Verfügung zu stellen, zu Dank für Anregungen, Hilfen, Korrekturen, Verständnis und klugen Rat verpflichtet.

Bremen, Freiburg und Heidelberg im September 2011,
Nadine M. Schöneck, Georg Wenzelburger & Frieder Wolf

Einleitung

Angehende Promovenden der Soziologie stehen heute vor der Herausforderung, aus einer stetig wachsenden (und unübersichtlicher werdenden) Zahl von unterschiedlichen Angeboten zum Promotionsstudium zu wählen. Doktorandenschulen, Promotionskollegs, interdisziplinäre und internationale Angebote oder doch – ganz traditionell – die freie Promotion stehen heute als unterschiedliche Wege zum Doktortitel nebeneinander. Dieses größer werdende Angebot birgt große Chancen für Doktoranden. Gleichzeitig verliert man jedoch schnell den Überblick. Dieser Befund ist der erste Ansatzpunkt für unseren Promotionsratgeber, den Sie in Ihren Händen halten. Eines der beiden Hauptziele dieses Ratgebers ist es deshalb, Studierenden der Soziologie eine Orientierung in diesem sich ausdifferenzierenden Feld zu geben und dabei folgende Fragen zu beantworten:

- Welchen Wandlungen ist das Promotionsstudium in Deutschland derzeit generell unterworfen? (Kapitel 1)
- Welchen Nutzen bringt der Doktortitel in der heutigen Zeit? (Kapitel 2)
- Wie finde ich ein Thema angesichts der schier unendlichen Möglichkeiten? (Kapitel 3)
- Wo und bei wem soll ich promovieren? (Kapitel 4 und Anhang 1)
- Wie kann ich meine Promotion finanzieren? (Kapitel 5 und Anhang 2)

Die genannten Kapitel gehen ausführlich auf diese Fragen ein, diskutieren Schwierigkeiten und Probleme, aber vor allem auch Lösungsmöglichkeiten. Einen zusätzlichen Nutzen versprechen wir uns von dem im Anhang beigefügten umfangreichen Serviceteil, der als Nachschlagewerk für Promotionsangebote im Fach Soziologie in Deutschland dienen soll.

Wenn die erste Orientierung im Dickicht der vielfältigen Angebote erfolgt ist, man sich für eine Promotion entschieden und über den präferierten Weg (z.B. Graduiertenschule oder freischwebend) Gedanken gemacht hat, bauen sich oft verschiedene weitere Schwierigkeiten vor den Doktoranden auf. Das zweite Hauptziel des vorliegenden Bandes ist, hierzu ebenfalls den einen oder anderen nützlichen Rat zu geben. Dabei gehen wir auf folgende Fragen ein:

- Wie konzipiere ich meine Arbeit? (Kapitel 6)
- Wie rette ich mich über unproduktive Phasen hinweg? (Kapitel 7)
- Wie kann bzw. sollte ich Feedback zu meiner bisherigen Arbeit an der Dissertation einholen? (Kapitel 8)
- Wie und wo kann ich mich während der Promotionsphase weiterqualifizieren? (Kapitel 9)
- Wie gehe ich mit Konflikten um? (Kapitel 10)
- Welche Möglichkeiten der Publikation meiner Arbeit gibt es? (Kapitel 11)
- Wie schaffe ich es, die Dissertation zu einem guten Ende zu bringen? (Kapitel „Zum guten Schluss")

Ergänzt werden diese Kapitel des Ratgebers durch 19 Gastbeiträge von Koryphäen der Soziologie und von einstigen Doktoranden, die ihre Arbeiten in den vergangenen Jahren abgeschlossen haben. Diese Erfahrungsberichte und die daraus hervorgehenden Ratschläge eröffnen Ihnen weitere, ganz unterschiedliche Blickwinkel auf das Thema „Promovieren in der Soziologie". Deshalb haben wir Professoren aus verschiedenen Bereichen der Soziologie um ihre ganz persönliche Sicht auf die Promotion gebeten. Und deshalb finden Sie bei den Erfahrungsberichten der ehemaligen Doktoranden sowohl Texte von Promovierten, die über ein Stipendium finanziert wurden, als auch Berichte von solchen, die nebenberuflich promoviert haben, und überdies einen Beitrag, der den Abbruch einer Promotion schildert (nach dem das Leben keinesfalls unglücklich weiter ging). Zudem sind neben Gastautoren, die in der Wissenschaft oder in wissenschaftsnahen Branchen tätig sind, auch Soziologen vertreten, die außerhalb des universitären Umfelds arbeiten.

Trotz aller Tendenzen zur stärkeren Strukturierung des soziologischen Doktorandenstudiums ist die Promotionsphase weiterhin ein Zeitraum im Leben, in dem jeder Doktorand seinen eigenen Lebensrhythmus und Arbeitsstil finden muss. Gerade angesichts der völlig unterschiedlichen Rahmenbedingungen, in denen Promovierende der Soziologie heute stecken – vom wissenschaftlichen Mitarbeiter über das Mitglied einer *Graduate School* bis hin zum freien Doktoranden –, ist es daher sehr schwierig, allgemeingültige Ratschläge für den Weg zum Doktortitel zu formulieren: Es gibt nicht den einen, den Königsweg für eine erfolgreiche Promotion in der Soziologie. Aber auf allen Wegen sollten bestimmte Aspekte bedacht werden. Dieser Ratgeber dient aus diesem Grund nicht als Rezeptbuch – auch weil jeder Weg zur Promotion notwendigerweise ganz individuell aussehen muss. Daher rechnen wir auch fest damit, dass manche Leser einen bestimmten Tipp zur Promotion als Allgemeinplatz betrachten werden, den ein anderer Leser gerade als besonders hilfreich ansieht. Wir hoffen jedoch, dass unter den Ratschlägen, die wir zusammengetragen, kondensiert und systematisiert haben, für alle Doktoranden der Soziologie das eine oder andere dabei ist, das ihnen auf ihrem Promotionsweg von Nutzen ist. Das können Anregungen sein, wie der nächste Schritt aussehen könnte, Mahnungen, welche bislang nicht bedachten Probleme noch lauern, und nicht zuletzt natürlich Ideen, wie man aus einer verfahrenen Situation heraus kommt. Wenn uns dies mit dem Ratgeber gelungen ist, hat unser Projekt seinen Zweck erfüllt.

1 Die Promotion im Wandel

Wer in Deutschland als Soziologe promovieren will, erlebt unruhige Zeiten. War vor einigen Jahrzehnten die Welt für einen angehenden Promotionsstudenten noch relativ überschaubar – man brauchte ein Thema, einen Doktorvater[1] und, wenn möglich, eine Finanzierung –, so stehen die Studierenden von heute nach ihrem guten oder sehr guten Diplom-, Magister-, Master- oder Staatsexamens-Abschluss[2] vor einer Vielzahl von Möglichkeiten, um zu einem Doktortitel zu gelangen.[3] Promotionskollegs, Graduiertenschulen, interdisziplinäre und internationale Angebote stehen ebenso zur Auswahl wie der klassische Weg: die „freie" Promotion über ein selbstgewähltes Thema. Dieses zur Orientierung vor unseren eigentlichen Ratschlägen eingestreute Kapitel deckt die Hintergründe für diese Entwicklung auf und stellt die Situation von Doktoranden im Fach Soziologie dar.

Promovieren in Deutschland: Zunehmende Vielfalt und Reformdiskussion

Die zunehmende Ausdifferenzierung der Promotionsmöglichkeiten in Deutschland nahm Mitte der 1990er Jahre ihren Anfang. Damals diskutierte man in der Wissenschaft über die Zukunftsfähigkeit des klassischen deutschen Promotions-

---

[1] Das Manuskript enthielt zur Bezeichnung von Doktoranden und Betreuern in einer früheren Fassung nach angelsächsischem Vorbild zu gleichen Teilen und zufällig verteilt männliche und weibliche Formen, was zahlreiche irritierte Reaktionen nach sich zog. Aus Gründen der Lesbarkeit verwenden wir deshalb nun – ohne jede diskriminierende Absicht – durchweg männliche Formen.

[2] Der Einfachheit halber schreiben wir angesichts der heutigen Vielfalt der Studiengänge im Folgenden durchweg von Abschlussarbeiten und -prüfungen.

[3] Einige Universitäten ermöglichen es in ihren Promotionsordnungen auch exzellenten Absolventen eines B.A.-Studiengangs, eine so genannte Fast-Track-Promotion anzustreben. Dieser direkte Übergang vom Bachelor zur Promotion ist wenn, dann am ehesten in strukturierten Promotionsstudiengängen möglich. In den Sozialwissenschaften sind Fast-Track-Promotionen eher die Ausnahme als die Regel (Hägeler 2008).

systems – also der Promotion im Rahmen eines persönlichen Verhältnisses zwischen Doktorvater und Promovenden. Im Kern lassen sich zwei Ursachen für das Aufkommen dieser Debatte verantwortlich machen: Zum einen der zunehmende internationale Wettbewerb um Forschungsthemen, -ressourcen und -strukturen – vor allem aber um Studierende und damit auch um Doktoranden; zum anderen die stärkere Europäisierung und Internationalisierung der Wissenschaft, die sich, zeitlich etwas nachgelagert, in den europäischen Leitlinien zur Schaffung eines „Europäischen Hochschulraumes" niederschlugen (Bologna-Prozess) (Berning/Falk 2005). Das deutsche Promotionswesen wurde in diesem Zusammenhang als nicht mehr zeitgemäß kritisiert – und dabei insbesondere das „Meister-Schüler-Modell" bzw. „Lehrlingsmodell", mit dem die klassische deutsche Promotionsform mit einem engen Betreuungsverhältnis zwischen Doktorvater und Promotionsstudent gemeint ist (Enders 2005: 41). Zentrale Kritikpunkte am deutschen Modell waren insbesondere die intransparente Auswahl der Doktoranden durch die Professoren, die unsystematische bzw. zu geringe Weiterqualifizierung der Doktoranden während der Promotionsphase, die starke Abhängigkeit der Promovenden von ihrem Betreuer und die fehlende Vermittlung fächerübergreifender Kompetenzen. Als (leuchtendes) Vorbild galt die US-amerikanische Doktorandenausbildung („doctoral studies"), in der die Promovenden durch ein formalisiertes Verfahren ausgewählt werden, neben ihrer Arbeit am Forschungsprojekt ein festes Studienprogramm absolvieren (curriculare Elemente) und dadurch stärker institutionell eingebunden sind.

Tabelle 1:   „Meister-Schüler-Modell" und „Doctoral Studies" im Vergleich

	„Meister-Schüler-Modell"	**„Doctoral Studies"**
Träger	Einzelne Professoren (Titelvergabe durch Fakultät)	Professoren, Fakultäten, Graduate Schools
Status der Doktoranden	Mitarbeiter an Lehrstühlen bzw. in Projekten, Stipendiaten, externe Doktoranden	Ph.D.- Student
Auswahl	Informell durch Kontakt zwischen Professor und potenziellem Doktoranden	Formell durch Auswahlverfahren
Ausbildungsinhalte	Geringe Formalisierung: Dissertation und Disputation bzw. Rigorosum	Hohe Formalisierung: festes Studienprogramm neben dem Forschungsprojekt
Betreuung	Primär durch Doktorvater	Mehrere Betreuer bzw. Betreuungskomitee

Quelle: in Anlehnung an Berning/Falk 2005.

Diese Diskussionen um die strukturellen Probleme der deutschen Doktoranden-ausbildung und -förderung mündeten 1996 in einen Beschluss der Hochschulrek-torenkonferenz (HRK). Die Konferenz empfahl die Einführung von „Zentren für Doktorandenstudien (Doktorandenkollegs)" und die Ausweitung der damals nur vereinzelt vorhandenen Graduiertenkollegs (HRK 1996). Von dieser Maßnahme versprach man sich die stärkere Strukturierung der Doktorandenausbildung – nach US-amerikanischem Vorbild. Anders formuliert: Promovenden sollten nicht nur an ihrem Dissertationsthema forschen, sondern promotionsbegleitend Lehr-veranstaltungen besuchen, um sich weiterzubilden. Ein weiterer Schwerpunkt sollte interdisziplinäre Qualifikation sein, um auch auf eine berufliche Karriere außerhalb der Wissenschaft besonders gut vorbereitet zu sein (Schlüsselkompe-tenzen). Daneben empfahl die HRK, die Aufnahme und Zulassung zu solchen Doktorandenkollegs transparent zu gestalten und für internationale Studierende zu öffnen, um der Kritik an der (zumindest vermeintlich) undurchsichtigen Aus-wahl der Promotionsstudenten zu begegnen (HRK 1996).

Dieser erste Beschluss der HRK gab die Richtung für die weitere Diskussion über die Entwicklung des Promotionsstudiums vor. So basierten sowohl die Empfehlungen des Wissenschaftsrat (WR (2002)) als auch die Entschließung der HRK von 2003 zur Organisation des Promotionsstudiums auf der 1996 einge-schlagenen Marschroute: Stärkere Strukturierung der Doktorandenausbildung, Ausweitung der Graduiertenschulen sowie stärkere Internationalisierung des Promotionsstudiums, um im Wettbewerb um die besten Nachwuchswissen-schaftler auch international mithalten zu können.

Deutschland war nicht allein von dieser Entwicklung betroffen. Vielmehr lässt sich der Trend zur stärkeren Strukturierung der Promotionsstudiengänge, zur Einführung curricularer Elemente und zur Aufnahme interdisziplinärer und berufsqualifizierender Angebote auch auf europäischer Ebene beobachten. So wurde der Bologna-Prozess bei den Konferenzen in Berlin (2003) und Bergen (2005) auch auf den dritten Studienabschnitt ausgeweitet – also auf die Promoti-onsphase. Er nahm dabei wichtige Überlegungen aus der innerdeutschen Diskus-sion über die Reform des Promotionsstudiums auf. Auch deshalb lesen sich die zentralen Forderungen ganz ähnlich wie die Empfehlungen des deutschen WR bzw. der HRK. Ein Beispiel aus dem Abschlusskommuniqué der Bergener Konfe-renz (BMBF 2005):

„Um diese Ziele zu erreichen, müssen die Abschlüsse auf der Ebene des Doktorats anhand eines ergebnisbasierten Ansatzes an den übergeordneten Qualifikationsrah-men des Europäischen Hochschulraums angepasst werden. Das Kernelement der

Doktorandenausbildung ist die Förderung des Wissens durch originäre Forschung. In Anbetracht des Bedarfs an strukturierten Promotionsstudiengängen und an transparenter Betreuung und Bewertung stellen wir fest, dass die übliche Arbeitsbelastung des dritten Zyklus in den meisten Ländern einem drei- bis vierjährigen Vollzeitstudium entspricht. Wir fordern die Universitäten auf sicherzustellen, dass im Rahmen der Promotionsphase die interdisziplinäre Ausbildung und die Entwicklung beruflicher Qualifikationen gefördert werden, die den Anforderungen des weiteren Arbeitsmarktes gerecht werden."

Die Vorschläge der Bergener Konferenz für die Ausgestaltung des „dritten Zyklus" der Promotionsausbildung stießen in Deutschland auf ein geteiltes Echo. So befürchteten Doktoranden und Wissenschaftler (insbesondere aus den Naturwissenschaften), dass die ursprünglich gute Idee einer stärkeren Strukturierung des Promotionsstudiums durch die Vorgaben der Bergener Konferenz zu weit gedreht werde und aus dem Promotionsstudium ein verschultes System werden solle, das auf der Vergabe von ECTS-Punkten basiert (Schipp 2006, DPG 2007). Entsprechend ruderte man auf europäischer Ebene auf der letzten Konferenz in London etwas zurück. Das Abschlusskommuniqué betont hier den „Wert der breiten Vielfalt an Promotionswegen" (BMBF 2007a). Und auch die Verantwortlichen in Deutschland betonen die Notwendigkeit, bei allem Streben nach dem US-amerikanischen Modell der „doctoral studies" die Vielfalt der Wege zur Promotion durch die Reform der Promotionsstudiengänge nicht zu beschränken. Das Bundesministerium für Bildung und Forschung schreibt denn auch, „Gestaltung von Vielfalt, nicht Harmonisierung" sei ihr Ziel (BMBF 2007b). Und die HRK betont, dass auch bei grundsätzlich stärkerer Strukturierung des Promotionsstudiums externe Promotionen weiterhin möglich sein sollten (HRK 2003: 8).

Wie sieht angesichts dieser Entwicklungen die aktuelle Situation der Promovierenden in Deutschland aus? Die Empirie zeigt, wie heterogen heute die Ausbildung von Doktoranden in der Bundesrepublik ist. Wertet man die Promotionsordnungen nach den darin enthaltenen Anforderungen an die Dissertation aus, so lassen sich in den Geistes- und Sozialwissenschaften etwa 22,5 Prozent der Promotionsordnungen dem „Bologna-Modell" zuschreiben, während 54,1 Prozent eher nach dem klassischen „Meister-Schüler-Modell" organisiert sind (Hornbostel 2009: 231)[4]. Grundlage der Zuweisung der Promotionsordnungen zu den beiden Modellen ist dabei die Frage, welchen Stellenwert die Forschungsleistung im Promotionsprozess einnimmt (Bologna: geringerer Forschungsbezug;

---

[4] Die Angaben summieren sich nicht auf 100 Prozent, weil 23,4 Prozent der Promotionsordnungen weder dem „Meister-Schüler-Modell" noch dem „Bologna-Modell" zugeordnet werden konnten.

„Meister-Schüler-Modell": stärkerer Forschungsbezug) (Hornbostel 2009: 229). Daneben existieren freilich eine Vielzahl von Promotionsordnungen, die unterschiedliche Wege zum Doktortitel erlauben – sowohl strukturiert (mehr Studium, weniger Forschung) als auch frei (mehr Forschung, weniger Studium). Alles in allem zeigt sich also hinsichtlich der Promotionsordnungen eine starke Diversität.

Und auch wenn man die Organisationsform der Promotionsmöglichkeiten untersucht, trifft man auf eine große Vielfalt. So fördert die DFG im Bereich der Geistes- und Sozialwissenschaften gegenwärtig 11 Graduiertenschulen und 59 teilweise internationale Graduiertenkollegs (Stand: 13. Dezember 2010). Daneben existieren Graduiertenschulen der Max-Planck-Gesellschaft – für Soziologen interessant ist etwa die *International Max Planck Research School on the Social and Political Constitution of the Economy* an der Universität Köln – oder Graduiertenkollegs, die von den Bundesländern gefördert werden.

Statistische Daten zum Anteil der Promovierenden in unterschiedlichen Promotionsmodellen gibt es leider nicht, weshalb unklar ist, wie viele Doktoranden tatsächlich auf welche Weise promovieren. Allerdings hat das Doktorandennetzwerk Thesis 2004 mittels einer Umfrage unter mehr als 9.000 Promovenden aller Fächer erhoben, welche Promotionsmodelle am häufigsten vorkommen. Ergebnis: Die meisten Doktoranden promovieren als Mitarbeiter an Lehrstühlen oder Sonderforschungsbereichen (rund 70 Prozent). Danach folgen Mitglieder in Graduierten- oder Doktorandenkollegs, Stipendiaten und externe Doktoranden.

Diese Befunde gelten in der Tendenz auch für unseren Fachbereich: Wer also als frischgebackener Soziologie-Absolvent mit dem Gedanken spielt zu promovieren, hat die Qual der Wahl zwischen unterschiedlich starker Strukturierung des Promotionsstudiums, unterschiedlich starkem Forschungsbezug und verschiedenen Organisationsformen dieses Ausbildungsabschnitts.

Diplom-Sozialwissenschaftlerin – und was kommt danach?
von Masha Gerding

Mit 28 Jahren hatte ich den ersten institutionellen Selbstreflexionsprozess abgeschlossen: ohne Studienbeitragskonten, Studiengebühren und Lehrevaluationen von Professorinnen und Professoren. Die Unverbindlichkeit mit Blick auf betriebswirtschaftliche Kenn- und Zielzahlen ließen Raum und vor allen Dingen Zeit für die kritische Auseinandersetzung von theoretischen und empirischen Seminar- und Vorlesungsinhalten bezogen auf die Gesellschaft und mich selbst. Nach der Klärung größerer gesamtgesellschaftlicher Sinnfragen kam ich zu der unmittelbar nächsten Frage, was nach einem zwar nicht berufsfeldbezogenen, jedoch erfolgreich abgeschlossenen Studium folgen sollte.

Neben meinem Studium war ich berufstätig. Der Spagat zwischen einem anspruchsvollen Teilzeitjob auf einer befristeten Projektstelle und der Diplomabschlussphase führte zu dem Umstand, dass sowohl die Vorbereitungen der Prüfungen als auch das Fertigstellen der Diplomarbeit ungleich länger als geplant dauerten, ich aber gleichzeitig ein umfassendes Repertoire an zeitorganisatorischen Strategien konzeptionell entwickeln und an meiner eigenen Lebenssituation empirisch testen konnte. Das hatte vielleicht auch zur Folge, dass ich mich schon in der Diplomarbeit mit einem zeitsoziologischen Forschungsfeld beschäftigte. Es ergab sich ein Angebot als wissenschaftliche Hilfskraft an der Universität, das ich auch gerne annahm. Hintergrund war nicht nur die mangelnde Alternative einer anderen Tätigkeit, sondern maßgeblich waren weitere Erfahrungen im Projektmanagement, da die mir angebotene Stelle sich an der Schnittstelle von Wissenschaft und Verwaltung befand. Inhaltlich sollte ein interdisziplinäres Masterstudienangebot in Kooperation mit drei Fakultäten entwickelt werden. Das Angebot zur Promotion kam dann auch von meiner späteren Doktormutter. Ich selbst hatte nie an diese Möglichkeit gedacht – war ich doch kaum in der Lage, mir nach meinem Diplom sofort wieder ein noch größeres wissenschaftliches Projekt vorzustellen.

Als die Entscheidung zu promovieren für mich selbst positiv ausgefallen war, hatte ich das Selbstverständnis als Promovendin ziemlich schnell entwickelt, auch wenn der dazu gehörende operationalisierte Arbeitsauftrag eine lange Weile reifen musste. Zudem verursachte die Ablehnung zur Aufnahme in ein Graduiertenkolleg einen anhaltenden Emanzipationsprozess von dieser Niederlage, dessen Überwindung wiederum einige Zeit in Anspruch nahm. Da waren auch schon drei Jahre um, in denen keine für mich befriedigenden Arbeitsergebnisse vorlagen, die das subjektiv empfundene Leiden des Spaßverzichts und der aufgewendeten Zeit in ein ausgeglichenes Verhältnis gebracht hätten. Erst später kam ich mehr und mehr zu der Erkenntnis, dass sich ein konzeptioneller Reifeprozess, von dem ich nicht behaupten kann, dass ich ihn aktiv mitbekommen hätte, vollzogen hatte. Schließlich wurde ich nachts wach – und ich hatte mein komplett durchdachtes theoretisches Grundkonzept der Dissertation.

Nun hatte ich den Durchbruch und habe mich anschließend konzentriert – d.h. wenige Sozialkontakte pflegend und nach einem strengen Zeitplan kontinuierlich an der Dissertation schreibend. In dieser konzentrierten Schreibphase hatte ich kaum Redebedarf zu weltlichen Themen und zunehmend das Gefühl, dass ich in gewisser Weise von der Welt selbstentschieden abgekoppelt war. Diese Phase empfand ich als die autistischste in meinem bisherigen Leben. Qualifikationsarbeiten in den Geistes- und Gesellschaftswissenschaften erfordern eine hohe und ausschließliche Konzentrationsfähigkeit auf den Forschungsgegenstand. Meine These ist, dass dieser Zustand zwar auch mit einer gewissen intellektuellen Leistungsfähigkeit einhergeht, es aber vielmehr auf die kontinuierliche Selbstdisziplin ankommt. Hierbei sind nicht zuletzt auch zeitorganisatorische Strategien erforderlich, die diesen unklaren – weil nicht eindeutig definierten – Arbeitsauftrag kompensieren, verbunden mit dem Selbstbewusstsein „Das haben auch schon viele andere geschafft"! Ich fand es immer wieder überraschend, dass gerade die in meinen Augen intellektuell (und habituell) viel überzeugenderen Persönlichkeiten oftmals ihre Dissertationen erst viel später oder auch gar nicht fertig bekamen.

Meine Stelle als wissenschaftliche Mitarbeiterin (ich hatte nach einem Jahr als WHK eine solche Stelle eingefordert) lief dann aus. Das war aber gar nicht schlimm, denn ich war auch schwanger und sollte im April 2005 meine Tochter zur Welt bringen. Es blieben vom Auslaufen der Stelle bis zur Geburt meiner Tochter noch circa drei Monate, die ich – sofern es der Zustand des wachsenden Bauchumfangs zuließ – auch noch am Schreibtisch verbrachte. Nicht besonders produktiv, wie ich im Nachhinein zugeben muss! Insgesamt war die Situation sehr ungewohnt, aber ich hatte immer die Einstellung, dass die Geburt eines Kindes nie optimal sein kann, wenn man als Frau auch Karriere machen möchte. Mein Mann war und ist im Gegensatz zu mir immer noch in der Wissenschaft tätig (und wird es auch bleiben), so dass wir zu der Zeit der Promotionsabschlussphase und Familiengründung zeitlich sehr flexibel waren (und erfreulicherweise auch immer noch sind). Auf der operativen Ebene des Dissertationsabschlussprozesses hat die Geburt meiner Tochter dazu geführt, dass ich mir bestimmte Luxus-Probleme wie Schreibbarrieren gar nicht mehr leisten konnte. Zudem bekam ich im Juni 2005 von der Universität ein Abschlussstipendium für die Laufzeit von sechs Monaten. Es reichte nicht, aber mit dem Dienstantritt im März 2006 als zentrale Gleichstellungsbeauftragte der Ruhr-Universität Bochum hatte ich eine erste komplette Version fertiggestellt, die ich ein halbes Jahr lang an den Wochenenden überarbeitete. Dieser hierdurch verstärkte Pragmatismus-Schub kombiniert mit der Erkenntnis, dass nicht jeder gedachte und vor allen Dingen geschriebene Satz perfekt sein muss, ließen die Arbeit nach und nach entstehen.

Ich habe fast ausschließlich (bis auf das Abschlussstipendium) während meiner Dissertation gearbeitet, und immer waren es Aufgaben, die mit meinem Dissertationsthema wenig bis gar nichts gemeinsam hatten. Als Ergebnis dieses Prozesses kann ich für mich festhalten, dass ich mir mit der Fertigstellung dieses Projektes bewiesen habe, mich selbst disziplinieren zu können, und dass ich dieses Projekt auch mit seinen Irrungen und Wirrungen zu Ende gebracht habe. Das empfinde ich immer noch als große persönliche Befriedigung. Aber gleichzeitig ist die wissenschaftliche Arbeit für mich zu autistisch, als dass ich mich damit weiter beschäftigen möchte. Die erworbenen Erkenntnisse über einen selbst, seine Umwelt und die Strategien, sich inhaltliches Neuland zu erarbeiten, sind immer noch hilfreich – und werden es bleiben.

Dr. Masha Gerding ist seit 1999 an der Ruhr-Universität Bochum (RUB) in verschiedenen Bereichen tätig gewesen: zunächst als Koordinatorin des Masterstudiengangs Gender Studies, danach als zentrale Gleichstellungsbeauftragte, und seit Januar 2011 ist sie für das Berufungsmanagement an der RUB zuständig. Sie wurde 2007 an der

RUB mit der Arbeit „Doing Time. Zur Analyse von Zeitpraxen, Zeitstrukturen und Zeit-
konzeptionen im Spannungsfeld beruflicher und außerberuflicher Lebensbereiche am
Beispiel von Lehrerinnen und Lehrern in NRW" promoviert. Diese Arbeit erschien 2009
unter dem Titel „Doing Time. Eine ethnomethodologische Analyse der Zeit" im VS Verlag für Sozialwissenschaften.

Promovieren in Deutschland: Worauf die (wenigen) Zahlen hindeuten

Ein besonderes Charakteristikum der Debatte um die Reformbedürftigkeit des
deutschen Promotionsmodells ist das Fehlen einer breiten empirischen Grundlage für die Diskussion (Hornbostel 2009: 221-222). So ist etwa die Kritik am klassischen deutschen Promotionsmodell vor allem theoretischer Natur und wird von
normativen Standpunkten aus geführt. Klagen über das als intransparent wahr-
genommene Auswahlsystem und über das Abhängigkeitsverhältnis zwischen
Doktorvater und Doktoranden sind nur zwei Beispiele. Trägt man die wenigen
(einigermaßen) zuverlässigen Zahlen über das deutsche Promotionssystem zusammen, dann steht die Bundesrepublik im Vergleich mit anderen westlichen
Industriestaaten bei vielen Kriterien relativ gut da – etwa bei der Zahl der Promotionen. So liegt im OECD-Schnitt die Zahl der Promovierten im Verhältnis zur
Zahl der Bevölkerung in der vergleichbaren Altersgruppe bei etwa 1 Prozent,
Deutschland kommt auf 2 Prozent und steht damit vor den für ihr Promotionsmodell hochgelobten USA (1,3 Prozent) (Auriol 2007)[5]. Das Wissenschaftsministe-
rium folgert daher im Bundesbericht zur Förderung des Wissenschaftlichen
Nachwuchses: „Im internationalen Vergleich nimmt Deutschland eine Spitzenpo-
sition in Bezug auf die Promotionsintensität sowohl gemessen an der Bevölkerung als auch an der Anzahl der Hochschulabsolventen ein" (BMBF 2008: 47).

Blickt man auf die Sozialwissenschaften[6], so zeigen sich in den vergangenen
Jahren folgende Entwicklungen: Die Zahl der Absolventen (Abb. 1) ist stark ge-

---

[5] Dieser Vergleich ist natürlich mit Vorsicht zu genießen, da länderspezifische Eigenarten die
Daten verzerren. So zählt etwa in Deutschland der Doktor der Medizin mit in diese Zahlen hinein;
auch ist in einigen naturwissenschaftlichen Fächern – etwa in der Chemie – der Doktorgrad eine
Art „Pflichtprogramm". Dies treibt die Zahlen für Deutschland natürlich in die Höhe. Allerdings
sei, so die Forscher der OECD, diese unterschiedliche Abgrenzung „not sufficient to explain the
differences in the volume of degrees delivered between these countries" (Auriol 2007: 8).
[6] Leider weisen amtliche Statistiken selten Zahlen speziell für die Soziologie aus; im Regelfall
werden Angaben zu den wesentlich breiter angelegten Sozialwissenschaften gemacht, als deren
Teil die Soziologie dann zu verstehen ist. Dieses Abgrenzungsproblem taucht im Übrigen auch in

stiegen, von 1.329 im Wintersemester 1995/96 auf 5.091 im Wintersemester 2009/10. Diese seit dem Wintersemester 2006/07 stets über der „3.500er-Marke" liegende Zahl könnte auch auf die (in dieser Hinsicht offenbar erfolgreiche) Reform der Studiengänge zurückzuführen sein. Es fällt zudem auf, dass sich das Geschlechterverhältnis im Lauf der Zeit immer stärker zu Gunsten der Frauen verschoben hat (im letzten Betrachtungsjahr waren fast zwei Drittel aller „Sowi-Absolventen" weiblich).

Abbildung 1:   Absolventen im Fach Sozialwissenschaft[7]

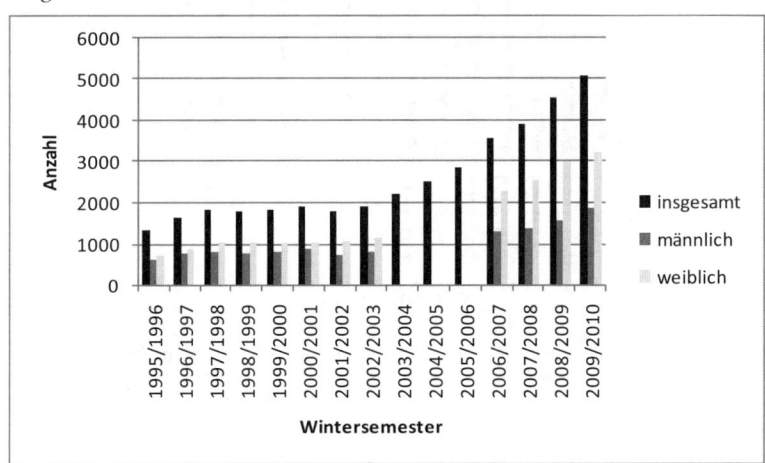

Die Zahl der „frisch gebackenen" Doktoren[8] (Abb. 2) lag im Betrachtungszeitraum zwischen 168 (Wintersemester 1997/98) und 278 (Wintersemester 2005/06), wobei diese Zahl seit Mitte der 2000er Jahre stets bei 220 und mehr bestandenen Doktorprüfungen liegt. Hier fällt auf, dass mit Ausnahme von zwei betrachteten Jahren (Wintersemester 2007/08 und 2009/10) stets mehr Männer als Frauen promovierten

---

anderen Zusammenhängen (z.B. in einigen Hochschulrankings; vgl. Kapitel 4) auf. Nichtsdestotrotz vermitteln die genannten Zahlen einen aufschlussreichen Eindruck von größeren zahlenmäßigen Entwicklungen.

[7] Quellenangaben siehe unter Abbildung 2.

[8] Hierbei geht es ausschließlich um bestandene Promotionen. Die Zahl der Promovierenden, also jener, die an ihrer Dissertation schreiben, ist hingegen schwer feststellbar (und wird auch von keiner Stelle systematisch erfasst); dies liegt nicht zuletzt daran, dass zahlreiche Promotionsvorhaben zunächst quasi „informell" begonnen und erst vergleichsweise spät offiziell angemeldet werden.

– ein Befund, der konform geht mit der immer wieder (und oftmals kritisch) geäußerten Feststellung, dass Abschlüsse „männlicher" werden, je höher sie liegen (vgl. beispielsweise Allmendinger/Schorlemmer 2010).

Abbildung 2: Doktoren im Fach Sozialwissenschaft

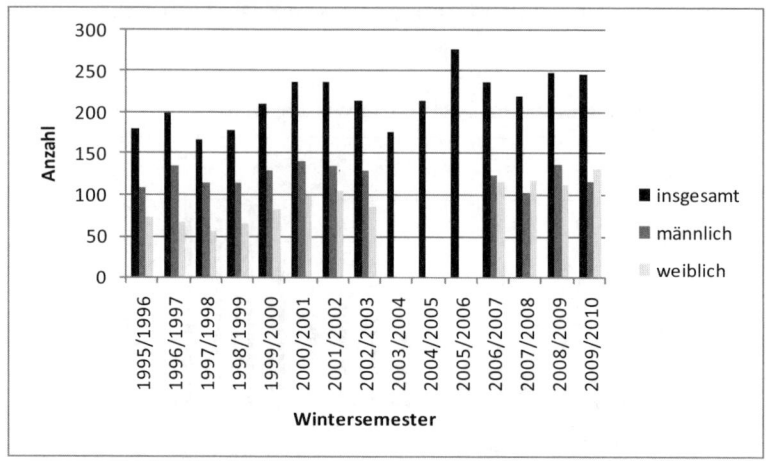

Quellen: Statistisches Bundesamt, Fachserie 11, Reihe 4.1. (1995-2003, sowie 2005-2009); Statistisches Bundesamt, Fachserie 11, Reihe 4.2. (1995-2002, sowie 2006-2009); Statistisches Bundesamt, Statistisches Jahrbuch 2006, 2007, 2008 und 2009.
Anmerkungen: Für die Jahre 2003/2004 bis 2005/2006 liegen leider keine Angaben zur Geschlechterverteilung vor.

Doch nicht nur bei der Zahl der Promotionsstudenten liegt Deutschland im internationalen Vergleich im vorderen Mittelfeld; auch der Vorwurf, in Deutschland dauere die Promotionsphase zu lang, lässt sich beim Blick auf die (spärlichen) Daten nicht halten: In Deutschland erhalten Doktoranden der Sozialwissenschaften ihre Promotionsurkunde im Schnitt mit etwa 33 Jahren. In vielen anderen Ländern liegt der Mittelwert höher: In Australien bei 41 Jahren, in Kanada bei 39 Jahren und in den USA bei etwa 40 Jahren (Auriol 2007: 11).

Schließlich scheint auch der Übergang der Doctores in das Berufsleben hierzulande in der Regel zu funktionieren. Die Arbeitslosenquote unter Personen mit

Doktortitel liegt auf einem ähnlichen Niveau wie in anderen westlichen Industriestaaten – bei rund drei Prozent (Auriol 2007: 15).[9]

Zusammenfassend lässt sich also festhalten: Die Umgestaltung des Promotionswesens in Deutschland ist noch in vollem Gange. In den nächsten Jahren wird sich die Zahl der strukturierten Promotionsstudiengänge vermutlich weiter erhöhen und eine stärkere internationale Angleichung der Promotionsprogramme erfolgen. Allerdings zeigen die Daten, dass die Promotion in Deutschland keinesfalls in einer Outcome-Krise steckt. Vielmehr ist eine Modernisierung der Strukturen grundsätzlich sinnvoll, um einer steigenden Zahl von Promovierenden die bestmögliche und jeweils passgenaue Ausbildung zu bieten. Jedoch sollte unseres Erachtens zukünftig sorgsam beachtet werden, dass das kreative Potenzial freier Einzelpromotionen nicht zu sehr zugunsten von thematischer Clusterung in strukturierten Programmen vernachlässigt wird.

The Circle Game
von Thomas Brüsemeister

Im Rückblick über die eigene Promotion zu schreiben, geht – gemäß Pierre Bourdieu – nur als biografische Illusion. Im Prozess des Promovierens haderte ich an vielen Stellen mit dem Text, mit mir und der Welt – während ich heute den Doktortitel trage und manche der Untiefen, die ich damals durchlitten, längst vergessen habe.

Mich hat als kleiner Junge ein Asterix-Heft beeindruckt, in dem stand, dass zu seiner Herstellung ungefähr 1.800 Bleistifte, 125 Radiergummis, x-Kilogramm Papier und so weiter benötigt worden seien. Für meine Promotion benötigte ich ungefähr gefühlte 65 ausgefallene Familiengeburtstage, 85 Verzichte auf Feiern mit Freunden, zwölf Urlaube, 200 schlaflose Nächte und vier Tiefseegräben, von denen ich zeitweise annahm, sie nie wieder verlassen zu können. Kurz: Promovieren ist eine intensive biografische Phase, die jeder promovierende Mensch mit der Lebensgeschichte erkauft (schon wieder Bourdieu). Das symbolische Kapital, den Abschluss, den man haben will, hat seinen Preis, und der bestand bei mir in „Einsamkeit und Freiheit", die wissenschaftliches Arbeiten oft ausmacht.

Für die Freunde und nahezu alle weiteren bedeutsamen sozialen Kontakte wurden eingetauscht: die Welt als Text, das eigene Geschriebene als Freund, manchmal als Feind (was nächtens toll klang, wurde morgens wieder umgeschrieben). Gleichzei-

---

[9] Dies relativiert auch den an sich plausiblen Einwand, mehr Promotionen seien nicht grundsätzlich besser, da eine Titelflut den Wert des Doktorgrades mindere. Außerhalb unserer Beurteilungsmöglichkeiten steht in diesem Zusammenhang indes die Frage nach der Qualität der zahlreichen Doktorarbeiten.

tig wurden die Familie und die Partnerin, die währenddessen zur Frau wurde, zu Mit-promovierenden. In meinem Fall war die Promotion zugleich ein Partnerschaftsver-trag, der bei uns nicht schriftlich war, sondern – typisch Mann – von meiner Frau für mich zu meinen Gunsten ausgelegt wurde, indem sie mir für alles den Rücken frei-hielt, und dieses „alles" hieß: Schreiben. Unser Muster während meiner Promotion bestand darin, dass ich wie ein Verrückter schrieb, während meine Frau für mein Le-ben sorgte. Ich bestätigte damit die Ansicht Arnold Gehlens, nach der der Mensch ein Mängelwesen ist und sich einen Ersatz über die Kultur suchen muss – wobei es meine Frau war, die diesen Part übernahm; sie stellte sämtliche Verbindungsschläuche zur Außenwelt her und pflegte sie.

Mein Doktorvater ist Professor Guttandin gewesen, der heute mit seiner Familie in Paraguay lebt. Ich konnte bei ihm an der FernUniversität in Hagen erst als studenti-sche, dann als wissenschaftliche Hilfskraft arbeiten, und ich fand es sehr beeindru-ckend, wie er sich zum Beispiel für einen Beitrag zu einem Handbuch Unmengen von Fernleihen kommen ließ, die ich fein säuberlich auf der Schreibmaschine des Lehrge-biets abtippte. Die Bücher stapelten sich auf seinem Schreibtisch, und hinterher wur-de daraus ein kleiner, schlauer Artikel.

Herrn Guttandin kann man sich am besten als Mischung von Indiana Jones und Max Weber vorstellen; beide bewundere ich ziemlich. Den einen deswegen, weil er lässig seine schmutzigen Cowboystiefel auf teure Schreibtische legen kann, ohne re-spektlos zu wirken – das tat Herr Guttandin genau so. Den anderen bewundere ich, weil er sich in einem Text mit nur einem einzigen Ding beschäftigen und dieses Ding von verschiedenen Seiten beleuchten konnte. Der Text war auf der Suche nach etwas. Herr Guttandin beherrscht dieses Suchen, Tasten, Fragen ebenfalls. Ohne es zu mer-ken, übernahm ich vielleicht seine Art; ich nenne sie hermeneutische Auslegung. Oh-ne fremde Texte fällt mir überhaupt nichts ein. Ich brauche andere Texte, in denen ich dann wunderbare Dinge entdecke. Zum Glück besteht die Wissenschaft aus einer Unmenge von Texten. Meine Art zu promovieren, bestand darin, Unmengen aus Bü-chern zu exzerpieren, erst per Hand, dann in den Computer (einen Mac mit 40 MB) übertragend.

Bevor Herr Guttandin Deutschland verließ, sagte er: „Herr Brüsemeister, schrei-ben Sie, aber schreiben Sie viel." Das war sein Auftrag an mich. Ich habe es dann tat-sächlich geschafft und 598 feinsäuberlich durchdachte Seiten eingereicht. Dafür er-hielt ich in den Gutachten die Bemerkung, ich sei fleißig gewesen. Allerdings hatte ich vergessen, daran zu denken, dass im Normalfall kein Verlag der Welt eine solche Textmenge veröffentlicht. Zur Strafe, die ich mir selbst eingebrockt hatte, durfte ich meine eigene Dissertationsschrift auf kompakte 150 Seiten eindampfen – was ziem-lich schrecklich war. (Schrecklich, weil ich die Texte, die ich schon zuvor tausendmal korrigiert hatte, noch einmal korrigieren musste; ich konnte das alles fast nicht mehr lesen.) Aus dieser schmerzlichen Erfahrung versuche ich heute, die PromovendInnen, die ich betreue, lernen zu lassen, und zwar indem ich ihnen davon erzähle, wie es bei mir einst lief...

Bislang klingt der Prozess meiner Promotion ziemlich negativ. Aber das ist natürlich gelogen: In Wirklichkeit hat mich ein Thema begeistert und mitgezogen, das ich mir selbst aussuchen konnte! Später habe ich begriffen, welch' große Freiheit und Verantwortung ich damals genossen habe. Alles, das ganze Leben, wird darauf abgestellt, ein Thema zu verfolgen. Man könnte auch einfach sagen: Das ist Forschung!

Heute forsche ich natürlich auch noch. Aber ich habe im Rückblick erkannt, dass es so eine intensive Phase wie in der Promotion wohl nie wieder geben wird. Vermutlich wird auch die Selbstprägung durch alles, was man während der Promotion tut, nie wieder so stark sein. Der Auftrag, den ich bekam – „schreiben Sie viel" –, war in Wirklichkeit ein Selbstauftrag.

Vor etwa drei Jahren wurde ich Professor und ließ mich gleich zum geschäftsführenden Direktor wählen. Dies bedeutete, ich bearbeitete Verwaltungsvorgänge. Nach zwei Jahren fiel mir auf, dass ich während dieser Zeit keinen einzigen Artikel geschrieben hatte. Ich dachte an die Promotionsjahre, las verwundert Kapitel aus meiner Dissertation und merkte, dass es eine herausragende Zeit war, die es in dieser Form nie wieder geben wird. Aber natürlich: Diese Zeit lebt beständig weiter, ich wurde durch sie geprägt, ich habe mir ein enormes Wissen in einem Bereich – und die Techniken zur Erlangung dieses Wissens – erarbeitet. Im Rückblick umkreise ich diese Phase. Ich finde es toll, dass es sie gab, gerade weil ich sie nie wieder durchleben werde – und ich bis zum heutigen Tag auch nicht ganz verstehe, was damals mit mir passierte.

We can't return, We can only look behind, From where we came, And go round and round and round, In the circle game (Joni Mitchell).

Dr. Thomas Brüsemeister hat an der Justus-Liebig-Universität Gießen eine Professur für Soziologie, Schwerpunkt Sozialisation und Bildung, inne. Er promovierte 1998 mit einer Arbeit, die im selben Jahr unter dem Titel „Lernen durch Leiden? Biographien zwischen Perspektivlosigkeit, Empörung und Lernen" im Deutschen Universitäts-Verlag erschien.

Zum Weitersurfen[10]

Zum Bologna-Prozess:
  http://www.bmbf.de/de/3336.php
„Research Schools" der Max-Planck-Gesellschaft:
  http://www.mpg.de/de/imprs
Graduiertenkollegs der DFG:
  http://www.dfg.de/foerderung/programme/listen/index.jsp?id=GSC
Statistische Daten zu Studierenden an Hochschulen:
  https://www-genesis.destatis.de/genesis/online; jsessionid=7EBEA1F4A18EF334D173EF
  5B93B8F4E7.tomcat_GO_1_2?operation=abruftabelleAbrufen&selectionname=21311-
  0003&levelindex=1&levelid=1309506224064&index=1
Europäisches Doktorandennetzwerk Eurodoc:
  http://www.eurodoc.net/
Doktorandennetzwerk THESIS:
  http://www.thesis.de

Zum Weiterlesen[11]

Allmendinger, Jutta/Schorlemmer, Julia (2010): Karrierewege in der wissenschaftlichen Nachwuchsförderung. Das Geschlecht macht den Unterschied, in: Wintermantel, Margret (Hrsg.): Promovieren heute. Zur Entwicklung der deutschen Doktoranden-ausbildung im europäischen Hochschulraum. Hamburg: edition Körber-Stiftung, 124-136.

Auriol, Laudeline (2007): Labour Market Characteristics and International Mobility of Doctorate Holders. OECD Science, Technology and Industry Working Papers 2007/2. Paris: OECD Publishing.

Berning, Ewald/Falk, Susanne (2005): „Das Promotionswesen im Umbruch", in: Bayerisches Staatsinstitut für Hochschulforschung und Hochschulplanung (Hrsg.): Beiträge zur Hochschulforschung 27. München: Bayerisches Staatsinstitut für Hochschulforschung und Hochschulplanung, 48-73.

BMBF (2005): Bergen-Kommuniqué. Bundesministerium für Bildung und Forschung. Internetquelle (01.07.2011): http://www.bmbf.de/pubRD/bergen_kommunique_dt.pdf.

BMBF (2007a): Londoner Kommuniqué. Bundesministerium für Bildung und Forschung. Internetquelle (01.07.2011): http://www.bmbf.de/pubRD/Londoner_Kommunique_Bologna_d.pdf

---

[10] Alle Verweise ins World Wide Web im Rahmen der Rubrik „Zum Weitersurfen" (auch nach den folgenden Kapiteln) wurden zuletzt abgerufen am 01.07.2011.
[11] In dieser Kategorie finden Sie am Ende jedes Kapitels sowohl zitierte Literatur als auch weitere Titel, die wir dem geneigten Leser ans Herz legen möchten.

BMBF (2007b): Drei für Bologna: Qualität, Mobilität und Transparenz. Pressemitteilung des Bundesministeriums für Bildung und Forschung. Internetquelle (01.07.2011): http://www.bmbf.de/_media/press/pm_20070518-105.pdf.

BMBF (2008): Bundesbericht zur Förderung des Wissenschaftlichen Nachwuchses. Berlin: Bundesministerium für Bildung und Forschung.

BMBF (2009): Begabtenförderung im Hochschulbereich. Internetquelle (01.07.2011): http://www.bmbf.de/de/11869.php.

DPG (2007): Zur Promotion im Fach Physik an deutschen Universitäten. Bad Honnef: Deutsche Physikalische Gesellschaft.

Enders, Jürgen (2005): „Brauchen die Universitäten in Deutschland ein neues Paradigma der Nachwuchsausbildung?", in: Bayerisches Staatsinstitut für Hochschulforschung und Hochschulplanung (Hrsg.): Beiträge zur Hochschulforschung 27. München: Bayerisches Staatsinstitut für Hochschulforschung und Hochschulplanung, 34-47.

Hawley, Peggy (2003[2]): Being Bright is not Enough. The Unwritten Rules of Doctoral Study. Springfield, IL: Charles C. Thomas.

Hägeler, Max (2008): Vom Bachelor zum Doktor, in: Spiegel Online. Internetquelle (01.07.2011): http://www.spiegel.de/unispiegel/jobundberuf/0,1518,581174,00.html.

Hochschulrektorenkonferenz (1996): Zum Promotionsstudium: Entschließung des 179. Plenums vom 9. Juli 1996. Internetquelle (01.07.2011): http://www.hrk.de/de/beschluesse/109_524.php.

Hochschulrektorenkonferenz (2003): Zur Organisation des Promotionsstudiums. Entschließung des 199. Plenums vom 17./18.02.2003. Internetquelle (01.07.2011): http://www.hrk.de/de/download/dateien/Promotion.pdf.

Hornbostel, Stefan (2009): „Promotion im Umbruch – Bologna ante Portas", in: Held, Martin/Kubon-Gilke, Gisela/Sturn, Richard (Hrsg.): Bildungsökonomie in der Wissensgesellschaft. Marburg: Metropolis-Verlag, 213-240.

Lovitts, Barbara E. (2001): Leaving the Ivory Tower. The Causes and Consequences of Departury from Doctoral Study. Lanham, MD: Rowman and Littlefield.

Mau, Steffen/Gottschall, Karin (2008): Strukturierte Promotionsprogramme in den Sozialwissenschaften. Die Reform der Doktorandenausbildung und die Erfahrungen der Bremer Graduate School of Social Sciences, in: Soziologie 37:1, 41-60.

Schipp, Sandra (2006): „Doktoranden kritisieren den Trend zum Kolleg à la Bologna", in: DUZ Nachrichten 2006:8.

Wintermantel, Margret (Hrsg.) (2010): Promovieren heute. Zur Entwicklung der deutschen Doktorandenausbildung im europäischen Hochschulraum. Hamburg: edition Körber-Stiftung.

Wissenschaftsrat (2002): Empfehlungen zur Doktorandenausbildung. Internetquelle (20.09.2011): http://www.wissenschaftsrat.de/download/archiv/5459-02.pdf.

2 Wozu promovieren?

950 Euro. Das ist die kürzeste aller (und natürlich nur eine von vielen möglichen) Antworten auf die in der Überschrift gestellte Frage. Denn so hoch sind in Deutschland die durchschnittlichen monatlichen Mehreinnahmen eines Promovierten im Gegensatz zu einer Person mit „normalem" Universitätsabschluss.[1] Und im Vergleich zu Facharbeitern verdienen Menschen mit Doktortitel sogar rund 1.900 Euro im Monat mehr (Wienert 2006). Auch für die Schweiz liegen wissenschaftliche Ergebnisse vor, die einen signifikanten Einkommensunterschied zwischen der Gruppe der Promovierten und Personen mit „normalem" Universitätsabschluss feststellen – eingeschränkt auch in den Geistes- und Sozialwissenschaften (Engelage/Hadjar 2008). Und zudem nimmt das Risiko der Arbeitslosigkeit bei Promovierten im Gegensatz zu Personen mit „normalem" universitärem Abschluss signifikant ab. Aus dieser monetär geprägten Perspektive ist der Sinn einer Promotion also klar: Der Doktorgrad schützt vor Arbeitslosigkeit und führt zu höherem Einkommen.

Nun ist diese Aussicht auf ein höheres Einkommen bei den meisten Doktoranden jedoch nicht der entscheidende Faktor, wenn es darum geht, sich für oder gegen eine Promotion zu entscheiden. Zudem gilt heute auch, dass der Stellenwert einer Promotion in der freien Wirtschaft tendenziell sinkt (Günther 2009: 484). Deshalb geben wir Ihnen auf den nächsten Seiten einige weitere Denkanstöße, warum sich das Schreiben einer Doktorarbeit nicht nur materiell lohnt.

Wozu promovieren wir also? Die Antwort auf diese Frage ist so vielfältig wie die Zahl der Promovenden – denn jeder Doktorand entscheidet sich aus einer unterschiedlichen Gemengelage von Gründen für die Fortsetzung seines Studiums. Motivation beziehen Promovenden häufig aus dem Forschungsthema: Denn im Idealfall bekommen sie bei einer Promotion zwei oder drei Jahre Zeit geschenkt, um sich intensiv mit einem interessanten Thema auseinanderzusetzen – dem eigenen Thema. Und oft besteht sogar die Möglichkeit, sich die Lebenshaltungskosten während dieser zwei bis drei Jahre durch ein Stipendium oder eine Stelle zu finanzieren. Große Sprünge sind in der Regel nicht drin – aber dennoch:

---

[1] Hierbei sind die Opportunitätskosten – also die entgangenen Einnahmen während der Promotionsphase – freilich nicht eingerechnet (vgl. dazu etwa Becker 1993: 118).

Drei Jahre ungestörtes wissenschaftliches Arbeiten, ohne finanzielle Sorgen: Für Forscher ist das ein Luxus. Auch macht Vielen die Arbeit an der Uni Spaß, und für eine langfristige Laufbahn in der Wissenschaft ist die Promotion eben auch eine Voraussetzung. Andere Promovenden sind vor allem extrinsisch motiviert. Sie wollen den Titel, um im Berufsleben aufzusteigen oder brauchen den Doktorgrad für das eigene Ego. Wer für den Job promoviert, arbeitet häufig noch nebenher – und auch, wer intrinsisch motiviert ist, aber keine Finanzierung durch Stelle oder Stipendium gefunden hat. Für solche Promovierenden sind teilweise andere Strategien notwendig, um die Doppelbelastung zu managen und sowohl Promotion als auch den Beruf unter einen Hut zu bekommen. Und wieder andere Promovenden der Soziologie sind nach dem Studium unentschieden, welchen beruflichen Weg sie einzuschlagen gedenken, entscheiden sich für den Verbleib im bekannten Umfeld an der Universität und werden so zu angehenden Doctores der Soziologie.

Wenn Sie daher aus einem der genannten Gründe oder auch aus einer anderen Motivation heraus mit dem Gedanken spielen zu promovieren, dann sind die folgenden Seiten für Sie ein guter Einstieg. Bei der Lektüre können Sie für sich selbst überlegen, welchen Sinn und Zweck Sie persönlich mit Ihrer Promotion verbinden. Und wenn Sie bereits nach den ersten Zeilen vor Tatendurst nicht mehr weiterlesen können, sondern sofort losschreiben wollen – umso besser. Zumindest dürfen Sie dann zum nächsten Kapitel springen.

Zwischen Dissertation und Projekt – ein Lob der Pflichtvergessenheit
von Frank Meier

Am Ende eines Doktorandenseminars, das ich einst besuchte, riet der Veranstalter uns Teilnehmern, wir sollten die schöne Zeit genießen, in der wir uns so ganz auf eine einzige Sache, nämlich die Dissertation, konzentrieren könnten. Inzwischen ist mir etwas klarer geworden, wovon dieser Ratschlag wohl eigentlich handelte, nämlich von der im Laufe der wissenschaftlichen Karriere zunehmenden Zahl vielfältiger Verpflichtungen. Wer – wie offenbar der Veranstalter – unter dieser Last täglich ächzt, mag sich die Zeit der Promotion als verlorene Idylle imaginieren. Die reale Situation vieler Promovierender ist freilich eine ganz andere: Selbst für diejenigen, die sich als Vollzeitwissenschaftler betätigen, ist die Dissertation oft nur eine von mehreren Aufgaben, die in enger Zeitkonkurrenz zueinander stehen.

Ich selbst war seinerzeit Mitarbeiter in einem DFG-Projekt und schrieb meine Arbeit über ein Thema, dem man in Anbetracht der Spannweite überhaupt denkbarer soziologischer Fragestellungen eine gewisse Nähe zum Projekt wohl nicht absprechen konnte. Dennoch: In der täglichen Arbeit hatte beides fast nichts miteinander zu tun. Nebenbei war ich noch – sehr zu meinem Wohle und ohne große Verpflichtungen – assoziiertes Mitglied eines Graduiertenkollegs und, wenn ich recht sehe, auch noch den Anforderungen und Verlockungen von ein bis zwei weiteren Graduiertenschulen unterworfen (von denen eine auch das fragliche Seminar anbot).

Ein Grundproblem in dieser Phase meiner Arbeit war sicher, dass ich mich zu viel mit dem Projekt und zu wenig mit der Dissertation beschäftigte, und ich denke, dass es sich hierbei um ein ziemlich verbreitetes Muster handelt. Tatsächlich gibt es eine ganze Reihe von Gründen, auf Kosten der Dissertation zu viel Zeit in die Projektarbeit zu investieren. Und dies gilt wohl auch dann, wenn Doktoranden nicht durch ihre Projektleiter ausgebeutet werden – was natürlich vorkommen mag, bei mir aber eher nicht der Fall war. Der offensichtlichste Punkt ist sicher, dass Projekte dazu neigen, ständig Termine zu produzieren, wobei das kurzfristig Anstehende die langfristigen Vorhaben – wie eben die Dissertation – verdrängt. Daneben ist aber auch wichtig, dass Projekte in der Regel bei aller Unterspezifizierung und Unsicherheit immer noch sehr viel klarer definierte Arbeitsschritte vorgeben als die Dissertation – insbesondere natürlich, wenn für diese vielleicht noch nicht einmal das Thema endgültig festgeklopft ist. Projektarbeit ist dann auch Prokrastination: Indem ich mich mit dem Projekt befasse, muss ich nicht der Bestie Dissertation ins Auge sehen. Um schließlich noch einen dritten Punkt zu nennen: Soweit es sich um das erste Drittmittelprojekt handelt, sind die Selbstansprüche in der neuen Rolle oft unmäßig, es fehlt der unaufgeregte Pragmatismus, der unbedingt notwendig ist, um die investierte Zeit in angemessenem Rahmen zu halten. Die Sachlage wird regelmäßig noch dadurch verschärft, dass Projekte einen Gemeinschaftscharakter annehmen und dann erst recht ein überzogenes Verpflichtungsgefühl erzeugen. So gesehen muss ich sogar froh sein, dass ich mich damals nicht noch zu einem freiwilligen Engagement in der Lehre habe hinreißen lassen.

Was lehrt uns all das? Zunächst liefert es Argumente dafür, die Dissertation, soweit dies möglich ist, wissenschaftlich attraktiv und inhaltlich zielführend erscheinend, an das Drittmittelprojekt anzulehnen. Allerdings darf man sich keinen Illusionen hingeben: So lange Projekt- und Dissertationsarbeit nicht identisch sind, löst sich das Grundproblem nicht auf. Was bleibt, ist ein Lob der Pflichtvergessenheit. Wer eine Dissertation schreiben will, muss sich wirklich zwingen, das einzig Richtige zu tun, nämlich das Projekt (und letztlich auch alle anderen Verpflichtungen) nach Kräften zu vernachlässigen.

Dr. Frank Meier ist wissenschaftlicher Mitarbeiter am Institut für Soziologie der Universität Bremen. Er wurde 2008 mit der Arbeit „Die Universität als Akteur. Zum institutionellen Wandel der Hochschulorganisation" an der Universität Bielefeld promoviert. Die gleichnamige Buchfassung erschien 2009 im VS Verlag für Sozialwissenschaften.

Während der Arbeit an der Dissertation erwerben Sie viele wichtige Fähigkeiten, die Ihnen auch im späteren Berufsleben nützen (siehe die Gastbeiträge von Katja Fox und Anja Frohnen). Zunächst bedeutet die Promotion in einem bestimmten soziologischen Themenbereich natürlich, dass Sie auf Ihrem Gebiet zum absoluten Experten werden. Wer über Stichprobenausfälle in Online-Befragungen promoviert, wird sich wahrscheinlich in diesem Themengebiet besser auskennen als fast jeder andere – wahrscheinlich sogar besser als sein Betreuer. Planen Sie bereits zu Beginn Ihrer Promotionszeit, in die Markt- oder Meinungsforschung zu gehen, so werden Ihnen diese Expertenkenntnisse sicher den Einstieg erleichtern bzw. Ihre Bewerbungschancen steigern.

Daneben erwerben Sie während einer Promotion in der Regel methodische Kenntnisse: Sie erlernen die Bedienung eines neuen Statistikprogramms, verinnerlichen, wie man Diskurse analysiert, oder üben sich darin, Konfliktsituationen spieltheoretisch darzustellen. Diese fachspezifischen methodischen Fertigkeiten wirken weit über die konkrete Anwendung in der soziologischen Forschung hinaus. Fragt man Personalchefs, was sie an Promovierten schätzen, so bekommt man meistens eine Antwort wie: „Promovierte verfügen über außergewöhnlich starke konzeptionelle Fähigkeiten und methodisches Vorgehen" (Brunner 2007). Zu einem ähnlichen Ergebnis kam auch eine Umfrage, die die Universität Marburg 1999 unter ihren Promovierten durchgeführt hat. 84 Prozent der Befragten gaben an, dass die Promotion insbesondere ihre Kenntnisse bei der „Anwendung wissenschaftlicher Methoden" verbessert habe. Fazit: Die Fähigkeit, konzeptionell zu denken, mit einem analytischen Blick an Fragestellungen heranzugehen und methodisch zu arbeiten, ist eine Kompetenz, die man während der Erstellung einer Doktorarbeit erwirbt und die in der Arbeitswelt sehr geschätzt wird.

Wer promoviert, muss in der Regel mindestens einmal im Semester die Ergebnisse seines Forschungsvorhabens im Kolloquium des Doktorvaters oder einem vergleichbaren Forum von Doktorandenkollegs bzw. Graduiertenschulen präsentieren. Die Teilnahme an Konferenzen ist für Doktoranden ebenfalls sehr zu empfehlen. Bei diesen Gelegenheiten schulen Sie automatisch Ihre Präsentationstechniken. Die Power-Point-Folien werden immer besser strukturiert, Sie legen Ihre Nervosität beim immer freieren Vortrag peu à peu ab und lernen bei Vorträgen in Fremdsprachen, wie Sie mit Wortfindungsstörungen („was heißt nochmal Dekommodifizierung auf Englisch?") und den damit einhergehenden Sekunden der Stille während der Präsentation umgehen. All diese Fähigkeiten werden Ihnen im weiteren Berufsleben nutzen – denn die Präsentation eines Projektes oder Vorhabens (auch in Fremdsprachen) wird für Sie (nicht nur) als zukünftige Führungskraft zum Standard-Repertoire gehören, egal ob in Wissenschaft, Verwaltung oder in der freien Wirtschaft. Während der Promotionsphase haben Sie die Möglichkeit, sich selbst für den Ernstfall fit zu machen.

Die Promotion lässt sich auch als Arbeit an einem Projekt betrachten. Daher treffen aus organisatorischer Sicht viele Merkmale auf die Promotionsphase zu, die man allgemein als Kennzeichen von Projektmanagement bezeichnen würde (siehe auch Kapitel 7). Ähnlich wie ein Unternehmen, das sich bei der Erstellung eines neuen Produkts gewisse Meilensteine setzt und einen Zeitplan von der Analyse des Umfelds über die Konzeption bis zum Abschluss des Projekts aufstellt, steht auch der Doktorand vor der Herausforderung, seine Dissertation in einem selbstgesteckten Zeitrahmen abzuschließen. Als Promotionsstudent machen Sie also erste Erfahrungen im Projektmanagement – auch wenn Sie in den einzelnen Schritten natürlich nicht so detailliert vorgehen müssen (aber durchaus können), wie es die betriebswirtschaftlichen Einführungswerke zum Projektmanagement vorschlagen (Kuster u.a. 2008).

„Wer promoviert, lernt sich selbst kennen" – so antwortete einer unserer Kollegen auf die Frage, welchen Nutzen er persönlich aus seiner Promotionszeit gezogen habe. Und in der Tat: Wer promoviert, erfährt seine eigenen Stärken und Schwächen aus nächster Nähe. Lasse ich mich schnell ablenken? Erkenne ich, wann ich gedanklich in einer Sackgasse stecke und kehrt machen muss? Mute ich mir zu viel zu? Lasse ich mich leicht unter Druck setzen? Wie viele Stunden kann ich am Stück konzentriert arbeiten? Seien Sie sich gewiss – am Ende Ihrer Promotionszeit kennen Sie die Antworten auf viele dieser Fragen weit besser als jemals zuvor. Und noch wichtiger: Sie wissen, wie Sie mit Ihren Schwächen am besten umgehen. Sei es durch das Herausziehen des Internet-Steckers, um sich weniger ablenken zu lassen, oder durch das Einstreuen von fünfzehnminütigen Spaziergängen an der frischen Luft, um die Konzentrationsfähigkeit zu steigern. Diese Selbsterkenntnis ist zwar kein messbarer Nutzen, sie wird Ihnen jedoch bestimmt auch nach Abschluss der Promotion sehr hilfreich sein.

Wenn das Schreiben der Magisterarbeit ein Mittelstreckenlauf war, dann ist die Erstellung einer Doktorarbeit ein Marathon. Und ähnlich einem Marathonläufer haben erfolgreiche Promovenden durch die Bewältigung der langen Wegstrecke eine wichtige Fähigkeit trainiert: ihre Grundlagenausdauer. Diese Kompetenz, lange Zeit an einem Thema „dranzubleiben", sich von Unwägbarkeiten nicht aus dem Konzept bringen zu lassen und sein Projekt zum erfolgreichen Abschluss zu bringen, wird nicht nur in der universitären Forschung hoch geschätzt. Auch Mitarbeiter in der Privatwirtschaft brauchen Durchhaltevermögen, und ein Journalist, der möglicherweise „seinen Doktor" in Soziologie machte und einen investigativen Artikel recherchiert, sitzt manchmal jahrelang an einem Thema. Wenn Sie dieses Durchhaltevermögen bereits in Ihrer Promotionszeit erworben haben, so wird es in der beruflichen Zukunft sicherlich von Nutzen sein.

All diese beschriebenen Fähigkeiten, die Sie während Ihrer Promotionszeit erwerben, werden von Doktoranden meist als Nebenprodukte ihrer eigentlichen Arbeit am Forschungsvorhaben betrachtet. Sie sollten diese Nebenprodukte jedoch keineswegs unterschätzen – im Gegenteil: Wenn Sie die Gelegenheit haben, Kurse für Projektmanagement, Präsentationstechniken oder Methoden zu belegen, nutzen Sie diese Möglichkeiten. Die meisten Universitäten bieten solche Veranstaltungen unter dem Schlagwort Schlüsselkompetenzen für Doktoranden kostenlos oder zu sehr günstigen Tarifen an. Dann wird aus der nebenberuflichen Weiterqualifikation eine eigenständige, im Rahmen der Promotion geschulte Fähigkeit.

Der Zweck einer Promotion und die Motivation der Doktoranden

Wenn man Doktoranden nach dem Sinn und Zweck Ihrer Promotion fragt, so ist das Interesse am konkreten Thema eine der meistgenannten Antworten: 85,2 Prozent der Befragten einer Studie des Doktorandennetzwerks Thesis hielten diesen Grund für „überwiegend völlig ausschlaggebend" für den Beginn ihrer Promotion (Briede/Gerhardt/Mues 2004: 13). Und ehrlich gesagt: Alles andere wäre auch besorgniserregend – schließlich setzt man sich als Doktorand mindestens zwei Jahre lang mit seinem Promotionsthema in all seinen Facetten auseinander. Eine starke intrinsische Motivation ist also überaus wichtig. Ohne Interesse am Thema oder, sollte dies noch nicht feststehen, ohne Neugier auf soziologische Fragestellungen sowie ohne Freude am wissenschaftlichen Arbeiten ist ein guter Abschluss der Promotion kaum möglich. Wenn Sie also zum Beispiel durch die Forschungen für Ihre Magister- oder Masterarbeit auf den Geschmack gekommen sind und sich bei der Abgabe Ihrer Arbeit darüber geärgert haben, nicht noch tiefer schürfen zu können, bringen Sie die besten Voraussetzungen mit, um ein erfolgreicher Doktorand zu werden. Wenig ist erhebender, als sich – nach geglückter Finanzierung der Promotionsphase – morgens an den Schreibtisch zu setzen und für das Lesen wissenschaftlicher Artikel entlohnt zu werden, die einen inhaltlich interessieren. Als Promovend haben Sie die Chance, Ihre Interessen in einem Ausmaß und in einer Form zu verwirklichen, wie es sonst nur selten im

Arbeitsleben möglich sein wird: Sie können sich selbst zum Experten in einem Themenfeld machen, das Sie ohnehin interessiert, und halten am Ende als Symbol dafür Ihr Buch in der Hand. Gibt es etwas Schöneres?

Die Gefahren lauern jedoch, wenn aus dem Interesse am Thema eine unendliche Geschichte wird. Jedes Thema lässt sich immer noch weiter untersuchen, noch detaillierter aufdröseln und noch besser ausleuchten. Selbst wenn die Fragestellung bereits stark zugespitzt ist, lassen sich häufig unzählige weitere untersuchenswerte Teilaspekte finden. Daher unser Appell an die primär intrinsisch Motivierten: Lassen Sie auch etwas Pragmatismus walten. Sie sollten sich im Klaren sein, dass Ihre Doktorarbeit neben dem Ziel, die Soziologie in Ihrem Fachgebiet weiterzubringen, einen weiteren wichtigen Zweck erfüllt: Sie ist eine wissenschaftliche Qualifikationsarbeit, die Ihnen bei Verbleib in Akademia weitere, intensive Forschungstätigkeit ermöglicht – nicht alles muss bereits in der Promotionsphase ergründet werden.

Extrinsische Motive können ebenfalls der Hauptgrund für die Entscheidung zur Promotion sein. Spätestens wenn sie mit Ihrer Arbeit auf die Zielgerade einbiegen, aber durchaus auch weit früher, dürfen Sie sich überlegen, was danach kommen soll. Lassen Sie sich ruhig ein wenig extrinsisch motivieren, denken Sie über mögliche Arbeitsstellen und die oben genannten Einkommensunterschiede nach. Und sollten Sie einen Job für die Zeit danach in Aussicht haben, können Sie sich sicher sein: Dann wird die Arbeit ganz bestimmt zügig fertig.

Bei einer Befragung unter Doktoranden in Bayern hat das Bayerische Staatsinstitut für Hochschulforschung und Hochschulplanung (IHF) ermittelt, dass die Aussicht auf Karriere und höheres Einkommen ebenfalls eine wichtige Rolle spielt – nach dem Interesse am Thema und am wissenschaftlichen Arbeiten: 41,7 Prozent der Befragten gaben an, durch die Promotion ein höheres Einkommen zu erwarten; 63,2 Prozent meinten, der Doktortitel verbessere die beruflichen Chancen (Berning/Falk 2006: 36). Und natürlich verhilft eine klare berufliche Perspektive verbunden mit monetären Anreizen einer Promotion häufig zu zügigem Abschluss. So bedeutet der Doktortitel für den 26-Jährigen Jung-Consultant, der zwei Jahre nach seinem Studienabschluss in Soziologie durch die Promotion zum Partner in seinem Unternehmen aufsteigen will, ein höheres Renommee im Unternehmen – und höchstwahrscheinlich auch einige hundert Euro mehr am Monatsende. Diese Aussicht auf rosige Zeiten hilft vielen Doktoranden ungemein, um in schwierigen Phasen den nötigen Antrieb zu behalten. Aber auch hier gilt: Das Extrem ist schädlich. Sollten Sie den einzigen Sinn Ihrer Promotion darin sehen, später mehr Geld zu verdienen, dann gehen Sie nochmals in sich. Denn ohne Interesse an einer soziologischen Fragestellung und ohne die Bereitschaft, sich für ihre Untersuchung zwei bis drei Jahre intensiv mit einem Thema zu befassen, Literatur zu lesen und neue Methoden zu erlernen, kann die Forschung schnell zu einer Last werden – und sie könnte dann, so unsere Vermutung, auch (zu) wenig wissenschaftlichen Mehrwert generieren.

Expedition Doktorarbeit – wie man Coach für Wissenschaftler/-innen wird
von Anja Frohnen

Meine Promotion begann mit einem zweijährigen richtungsweisenden Umweg. Ende der 1990er Jahre erhielt ich die Chance, als wissenschaftliche Mitarbeiterin am Lehrstuhl für Geschlechterforschung der Universität Mainz bei Prof. Bettina Heintz zu arbeiten und zu promovieren. Ich zog von meiner Heimatuniversität Bielefeld nach Mainz, arbeitete mich in die neuen Aufgaben ein und wirkte an einem Lehrforschungsprojekt zum Thema „Karrierewege von Frauen in der Wissenschaft" mit. Nach etwa einem Jahr Mitarbeit am Lehrstuhl bemerkte ich, dass ich nicht sicher war, ob ich auch nach der Promotion wirklich in der Wissenschaft bleiben wollte. Ich stellte mir die Frage, ob es Sinn machte, als wissenschaftliche Mitarbeiterin die Promotion anzustreben.

Jutta Almendinger hat die strukturell im wissenschaftlichen Karriereverlauf auftretende Frage mit „Should I stay or should I go?" (The Clash) auf den Punkt gebracht. Ich entschied mich *für* eine Promotion und *gegen* die Möglichkeit, dies im Rahmen der wissenschaftlichen Mitarbeiterstelle, die ich hatte, zu tun. Ich bewarb mich um ein Stipendium der Stiftung der Deutschen Wirtschaft – und erhielt es. Die Frage, ob ich weiterhin Wissenschaftlerin werden wollte, blieb dennoch erst mal offen. Damit musste und konnte ich leben.

Wie habe ich den dann startenden Promotionsprozess erlebt?

In meiner Arbeit als Coach für Wissenschaftler/-innen vergleiche ich heute den Prozess des Promovierens mit einer Hochgebirgs-Expedition, die notwendigerweise mit Risiken einhergeht, die in unwegsamem und unbekanntem Gelände stattfindet und die in ihrem Verlauf schlicht nicht genau vorhersagbar ist.

Rückblickend würde ich meine persönliche Erstbesteigung vereinfachend in vier Phasen einteilen.

Basecamp 1 = Feldforschungsphase: Akklimatisierung im Feld (Job Shadowing im Management und Engineering des Automobilherstellers Ford), erste Auswertungen und erste theoretische Anknüpfungen. Informieren des Teams (Kolloquium) über die Lage im Forschungsfeld. Wetterlage beständig und freundlich. Alles noch wie erwartet und geplant.

Basecamp 2 = Datenanalyse, Interviewtranskriptionen verfassen, ethnographisches Material analysieren. Effekt: Themenkrise. Welche Forschungsfragen kann und werde ich mit dem Material verfolgen? Der Weg zur Bergspitze muss neu überdacht werden. Gelegentliche Funkverbindung ins Basecamp 1. Einzelgespräch mit Doktormutter und Doktorvater. Entscheidungen werden von mir unter Unsicherheit, in welche Richtung der beste Aufstieg auf die Bergspitze theoretisch und praktisch möglich ist, getroffen. Dennoch Zuversicht, den Gipfel zu erreichen.

Basecamp 3 = Schreibkrise (im dritten Jahr): Biwaken bei Motivationstief. Wissenschaftliche Erkenntnis setzt nur durch und mit Schreiben ein. Das ist Millimeterarbeit. Immer noch keine klare Sicht auf die Bergspitze (geistiger Nebel). Große Zweifel darüber, wann und ob jemals der Gipfel erreicht werden kann. Kurzzeitige Überlegung, die Expedition abzubrechen. Mein Wille, mein Ehrgeiz und das Besinnen auf meine Stärken lassen mich weitermachen. Intensiver Kontakt mit Kolleginnen und Betreuern – Vorstellen einzelner zentraler Kapitel, Erhalt von konstruktivem Feedback.

Phase 4 = Gipfel erreicht (Ende des drittes Jahres): Inhaltlich steht fest, was in die Doktorarbeit reinkommt und was an Material und Theorie nicht verwendet wird. Ich habe die Entscheidungen darüber getroffen. Der Abstieg beginnt: Fünf Monate intensives Schreiben, Redigieren und Überarbeiten. Rückkehr ins Basecamp mit anschließender Disputation.

Promotionsbegleitend begann ich eine Coachingausbildung, die mich in der Frage „Should I stay or should I go?" darin unterstützte, meine Arbeit als Coach für Nachwuchswissenschaftler/-innen aufzunehmen. 2001 entwickelte ich ein Coaching und Beratungskonzept für Wissenschaftler/-innen, tragfähige und stimmige Entscheidungen für die Fragen zu treffen: Will ich in der Wissenschaft meinen beruflichen Weg nach der Promotion weitergehen? Und wenn ja, wie geht das für mich konkret? Meine eigenen Erfahrungen als wissenschaftliche Mitarbeitern sowie meine wissenschafts-soziologischen Kenntnisse sind für diesen Bereich von großem Nutzen. Sie helfen mir heute in meiner Coachingarbeit, sehr schnell nachzuvollziehen, in welchen Situationen sich meine Klienten befinden, gleichzeitig erlaubt mir meine Distanz und Unabhängigkeit vom Wissenschaftssystem, wirksame Hilfen anzubieten.

Warum habe ich selbst einen anderen Weg als den der Wissenschaftlerin gewählt?

Heute ist es für mich gefestigtes Wissen, dass ich die Arbeit mit Menschen in der direkten Interaktion der wissenschaftlichen Arbeit, also der Arbeit an den Gedanken von Menschen in Textform, vorziehe. Damals, direkt nach der Promotion, war ich mir unsicher. Meine Doktormutter gab mir die Möglichkeit, mich aktiv und zeitnah zu entscheiden: Sie gab mir die Möglichkeit zur Habilitation. Das war sehr hilfreich, da es mich zwang, eine Entscheidung zu treffen und nicht endlos mit der Wissenschaftslaufbahn zu liebäugeln.

Im Rahmen eines Coachings, welches ich selbst in Anspruch nahm, traf ich die Entscheidung *gegen* die Wissenschaftslaufbahn – letztlich auf Basis meines Bauchgefühls. Wie mittlerweile aus den Neurowissenschaften bekannt ist, werden wesentliche, komplexe Entscheidungen nicht auf Basis rationaler Abwägungen, sondern auf Basis unserer gemachten Erfahrungen und damit letztlich intuitiv getroffen. Wesentlich für meine Entscheidung war, dass ich den Eindruck hatte, alle Wege seien für mich grundsätzlich wählbar und lebbar. Nur einer fühlte sich richtig, stimmig und rund an. Das war, den Berufsweg als Coach einzuschlagen – 100%-ig selbstständig und selbstbestimmt in meinem Tätigkeitsfeld und im direkten Kontakt mit Menschen. Diesen Weg habe ich gewählt und bin nach wie vor sehr glücklich darüber.

Dr. Anja Frohnen ist Gründerin und Geschäftsführerin einer Firma, die sich auf Training, Coaching und Beratung von Wissenschaftler/-innen in Deutschland und dem europäischen Ausland spezialisiert hat. Promoviert hat sie 2004 an der Johannes Gutenberg-Universität Mainz mit einer ethnographischen Arbeit zur Diversität in globalen Unternehmen. Die Arbeit ist 2005 unter dem Titel „Diversity in Action. Multinationalität in globalen Unternehmen am Beispiel Ford" im Transcript Verlag Bielefeld erschienen.

Jeder Doktorand wird die Frage nach den Gründen seiner Promotion anders beantworten – zu unterschiedlich sind die persönlichen Motivationen. Ungemein erleichtert wird die Arbeit an der Promotion jedoch, wenn man als Doktorand zwei Herzen in sich spürt: Ein Herz, das einen aus Interesse am Thema immer weiter in die Tiefen der Forschung treibt und das seine Befriedigung und Freude daraus zieht, dass eine Regression ein interessantes Ergebnis ergibt oder eine Verhandlungssituation zwischen zwei antagonistischen Akteuren mit einem spieltheoretischen Modell fassbar ist. Und ein zweites Herz, das einen zur Fertigstellung drängt, weil es nach einer monetären oder statusmäßigen Auszahlung der eingesetzten Zeit und Energie lechzt. Ökonomisch gedacht: Ein Doktorand befindet sich im Trade-Off zwischen zwei nutzenspendenden Elementen und muss eine Lösung finden, die für ihn persönlich optimal ist. Dabei kann aus unserer Sicht die aristotelische Idee von der mesotes, der tugendhaften Mitte, eine Richtschnur sein: Wer nur aus reinem Interesse am Thema oder nur aus purer extrinsischer Motivation promoviert, wird früher oder später auf die oben diskutierten Schwierigkeiten stoßen. Diese machen die Promotion natürlich nicht unmöglich – insbesondere dann nicht, wenn man sich seiner Schwächen bewusst ist und deshalb gezielt gegensteuert oder wenn die persönliche Toleranzschwelle für die negativen Folgen sehr hoch liegt. Aber wenn Sie bei sich selbst eine Mischung von beiden Elementen vorfinden, dem Interesse am Thema und der extrinsischen Motivation, haben Sie jedenfalls nicht die schlechtesten Startvoraussetzungen.

Zum Weitersurfen

Deutsches Doktorandennetzwerk:
  http://www.thesis.de
Bayerisches Institut für Hochschulforschung:
  http://www.ihf.bayern.de
Promovierendeninitiative:
  http://www.promovierenden-initiative.de/

Zum Weiterlesen

Bayerisches Staatsinstitut für Hochschulforschung und Hochschulplanung (IHF) (2005): Beiträge zur Hochschulforschung – Sonderheft „Promotionswesen im Umbruch" 2005:1. München.

Becker, Gary S. (1993): Human Capital. A Theoretical and Empirical Analysis with Specific Reference to Education, Chicago/London: University of Chicago Press.

Berning, Ewald/Falk, Susanne (2006): Promotionswesen in Bayern. München: Bayerisches Staatsinstitut für Hochschulforschung und Hochschulplanung.

Breger, Wolfram/Böhmer, Sabrina (Hrsg.) (2007): Was werden mit Soziologie. Berufe für Soziologinnen und Soziologen. Das BDS-Berufshandbuch. Stuttgart: Lucius & Lucius.

Briede, Ulrike/Gerhardt, Anke/Mues, Christopher (2004): „Die Situation der Doktoranden in Deutschland. Ergebnisse der Befragung.", in: duz (Deutsche Universitätszeitung) special, Beilage zur duz – das unabhängige Hochschulmagazin 2004:12, 13-22.

Brunner, Ines (2007): „Karrieresprung. MBA oder Promotion?", Frankfurter Allgemeine Zeitung, Internetquelle (04.07.2011): http://www.faz.net/artikel/C30350/karrieresprung-mba-oder-promotion-30097096.html.

Engelage, Sonja/Hadjar, Andreas (2008): „Promotion und Karriere – Lohnt es sich zu promovieren? Eine Analyse der Schweizerischen Absolventenstudie", in: Swiss Journal of Sociology 34:1, 71-93.

Färber, Christine/Spangenberg, Ulrike (2008): Wie werden Professuren besetzt? Chancengleichheit in Berufungsverfahren. Frankfurt a.M./New York: Campus.

Findeisen, Ina (2011): Hürdenlauf zur Exzellenz. Karrierestufen junger Wissenschaftlerinnen und Wissenschaftler. Wiesbaden: VS Verlag für Sozialwissenschaften.

Günther, Oliver (2009): „Warum promovieren wir? Der Doktorgrad nach Bologna", in: Forschung & Lehre 7/2009, 484-485.

Jaksztat, Steffen/Briedis, Kolja (2009): Studienstrukturreform und berufliche Situation aus Sicht des wissenschaftlichen Nachwuchses. Ergebnisse der ersten WiNbus-Befragung. Hannover: HIS Forum Hochschule. Internetquelle (01.07.2011): http://www.winbus.eu/studies/WiNbus_Studienstrukturreform.pdf.

Jaksztat, Steffen/Schindler, Nora/Briedis, Kolja (2010): Wissenschaftliche Karrieren. Beschäftigungsbedingungen, berufliche Orientierungen und Kompetenzen des wissenschaftlichen Nachwuchses. Hannover: HIS Forum Hochschule. Internetquelle (01.07.2011): http://www.his.de/pdf/pub_fh/fh-201014.pdf .

Jungbauer-Gans, Monika/Gross, Christiane (Hrsg.) (2010): Soziologische Karrieren in auto-biographischer Analyse. Wiesbaden: VS Verlag für Sozialwissenschaften.

Kuster, Jürg/Huber, Eugen/Lippmann, Robert/Schmid, Alphons/Schneider, Emil/Witschi, Urs/Wüst, Roger (2008): Handbuch Projektmanagement. Heidelberg: Springer.

Leggewie, Claus/Mühlleitner, Elke (2007): Die akademische Hintertreppe. Kleines Lexikon des wissenschaftlichen Kommunizierens. Frankfurt a.M. /New York: Campus.

Mau, Steffen/Huschka, Denis (2010): Die Sozialstruktur der Soziologie-Professorenschaft in Deutschland. WZB Discussion Paper.

Vec, Miloš/Beer, Bettina/Engelen, Eva-Maria/Fischer, Julia/Freund, Alexandra M./Kiesow, Rainer Maria (Hrsg.) (2006): Der Campus Knigge. Von Abschreiben bis Zweitgutach-ten. München: C.H. Beck.

Wienert, Helmut (2006): „Einkommensdifferenzen zwischen Nicht-Akademikern und Akademikern", in: Wirtschaftsdienst 2006:2, 105-111.

3 Ein Thema finden

Die Themenwahl für ein Promotionsvorhaben weist frappante Parallelen zur Partnersuche auf: Mancher entscheidet sich kurz entschlossen für das erstbeste, mancher sondiert den Markt gründlich und legt dann einen umfangreichen Kriterienkatalog zu Grunde, und manch einer erweist sich als sprunghaft und kann sich einfach nicht festlegen. Wieder andere trifft Amors Pfeil unverhofft, ihnen lässt die Begeisterung des Augenblicks gar keine andere Wahl.

Solche Liebe auf den ersten Blick ist eine schöne Sache, und wer wollte den Frischentflammten das junge Glück madig machen? Wenden wir uns also zunächst nur an alle anderen, diejenigen also, welche eine Promotion in der Soziologie anstreben, aber dies nicht von vornherein aus Leidenschaft für ein bereits feststehendes Thema tun. Der Kurzentschlossene prüfe im Folgenden, ob er wirklich richtig liegt. Dem systematisch Suchenden sollen einige vielleicht noch nicht bedachte Hinweise gegeben werden. Und dem Bindungsunwilligen sei vor Augen geführt, dass verschiedene Themen das Richtige sein können, dazu aber letztlich nur durch den Akt der Entscheidung werden.

Das „intrinsische Interesse" am Promotionsthema:
Randbemerkungen über Vorteil und Risiken
von Holger Lengfeld

Häufig wird Ihnen als angehender Doktorandin bzw. angehendem Doktorand geraten, sich ein Thema zu suchen, an dem Sie ein hohes „intrinsisches" Interesse haben, d.h. das Sie aufgrund eines persönlich starken Erkenntnisinteresses bearbeiten wollen. Dieser Rat ist sicher richtig. Dahinter steht die Annahme, dass man Durststrecken während der Bearbeitung, wie sie nahezu jedes Promotionsstudium aufweist, durch entsprechend hohe Motivation eher übersteht. Dies können Themen sein, an denen Sie aus moralischen Gründen interessiert sind, etwa indem Sie der drohenden Klimakatastrophe etwas entgegensetzen möchten, oder weil Sie beispielsweise Diskriminierungserfahrungen in der Schulzeit gemacht haben und daher eine Arbeit über Ursachen struktureller Benachteiligung unterer sozialer Schichten im Schulsystem schreiben möchten.

Ein aufgrund moralischer Motive oder persönlicher Betroffenheit gewähltes Thema weist leider auch Risiken auf. So kann es passieren, dass Sie im Laufe der Bearbeitung bemerken, dass es keine klar identifizierbare Handlungsstrategie gegen Klimawandel oder Schichtdiskriminierung gibt, und Ihre eingangs hohe intrinsische Motivation schlägt in ihr Gegenteil um: Sie sind enttäuscht und geben auf, verständlicherweise, denn der eigentliche Grund der Themenwahl existiert für Sie ja nicht mehr. Eine andere unwillkommene Folge bei intrinsisch hoch motivierten Fragestellungen ist gelegentlich, dass man Theorien oder empirische Befunde ignoriert, die mit den eigenen moralischen Überzeugungen oder Erfahrungen nicht übereinstimmen. So stoßen Sie beispielsweise bei der Suche nach Diskriminierungsfaktoren im Schulsystem auf eine empirische Studie, die besagt, dass ein Teil des schulischen Misserfolgs von Kindern unterer sozialer Schichten auf das fehlende Interesse ihrer Eltern am Schulerfolg des eigenen Nachwuchses zurückzuführen ist. Da dieser Befund Ihrer Ausgangsannahme der Existenz von struktureller Diskriminierung widerspricht, schenken Sie dieser Studie wenig Beachtung. Dies könnte sich jedoch bei der späteren Begutachtung durch die Promotionskommission rächen, weil man Ihnen vorwirft, einen Teil der einschlägigen Literatur nicht berücksichtigt zu haben.

Wie also schafft man es, dennoch den Vorteil der intrinsischen Motivation zu nutzen? Sicher gibt es dafür keine allumfassende Antwort, aber vielleicht zwei Antwortversuche: Möglicherweise hilft es Ihnen, wenn Sie sich frühzeitig darüber klar werden, dass Ihre Promotion, so brillant sie das soziale Problem, von dem Sie ausgehen, auch analysieren mag, die Welt, in der wir leben, kaum einschneidend verändern wird. Nur ein sehr geringer Teil von Dissertationen wird jenseits der Prüfungskommissionen, der Pflichtexemplare für Bibliotheken und enger Fachkreise wahrgenommen werden. Erwarten Sie daher nicht zu viel von der Tragweite Ihrer Arbeit – dann können Sie auch nicht allzu sehr enttäuscht werden.

Zweitens müssen Sie sich Ihr Thema „kleinarbeiten", indem Sie tief in seine analytischen Feinheiten eindringen. Gelingt dies, dann werden Sie irgendwann an einen Punkt gelangen, an dem Ihre moralische oder durch Betroffenheit erzeugte Eingangsmotivation quasi ungewollt ersetzt wird durch eine analytische Motivation, die die Sache um ihrer selbst willen verstehen will. Nun treibt Sie die rein wissenschaftliche Neugier voran, und für diese gibt es kein moralisches „richtig oder falsch", sondern nur ein analytisches „wahr oder unwahr".

Was aber ist, wenn Sie sich das Thema nicht selbst wählen, sondern vom betreuenden Professor zuteilen lassen? Reicht die Motivation dann aus, um die befürchteten Durststrecken zu überstehen? Ich glaube schon, jedenfalls dann, wenn Sie an wissenschaftlicher Arbeit als solcher interessiert sind – und nicht allein am Erhalt des Doktortitels. Auch dann werden Sie mit dem beschriebenen „Kleinarbeiten" konfrontiert sein und eine analytische Neugier entwickeln können. Häufig können nichtintrinsisch gefundene Themen auch in einer anderen Hinsicht nützlich sein: Ihr Betreuer weiß zumeist, welche Themen in der „scientific community" gegenwärtig als besonders wichtig gelten. Und dies kann sich später positiv auf die Aufnahme der Arbeit in der Fachöffentlichkeit auswirken.

Dr. Holger Lengfeld ist derzeit Professor für Soziologie, insbesondere Politische Soziologie, an der Universität Hamburg. Promotion im Jahr 2003 an der Humboldt-Universität zu Berlin mit einer Arbeit über „Betriebliche Mitbestimmung und soziale Gerechtigkeitsvorstellungen" (veröffentlicht im selben Jahr unter dem Titel „Mitbestimmung und Gerechtigkeit. Zur moralischen Grundstruktur betrieblicher Verhandlungen". München und Mehring: Hampp Verlag).

Sie werden sich in den kommenden zwei, drei oder auch fünf Jahren so intensiv wie noch nie mit einer Materie befassen, sie aus unterschiedlichen Blickwinkeln durchdenken und fast alles lesen, was je über sie geschrieben worden ist. Das schließt ein pragmatisches Verhältnis zu ihrem Thema nicht aus, aber eine gewisse Neigung dazu macht die Sache gewiss kurzweiliger. Ausschließen können Sie also wohl Themen, die Sie immer schon als langweilig, vollkommen abseitig oder irrelevant erachtet haben. Es verbleiben dann aber immer noch mehrere mittelgroße Interessensgebiete, etwa Sozialstrukturanalyse, Theorien sozialen Wandels, Bildungs- oder Stadt- und Regionalsoziologie? Dann sollten Sie zur genaueren Eingrenzung prüfen, wo noch etwas zu holen ist – schließlich wollen Sie nicht das Rad zum fünften Mal erfinden[1]: Gibt es auf den in Frage kommenden Interessengebieten jüngere Entwicklungen, die noch kaum untersucht sind, oder Kontroversen zwischen verschiedenen Autoren bzw. Strömungen, die zur genaueren Analyse herausfordern? Unternehmen Sie dazu Katalog- und Datenbankrecherchen nach neuen Publikationen wie im folgenden simplen Beispiel:

Doktorand XY interessiert sich für intergenerationale Klassenmobilitäten, ist sich aber unsicher, ob dazu nicht schon so gut wie alles gesagt ist. Eine erste Suche mit den beiden Schlagworten „intergenerational" und „class mobility" in der Fachdatenbank *Sociological Abstracts* verstärkt zunächst diesen ersten Eindruck,

---

[1] Illusorisch wäre allerdings die Erwartung, auf Dauer der Einzige zu bleiben, der sich mit einem Thema beschäftigt. Deshalb ist auch keine Panik angebracht, wenn Sie eines Tages feststellen, dass es beispielsweise in Bielefeld ebenfalls einen Doktoranden gibt, der über Lebenslaufregime in Deutschland und Großbritannien im Vergleich promoviert. Erstens wird er es kaum auf exakt dieselbe Weise tun, und zweitens ergeben sich vermutlich durchaus interessante Divergenzen zwischen Ihren Schlussfolgerungen, die die weitere produktive Debatte in der Disziplin anregen. Zudem entlastet Sie vielleicht die Aussage des Doktorvaters einer Kollegin von allzu hohen Exklusivitätsansprüchen: „Sie sollten nichts zu einem Thema schreiben wollen, zu dem es noch überhaupt nichts gibt – denn es hat in der Regel einen Grund, dass es noch nichts gibt."

ergibt sie doch 116 Publikationen unterschiedlichen Typs (darunter immerhin 76 Artikel in Journalen mit Peer-Review). Allerdings könnte sich der potenzielle Doktorand vorstellen, sich besonders auf intergenerationale Klassenmobilität in Japan zu konzentrieren, weil ihn das Land der aufgehenden Sonne von klein an interessierte. Diese Fokussierung reduziert die Zahl der gefundenen Titel auf eine Handvoll (gerade einmal zehn Publikationen unterschiedlichen Typs, darunter lediglich fünf in Journalen mit Peer-Review)! Falls er sich des Weiteren speziell für intergenerationale Klassenmobilitäten in Japan während der „interwar period" interessiert, wird ihn das Rechercheergebnis erfreuen: Kein einziger Treffer mehr! Nun ist selbstverständlich noch offen (oder hochgradig fraglich), ob er auf dieser Basis einer Schlagwortsuche ausschließen kann, dass es nicht doch in der Literatur schon einige Erkenntnisse zu dem eingegrenzten Thema „intergenerationale Klassenmobilität in Japan" gibt. Aber die Übung sollte deutlich gemacht haben: Auch klassische Fragestellungen der Soziologie – und jene nach sozialer Mobilität zählt zweifellos dazu – lassen sich prinzipiell so zuspitzen, dass man als hoffnungsfroher Doktorand eine Nische finden kann.[2] (Die relative Enge oder Weite eines Themas ist natürlich nicht bloß eine Frage der Positionierung in der Disziplin bzw. der Originalität der entstehenden Arbeit, sondern auch eine der Bearbeitbarkeit in einem angemessenen Zeitraum. Dazu etwas weiter unten mehr.)

Auch Überblickswerke zu Forschungsstand und Perspektiven einzelner Teilbereiche wie beispielsweise Giddens (2009), Joas (2007), Ritzer (2007) und – auf die Sozialstrukturanalyse bezogen – Solga et al. (2009) können eine wertvolle Orientierungshilfe sein, zumal manche Beiträge darin gar ganz konkrete offene Forschungsfragen und mögliche Promotionsthemen benennen. Schauen Sie sich außerdem die Titel und Abstracts der Beiträge zu den wichtigsten Fachkonferenzen der letzten Jahre an. Zudem finden sich in deren Schlussfolgerungen oft Hinweise auf weiteren Forschungsbedarf. Und vor allem: Fragen Sie erfahrenere Wissenschaftler um Rat. Nicht alle Professoren sind jederzeit gleichermaßen ansprechbar, aber wenn sie es bei einigen (besser nicht nur an ihrer bisherigen Uni, sondern auch an solchen mit entsprechenden Forschungsschwerpunkten) versuchen, werden bestimmt mehrere bereit sein, ihre Einschätzung über besonders fruchtbare brachliegende Themenfelder mit Ihnen zu teilen.

Haben Sie einen bestimmten Betreuer oder eine begrenzte Anzahl von potenziellen Doktorvätern im Auge, dann empfiehlt es sich zur Orientierung über Möglichkeiten auch, in letzter Zeit an deren Lehrstühlen abgeschlossene und

---

[2] Selbstverständlich müssten nun noch weitere Datenbanken zu Rate gezogen werden.

gerade noch laufende Projekte näher zu betrachten. Das Motto sollte dabei lauten: Sich orientieren ohne zu imitieren. Schauen Sie sich an, welche Themen man wie formulieren und angehen kann, aber kopieren Sie diese nicht, sondern nehmen Sie sie als Inspiration zur eigenen Positionierung, ja durchaus gerade auch zur bewussten Abgrenzung.

Bei der dann irgendwann fälligen Entscheidung sollten Sie bedenken, dass es nicht nur eine Kategorie von geeigneten Themen gibt. Themen können geeignet sein, weil

- sie unerforschtes Terrain darstellen, das aber von gut kartographiertem Gelände umgeben ist (siehe den Gastbeitrag von Annette Spellerberg);
- sie in der gesellschaftlichen Debatte umstrittene, wissenschaftlich aber bislang unterbelichtete Aspekte enthalten;
- sie sich für neue interdisziplinäre Brückenschläge eignen (siehe den Gastbeitrag von Elmar Schlüter);
- sie selbstverständliche Annahmen der bisherigen Forschung in Frage stellen;
- sie zwar schon von vielen beackert worden sind, aber noch nicht aus der Ihnen vorschwebenden Perspektive;
- sie sich durch einen anderen methodischen Zugang neu analysieren lassen;
- sie gesellschaftlich besonders relevante Zukunftsfragen berühren; oder auch ganz pragmatisch
- weil sie besonders gute Finanzierungsaussichten bieten, da sie die bei Graduiertenkollegs, Stiftungen etc. vorherrschenden Themenkonjunkturen bedienen; oder weil sie
- besonders gut in das Portfolio Ihres Wunschbetreuers passen.

Ist eine dieser Eigenschaften in besonderem Maße gegeben oder können Sie einem potenziellen Thema mehrere davon zuschreiben, dann wäre es vermutlich keine schlechte Wahl. Kein Thema schneidet zufriedenstellend ab? Dann gehen Sie zurück über Los und fangen Sie oben noch einmal an. Oder es kommen immer noch mehrere Themen in Frage? Dann hilft vielleicht der Gedanke, dass man die anderen ja auch nach der Promotion noch erforschen könnte. Oder Sie nehmen zunächst einfach zwei, arbeiten je vier Wochen daran, und entscheiden sich dann – zur allergrößten Not und für den unwahrscheinlichen Fall, dass immer noch Gleichstand herrscht, auch per Münzwurf, denn nun muss es wirklich sein.

Zwei Subtypen von Themenfindungsprozessen sind bislang unangesprochen geblieben. Der erste entspringt dem recht häufigen Fall, dass ein Professor erfolgreich ein Drittmittel-Forschungsprojekt beantragt hat und einem Absolventen ohne Ausschreibungs- oder Bewerbungsverfahren, also auch ohne Initiative von dessen Seite, eine Promotionsstelle in diesem Projekt anbietet. Zwar gibt es eine sehr kleine Gruppe von Projektmitarbeitern, die neben der Projektarbeit ein inhaltlich völlig anders gelagertes Promotionsvorhaben vorantreiben, in aller Regel aber ist mit der Annahme eines solchen Stellenangebots auch die Entscheidung für das Promotionsthema gefallen. Hat der potenzielle Doktorand hier also keine wirkliche Auswahl, sondern nur eine binäre Entscheidung unter dem Motto „take it or leave it" zu treffen? Auf den ersten Blick ja. Und um ein solches Stellenangebot abzulehnen, bedarf es schon entweder attraktiver Konkurrenzangebote oder einer gehörigen Portion Selbstsicherheit. Demjenigen, der es anzunehmen gedenkt, sei dazu geraten, sich nach Möglichkeit das Thema alsbald auch dadurch zu eigen zu machen, dass er eigene Schwerpunktsetzungen und Ergänzungen einbringt. In den Vorgesprächen über eine etwaige Anstellung wird dies allein schon wegen des Zeitrahmens kaum inhaltlich konkret möglich sein, eine Vereinbarung über die grundsätzliche Möglichkeit dazu sollte aber angestrebt werden: Sprechen Sie Ihren potenziellen Doktorvater ganz offen und gezielt auf den Umfang der Freiheitsgrade an, die er Ihnen zuzugestehen denkt, und bekunden Sie neben Interesse am von ihm ausformulierten Thema auch die Bereitschaft wie das Bedürfnis, eigene Akzente zumindest in ihrer Dissertation zu setzen. Diese wird ja in enger Überlappung mit den Projektberichten entstehen, muss aber nicht zwingend völlig mit diesen identisch sein.

Dreimal Mut zum Aufwerfen und Bearbeiten einer soziologischen Frage
von Anna Henkel

An der Soziologie kann ihre Vielfalt faszinieren. Während andere Disziplinen ihren Gegenstand und ihre Prämissen in paradigmatischen Lehrbüchern zusammenfassen, ist der Gegenstand der Soziologie „die Gesellschaft" und ein Lehrbuch notwendig geprägt von der Position seines Autors. Soziologie impliziert deshalb nicht so sehr das Lösen einer offenen Frage, als vielmehr das Aufwerfen einer Frage durch Einnehmen einer Perspektive auf einen Gegenstand. In diesem Aufwerfen sehe ich die größte Herausforderung einer soziologischen Dissertation. Drei Ratschläge wage ich vor dem

Hintergrund meiner eigenen Promotionserfahrung: Mut zum Anfangen! Mut zum Schreiben! Mut zum Diskutieren!

Aus der Verbindung einer theoretischen Perspektive und einem empirischen Gegenstand ergibt sich quasi zwangsläufig eine Modifikation oder doch Präzisierung der Fragestellung im Verlauf des Forschungsprozesses. Gerade deshalb hat es sich für mich gelohnt, in der Anfangsphase der Dissertation mit der empirischen Untersuchung selbst anzufangen. Natürlich ist es erforderlich, eine theoretische Perspektive zu wählen und sich damit zu befassen, warum die aufgeworfene Frage nicht nur an sich, sondern auch soziologisch relevant ist. Von dieser notwendigen Verortung im weiten Raum der Soziologie sollte aber meiner Meinung nach so bald wie möglich der Schritt in die empirische Operationalisierung gewagt werden. Die frühe Auseinandersetzung mit der Empirie bietet einerseits die Gelegenheit, das eigene methodologische Setting auszuprobieren; es ermöglicht andererseits, vor dem Hintergrund dieser Auseinandersetzung die aufgeworfene Frage zu präzisieren.

Die andere Seite eines Mutes zum Anfangen ist der Mut zum Innehalten und das heißt: der Mut zum Schreiben. Mir hat es im Verlauf meiner Dissertation sehr geholfen, mir neben dem Schreiben der Arbeit selbst immer wieder die Zeit für das Schreiben von Zwischenergebnissen zu nehmen. Dabei hat es sich als sinnvoll erwiesen, etwa jedes halbe Jahr einen solchen Zwischenbericht in Angriff zu nehmen und mir dafür auch die erforderliche Zeit zu nehmen. Dies gibt Gelegenheit, den eigenen Forschungsprozess dezidiert zu reflektieren: Wie weit bin ich? Was ist offen? Was heißt das für die aufgeworfene Frage – gerade auch im Vergleich zu meinem Forschungsstand von vor einem halben Jahr? Zu Beginn der Promotionsphase hatten diese Zwischenergebnisse die Form von Exposés, gegen Ende hin nahmen sie auch die (fortgeschrittene) Form von Konferenz-Beiträgen oder Artikel-Entwürfen an. Obwohl ich solche zusammenfassend-vorausblickenden Zwischenberichte immer auch etwas als störend empfunden habe, unterbricht die Reflexion doch zwangsläufig den reflektierten Prozess, hat sich für mich jeder einzelne gelohnt.

Bleibt der dritte Rat, das Geschriebene auch zu diskutieren – und zwar in unterschiedlichen Kontexten. Der naheliegende und zugleich vielleicht am wenigsten zu beeinflussende Diskussionskontext ist derjenige des jeweiligen Betreuers, also Betreuungsgespräch und Kolloquium. Weiter hat es mir viel gebracht, im Freundeskreis unsere wissenschaftlichen Produkte wechselseitig zu diskutieren, gerade über Fächergrenzen hinweg. Darüber hinaus kann ich nur raten, Konferenzen und Workshops als Plattformen wissenschaftlichen Austauschs aktiv zu beobachten, zu nutzen und mitzugestalten. Großkonferenzen wie der Soziologiekongress der DGS sind eine wunderbare Möglichkeit, die Vielfalt und die aktuellen Forschungsrichtungen der Soziologie in vita zu verfolgen. Es lohnt sich, hier eigene Forschungszwischenstände zur Diskussion zu stellen, kann man doch auf ebenso vielfältiges wie fachkundiges Feedback hoffen. Schließlich ist auch die Veranstaltung eines eigenen Workshops oder einer eigenen Konferenz die damit verbundene Mühe mehr als wert: Es hilft, eigene Fragen in eine größere Forschungslandschaft einzubetten – und vermittelt einen Blick auf die andere Seite des Peer Review.

Anfangen, Schreiben und Diskutieren sind somit meine drei Empfehlungen, in der Vielfalt der Soziologie eine eigene Frage aufzuwerfen – und zu bearbeiten.

Dr. Anna Henkel ist Post-Doktorandin an der Bielefeld Graduate School in History and Sociology an der Universität Bielefeld. Sie wurde 2010 mit der Arbeit „Strukturwandel der Pharmakon-Kommunikation" an der Universität Witten/Herdecke promoviert. Diese Arbeit erscheint zur Zeit in der Reihe Wissenschafts- und Technikforschung des Nomos-Verlags unter dem Titel „Soziologie des Pharmazeutischen".

Der zweite zu nennende, gar nicht so seltene Sonderfall ist die ausgebaute Master-, Magister- oder Diplom-Arbeit. Diese ist gut oder sehr gut bewertet worden, Sie sind tief in das Thema eingearbeitet, haben aber noch weiteres Material zusammengetragen und offene Folgefragen formuliert – warum also nicht an der selben Furche weiterpflügen, fragt sich mancher Absolvent oder fragt ihn sein Betreuer. Mit hoher Wahrscheinlichkeit ist eine solche Dissertation schneller fertig gestellt, und etwaige Stipendienanträge können natürlich leichter geschrieben werden als ein komplett neues Exposé. Gegen diese Vorteile sind allerdings einige gravierende Einwände abzuwägen. Erstens merkt man Doktorarbeiten derartige Vorgeschichten oft (nicht gerade positiv) stilistisch und konzeptionell an. Dies ist insbesondere dann der Fall, wenn die Abschlussarbeit lediglich aufgepumpt, also keine Doktorarbeit zum selben Thema neu geplant wird, und wenn ganze Textpassagen oder gar Kapitel schlicht übernommen werden.[3] Zweitens gibt nicht jedes Thema einer guten Abschlussarbeit auch ein sonderlich geeignetes Dissertationsthema ab – der Aspekt der eigenständigen Forschungsleistung und der Innovation spielt hier schließlich eine weitaus geringere Rolle als dort. Das alles heißt nicht, dass von einem Dranbleiben an einem schon einmal bearbeiteten Thema grundsätzlich abzuraten ist. Bloß sollte die Entscheidung für das Promotionsthema nicht allein aus Behäbigkeit getroffen werden, und die Konzeption der Doktorarbeit gilt es mit genügendem Abstand zum bisher Geleisteten von Grund auf neu zu bedenken. Das bereits zu einem gewissen Grad durchdrungene Thema kann dann bei einer Neukonzeption der Arbeit und durch das damit

---

[3] Solche Zweit- oder Drittverwertungsstrategien werden zuweilen auch später noch eingesetzt, wenn etwa aus Doktorarbeiten hervorgegangene Papiere Eingang in kumulative Habilitationen finden. Dies ist letztlich eine Frage der Wahrnehmung innerhalb der Disziplin und des persönlichen Stils und entzieht sich an dieser Stelle unserer Bewertung.

verbundene Heranziehen weiterer theoretischer Zugriffe und methodischer Werkzeuge gewiss auch einen ganz neuen Reiz entfalten.

Thema gefunden – und dann?

Ein gutes Dissertationsthema ist nicht zu weit, um es in einer angemessenen Zeit bearbeiten und dabei mehr als Allgemeinplätze produzieren zu können, aber auch nicht so eng, dass es in einem Vierteljahr abgegrast werden kann und man danach nurmehr an den Zierspitzen der Darstellung feilen kann oder l'art pour l'art betreibt. Wer von der eigenen Magisterarbeit kommt und wer auf einem viel beackerten Teilgebiet weiterforschen will, schwebt tendenziell in der Gefahr, unterambitioniert eng vorzugehen, wer aus spontan entflammter Zuneigung zu einem Thema ungestüm loslegt, nimmt sich dagegen oft eher zu viel vor. Gerade für Letztere gilt, wie für die in Kapitel 2 angesprochenen vornehmlich intrinsisch motivierten Doktoranden, dass ein Schuss Pragmatismus hilfreich sein kann. Kennt man den Mangel an demselben als eigene Schwäche, ist das Einholen von Meinungen Dritter besonders angeraten.

Wer nun ein Thema gefunden hat oder auch wem eines zugelaufen ist, der steht vor dem nächsten Schritt, dazu eine konkrete und präzise Fragestellung zu formulieren. (Mancherorts hält sich noch die seltsame Unsitte, statt einer Fragestellung eine These an den Ausgangspunkt einer Dissertation zu stellen. Falls irgend möglich, vermeiden Sie das. Dadurch entsteht nur der Eindruck von Voreingenommenheit – oder schlimmer noch: Voreingenommenheit selbst.) Doch dazu mehr in Kapitel 6 über die Konzeption von Doktorarbeiten.

Hier bleibt fürs Erste nur, noch einmal auf die Gruppe von Doktoranden zurückzukommen, die ihre Themenwahl nach dem Muster der Liebe auf den ersten Blick betrieben haben. Sind Sie nach der Lektüre dieses Kapitels immer noch zufrieden und hoffnungsfroh? Gut, dann wollen wir nicht weiter stören. Oder haben wir Zweifel gesät, ob sich Ihr Vorhaben auf dieser Basis zum Erfolg führen lässt? Dann tut uns das leid; es ist vielleicht aber auch besser so.

Zum Weitersurfen

Mal sehen, was auf großen Konferenzen so an Themen vorgetragen wurde:
http://dgs2010.de/programm/programm-uebersicht
http://esa.abstractbook.net/
http://isa2010.aimit.se/Start.aspx

Zum Weiterlesen

Giddens, Anthony (2009[6]): Sociology. Cambridge u.a.: Polity Press.
Joas, Hans (Hrsg.) (2007[3]): Lehrbuch der Soziologie. Frankfurt a.M./New York: Campus.
Ritzer, George (Hrsg.) (2007): The Blackwell Encyclopedia of Sociology. Oxford: Blackwell.
Solga, Heike/Powell, Justin/Berger, Peter A. (2009): Soziale Ungleichheit. Klassische Texte zur Sozialstrukturanalyse. Frankfurt a.M./New York: Campus.

4 Promovieren – wo und bei wem?

Stellen Sie sich folgende Situation vor: Sie haben Ihre (empiriefreie) Abschlussarbeit zum Thema „Inklusion und Exklusion in der Systemtheorie" mit einer sehr guten Note beendet und stecken voller Elan, dieses Thema noch weiter zu verfolgen. Während des Forschens sind Ihnen viele gute Ideen gekommen, wie Sie Ihre zuvor ausschließlich theoretisch bearbeitete Fragestellung – anhand zu analysierender Strukturen und Dynamiken der Gegenwartsgesellschaft – empirisch ausbauen könnten. Der Besuch einer Konferenz, auf der Sie die Ergebnisse Ihrer Abschlussarbeit vorgestellt haben, bestärkt Sie in Ihrem Vorhaben: Ihr Vortrag führt zu einer regen Diskussion, viele Teilnehmer bringen noch weitere Aspekte und Verbesserungsvorschläge ein – dabei ist Ihre Magisterarbeit doch schon längst fertig. In einer solchen Situation liegt der Schluss nahe, die Magisterarbeit als ersten Schritt auf einem begonnen Forschungspfad zu betrachten und die darin gewonnenen Erkenntnisse als Ausgangspunkt für eine profunde Analyse des Themas in einer Promotion zu nehmen. Gleichzeitig stellt sich jedoch eine zentrale Frage: Wo und bei wem soll die Promotion durchgeführt werden? Beim Betreuer der Magisterarbeit, den Sie gut kennen und der Sie sicher liebend gerne als Promovend aufnehmen würde? Oder doch an einer ganz anderen Uni in Deutschland – wo beispielsweise die Forschung zu Ihrem Themenbereich besonders renommiert ist? Oder sogar an einer Hochschule im Ausland, wo der international anerkannte Experte sitzt und/oder Sie immer schon einige Jahre verbringen wollten? Dieses Kapitel hat das Ziel, diese und damit verbundene Fragen zu diskutieren. Während die Erörterung der Vor- und Nachteile der unterschiedlichen Möglichkeiten vorwiegend theoretisch bleibt und die einzelnen Beispiele nur zur Illustration dienen, gibt der Serviceteil dieses Ratgebers einen umfassenden Überblick über die Promotionsmöglichkeiten an soziologischen Instituten in Deutschland. Er fungiert damit als Nachschlagewerk und kann Ihnen ganz konkret bei der Beantwortung der eingangs formulierten Frage helfen, wo und bei wem Sie promovieren können.

Wer in Deutschland in der Soziologie promovieren möchte, hat – zumindest theoretisch – die Qual der Wahl. Denn insgesamt stehen knapp 70 soziologisch forschende Institute zur Auswahl (vgl. Anhang II), an deren ca. 380 Lehrstühlen Sie promovieren können (vgl. WR 2008: 31 und 423).

Hinzu kommen eine große Anzahl habilitierter Privatdozenten, Emeriti, außerplanmäßiger Professoren und Juniorprofessoren, die ebenfalls Promotionen betreuen dürfen. Sprich: Wenn Sie sich für ein Promotionsthema entschieden haben, dann finden Sie garantiert auch einen Wissenschaftler in Deutschland, der darauf spezialisiert ist und Ihr Betreuer werden kann.

Was diese Argumentation dabei impliziert, ist die These, dass es wünschenswert sei, wenn der Betreuer sich gut mit dem Promotionsthema „seines" Doktoranden auskennt. Und in der Tat liegen die Vorteile auf der Hand. Wenn sich Ihr Betreuer bereits mit Ihrem Promotionsthema näher befasst hat, dann profitieren Sie natürlich immens: Von seinem Fachwissen, seinen Literaturempfehlungen, seiner Privatbibliothek, seinen Datensätzen, seinen persönlichen Netzwerken, usw. Sie sind bei einem solchen Professor sicher fachlich allerbestens aufgehoben. Doch in manchen Fällen schlägt dieser Vorteil auch ins Gegenteil um. Probleme gibt es etwa, wenn Ihnen Ihr Betreuer aufgrund seiner Expertise keinen Freiraum mehr zum selbstständigen wissenschaftlichen Arbeiten an Ihrem Promotionsthema lässt. Schließlich kennt er sich ja besser aus als jeder andere und weiß genau, welchen Weg er selbst beschreiten würde, wenn er an Ihrer Stelle wäre. Damit engt er Sie in Ihrer Forschungskreativität jedoch möglicherweise ein. Ein Beispiel: Ihre Dissertation dreht sich um das Thema „Werte in der postindustriellen Gesellschaft", und Sie kommen nach gründlicher Lektüre der wissenschaftlichen Literatur zum Ergebnis, dass die bisherigen Konzepte und empirischen Umsetzungen zur Werteforschung alle mit großen Schwierigkeiten behaftet sind. Daher beschließen Sie, einen eigenen Werte-Index zu entwerfen. Sie verbringen mehrere Monate damit, nach geeigneten Indikatoren zu suchen und eine ausgeklügelte Aggregationsregel für Ihren neuen, den Lebensbedingungen der postindustriellen Gesellschaft angemessenen Werte-Index zu entwerfen. Mit einem ersten Entwurf bewaffnet kommen Sie zu Ihrem Professor – einem ausgewiesenen Experten in Sachen empirischer Werteforschung. Seine Reaktion: „Nein, also diese Operationalisierung geht überhaupt nicht, das habe ich ja noch nie gesehen! Schauen Sie sich doch zunächst einmal in der Literatur um, da gibt es massenweise Vorschläge. Ich würde Ihnen ja empfehlen, meinen Aufsatz aus dem Jahr 2006 zu lesen und die dort verwendeten Indikatoren zu übernehmen." – Dahin ist Ihre innovative Idee eines neuen Werte-Indexes.

Dieses kleine Beispiel zeigt: Ein Betreuer, der selbst Experte auf dem Feld E-Mailres Promotionsthemas ist, kann sehr ungeeignet sein, wenn er Ihnen nur wenig Freiraum lässt. Ebenfalls schwierig wird es, wenn Sie bei Ihren eigenen Forschungen mit dem Betreuer in Konkurrenz treten und er dies nicht akzeptiert. Es sind also nicht nur die fachlichen Kriterien bei der Wahl eines Betreuers entscheidend – auch der Betreuungsstil und die Persönlichkeit müssen zu Ihnen passen. Dadurch lassen sich Konflikte schon von Beginn an vermeiden (siehe auch Kapitel 10). Über beachtenswerte Kriterien bei der Wahl des geeigneten Betreuers informiert daher der nächste Abschnitt dieses Kapitels.

Gibt es den idealen Betreuer?

Eine Warnung vorneweg: Wenn Sie 1.000 Promovierte fragen, ob sie sich während ihrer Promotionszeit einmal über ihren Betreuer geärgert haben oder mit einem bestimmten Aspekt der Betreuung unzufrieden waren, werden Sie wahrscheinlich von ca. 990 ein klares „Ja" als Antwort bekommen. Den idealen Betreuer, der alle Wünsche eines Doktoranden erfüllt, gibt es also selten.[1] Denn zum einen hat jeder Doktorvater seine Stärken – und seine Schwächen. Der erste hat ein besonders gutes Gedächtnis für Literatur und kann Ihnen wertvolle Tipps geben – ist aber häufig auf Konferenzen unterwegs und dadurch nur schwer erreichbar. Der zweite ist sehr kreativ und gibt Ihnen in jedem Gespräch eine gute Idee mit auf den Weg – ist aber gleichzeitig etwas unorganisiert und kommt häufig unvorbereitet in die Gespräche. Und der dritte ist immer verfügbar, antwortet schnell auf Mails und unterstützt Ihre Forschungsarbeit wann immer es geht durch organisatorische Hilfen – kennt sich aber fachlich nicht besonders gut mit ihrem Thema aus. Zum anderen hat auch jeder Promovend spezifische und nicht immer kohärente Ansprüche an seinen Betreuer.

---

[1] Alles in allem scheinen aber die Doktoranden mit der Beratung durch ihre Professoren eher zufrieden zu sein, wie die Ergebnisse einer Umfrage des Doktorandennetzwerks Thesis zeigen (Briede/Gerhardt/Mues 2004: 15-16).

Abbildung 3:   Die Auswahl des Betreuers

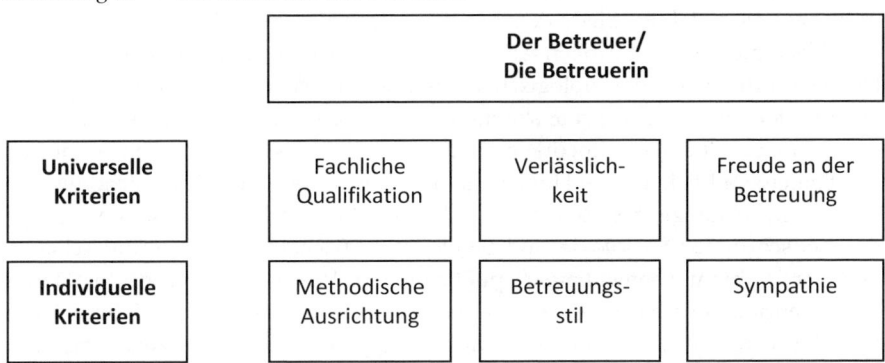

Betrachtet man die Beziehung zwischen Doktorand und Betreuer abstrakt, so wird deutlich, dass sich zwei unterschiedliche Arten von Auswahlkriterien unterscheiden lassen. Erstens universelle Kriterien, deren Erfüllung für jeden Doktoranden von zentraler Bedeutung ist. Hierzu zählen die fachliche Qualifikation des Betreuers, dessen Verlässlichkeit als Grundvoraussetzung einer funktionierenden Beziehung und seine Freude an der Betreuung von Nachwuchswissenschaftlern. Davon abgrenzen lassen sich, zweitens, individuelle Kriterien, die von den Erwartungen und Eigenschaften des jeweiligen Doktoranden abhängen. Hierunter fallen der Betreuungsstil des Doktorvaters, die methodische Ausrichtung oder auch menschliche Aspekte wie die Sympathie oder der „gute Draht" zueinander.

Universelles Kriterium 1: Die fachliche Qualifikation

Im einleitenden Abschnitt wurde bereits deutlich, dass die fachliche Qualifikation ein wichtiges Kriterium für die Wahl des Promotionsbetreuers sein sollte. Mit fachlicher Qualifikation ist damit nicht gemeint, dass Ihr Doktorvater notwendigerweise ein international herausragender Experte in Ihrem Themenbereich sein muss. Vielmehr reicht es in der Regel aus, wenn der Betreuer den Bereich der Soziologie, in dem sie forschen, sehr gut kennt und weiß, mit welchen Methoden dort gearbeitet wird. Die einfachste Strategie, um einen geeigneten Betreuer nach fachlichen Kriterien auszuwählen, ist die negative Selektion. Die entscheidende Frage ist also: Wer kommt keinesfalls in Frage? In der Regel schließen Sie durch dieses Vorgehen bereits einen Großteil der Kandidaten aus. Ein Beispiel: Wer eine Arbeit über Luhmanns Verständnis sozialer Systeme verfasst, wird mit einem Professor aus dem Bereich der empirischen Sozialstrukturanalyse eher schlecht beraten sein – von (schwer vorstellbaren) Ausnahmefällen abgesehen. Eine erste Orientierung stellt daher der Blick auf die vier Lehrstühle eines „typischen" soziologischen Instituts dar: Theorie/Geschichte, Methoden, Makro/Sozialstruktur und Mikro.

Nach dieser ersten groben Auswahl sollten Sie einen feineren Filter anlegen. Denn ein Professor der Soziologischen Theorie muss sich nicht notwendigerweise auch bestens mit Habermas auskennen – wenn sein Hauptaugenmerk etwa auf die Luhmann'sche Systemtheorie gerichtet ist. Um hier klarer zu sehen, lohnt sich – neben einem Blick auf die Homepage des Professors – eine Durchsicht der einschlägigen soziologischen Zeitschriften. Blättern Sie durch die jüngsten Ausgaben der Zeitschrift für Soziologie und bereichsspezifischerer Journale und schauen Sie, wer in ihrem Themenbereich publiziert hat. Wer ist ein Experte für Handlungstheorien, wer hat schon einmal etwas über subjektive sozio-ökonomische Unsicherheiten in Zeiten der Globalisierung geschrieben, wer kennt sich mit Soziologen in der Zeit des Dritten Reiches gut aus? So kommen Sie schnell zu einer Auswahl von vielleicht zehn bis zwanzig deutschen Professoren, die für die Betreuung Ihrer Arbeit in Frage kommen. Ein Gegencheck der fachlichen Qualifikation ist meistens recht einfach über die Homepages der dann ausgewählten Professoren möglich. Schauen Sie hier, wann Ihr Betreuer in spe zuletzt zu einem einschlägigen Thema in einem hochrangigen Journal[2] publiziert oder eine umfangreiche Monographie verfasst hat.

Das Eigene der Promotion
von Steffen Mau

Meine Promotion startete ich reichlich spät, mit 30 Jahren, in einem Alter in dem heute viele meiner PromovendInnen ihre Dissertation schon beendet haben. Vorher hatte ich unterschiedliche Dinge gemacht: als Altenpfleger gearbeitet, eine Lehre zum Elektronikfacharbeiter, meinen Wehrdienst bei der Nationalen Volksarmee, als wissenschaftlich-technischer Assistent in einem Schiffbaubetrieb gearbeitet. Auch mein Studium fing ich in einem Alter an, in dem heutige BA-Jahrgänge schon ihre Abschlusszeugnisse in der Hand halten. Dass ich überhaupt promovierte, habe ich meinem akademischen Lehrer Wolfgang Zapf zu verdanken. Er bot mir eine Stelle als wissenschaftlicher Mitarbeiter an, mit Promotionsoption. Nachdem er meine Diplomarbeit gelesen hatte, war das wohl ein Hinweis darauf, dass er mir das zutraute. Doch dann kam es anders: Ich erhielt die Chance, an das Europäische Hochschulinstitut nach Florenz zu gehen. Drei Jahre Italien mit vollem Stipendium – das schien mir umwerfend attraktiv. Mit einem Thema hatte ich mich dort beworben, als ich dann ankam, wollte ich etwas ganz anderes machen. Ein

---

[2] Welche Publikationsorgane sich hier besonders zur ersten Orientierung eignen, können Sie den Hinweisen zur Veröffentlichung in Zeitschriften (Kapitel 11) entnehmen.

erster potentieller Doktorvater riet mir ab: Das interessiert doch niemanden. Also ging ich zu einem anderen, wieder mit dem ursprünglichen Thema. Der Professor, der mich schließlich betreute, war ein sehr fähiger Supervisor. Noch heute versuche ich, mich an seinem Stil und seiner Herangehensweise zu orientieren. Er versuchte nicht, mich dazu anzuhalten, in sein Fahrwasser und sein Forschungsparadigma hineinzukommen. Im Gegenteil: Seine Kritik orientierte sich immer an der internen Logik und Stringenz meines Projekts. Er ermunterte mich zu Eigenständigkeit und Versuchen, eine eigene Marke zu setzen. Er nahm mein Projekt ernst, auch wenn es (im Nachhinein weiß ich es besser) sichtbare Schwächen hatte.

Seit ein paar Jahren bin ich in der DoktorandInnenausbildung als Betreuer und in der Leitung einer Graduiertenschule engagiert. Die *Bremen International Graduate School of Social Sciences* (BIGSSS) ist eine an angelsächsischen Vorbildern orientierte Graduiertenschule, die gemeinsam von der Universität Bremen und der Jacobs University in Bremen getragen wird. Sie bietet ein englischsprachiges und curriculares Ausbildungsangebot und rekrutiert DoktorandInnen aus Deutschland und dem Ausland. Betreut wird von Komitees (nicht in Einzelbetreuung), es finden regelmäßige Treffen zwischen DoktorandInnen und Betreuern statt, um den Fortgang der Arbeit zu besprechen, das Ausbildungsprogramm soll die Promotionsvorhaben direkt unterstützen, und es wird die frühe akademische Selbständigkeit gefördert. Diese Struktur hilft bei der sehr aufwändigen Abfassung einer Doktorarbeit ungemein. Wie bei vielen der neuen Graduiertenschulen ist es aber nicht immer leicht, die Balance zwischen einem engen Betreuungs- und Lehrkorsett und der Freiheit der Promotion zu finden. Das ist nach meiner Erfahrung aber das Entscheidende. Unsere DoktorandInnen bewerben sich mit eigenen Projektideen, und wir wollen ihnen ermöglichen, diese erfolgreich umzusetzen. Natürlich braucht es viel Hilfestellung beim Finden und Fokussieren einer relevanten Fragestellung und beim Umgang mit inhaltlichen und methodischen Finessen. Da brauchen DoktorandInnen verlässliche Ansprechpartner. Wer aber von anderen Themen auf den Tisch gelegt bekommt, dem mangelt es oft an jener Leidenschaft, die zu einer guten Promotion gehört. Wer zu lange gegängelt wird, versäumt oft den Absprung in die eigenständige und kreative Forschungsarbeit. Der Reiz des Betreuens liegt für mich auch darin, dass ich mit einer Vielfalt von Ansätzen und Perspektiven in Berührung komme. Viele unserer DoktorandInnen kommen aus dem Ausland, einige haben ihren Abschluss in anderen Disziplinen gemacht. Diese Konfrontation und Zusammenarbeit kann scheitern, weil keine gemeinsamen Standards gefunden werden, aber sie ist auch eine große Chance: Die Promotion soll mehr sein als Epigonentum, sie soll dem akademischen Nachwuchs zeigen, dass sich Neugierde lohnt. Wenn dann noch eine kompetente, unterstützende und interessierte Betreuung gelingt, ist für mich der Idealfall erreicht.

Dr. Steffen Mau ist Professor für politische Soziologie und vergleichende Analyse von Gegenwartsgesellschaften. Er hat 2002 am European University Institute (EUI) in Florenz zum Thema „The Moral Economy of Welfare States. Britain and Germany Compared" promoviert. Die Arbeit ist als Buch bei Routledge erschienen.

Gute fachliche Betreuung muss allerdings nicht notwendigerweise mit einer aktuell starken Publikationsaktivität in hochangesehenen soziologischen Zeitschriften einher gehen. Daher besteht die Gefahr, dass Sie durch die Selektion anhand der tagesaktuellen Publikationsaktivität einige hochqualifizierte Vertreter Ihres Faches fälschlicherweise ausschließen. Denn der emeritierte Professor, die in Ehren ergraute Koryphäe des Fachs oder der in die Univerwaltung aufgerückte Champion früherer Jahrzehnte können freilich auch weiterhin brillante Betreuer sein. Um diese zu enge Selektivität zu vermeiden, können Sie alternativ z.B. auch die Sektionen oder Arbeitsgruppen und -gemeinschaften der Deutschen Gesellschaft für Soziologie zum Ausgangspunkt Ihrer Recherche nehmen. Derartige Zusammenschlüsse von Forschern gibt es zu vielen Themen der Soziologie – von „Alter(n) und Gesellschaft" über „Land- und Agrarsoziologie" und „Professionssoziologie" bis zur „Wissenssoziologie". Die Wissenschaftler, die sich in den Sektionen oder Arbeitsgruppen und -gemeinschaften zusammengeschlossenen haben, haben zwar nicht in allen Fällen das Promotionsrecht. Aber Sie können sie ansprechen und nach Tipps bei der Suche nach einem Betreuer fragen.

Universelles Kriterium 2: Verlässlichkeit

Das Verhältnis zwischen Promovenden und Betreuern wird erfahrungsgemäß dann besonders schwierig, wenn über zentrale Geschäftsgrundlagen der Beziehung keine Einigkeit besteht. Die nach unserer Auffassung wichtigste zentrale Voraussetzung für ein funktionierendes Betreuungsverhältnis ist die Verlässlichkeit.[3] E-Mails an den betreuenden Professor sollten von diesem in einem akzeptablen Zeitrahmen beantwortet werden. Gleiches gilt für die Einhaltung von Terminen. Wer auf seinen Zwischenbericht zum Stand der Promotion keinerlei Rückmeldung vom Betreuer bekommt, erfährt keine Betreuung und muss sich über Konsequenzen Gedanken machen (siehe dazu auch Kapitel 10). Um solchen Schwierigkeiten bereits von Beginn an aus dem Weg zu gehen, sollten Sie sich idealerweise bereits bei der Auswahl Ihres Doktorvaters von dessen Verlässlichkeit überzeugen. Informationen über solche Eigenschaften von Professoren zu erhalten, die man bisher vielleicht nur aus Zeitschriften oder über die Homepage kennt, ist nicht immer einfach und erfordert ein wenig Fingerspitzengefühl. Der beste Weg: Sprechen Sie ehemalige Promovenden ganz offen an. Viele Professoren veröffentlichen auf Ihrer Homepage, wen sie promoviert haben. Recherchie-

---

[3] Dies gilt natürlich nicht nur einseitig für den Professor, sondern auch für den Promovenden. Nur wer selbst zuverlässig ist, kann auch Verlässlichkeit vom Betreuer erwarten. In der Folge wird jedoch, der Stoßrichtung des Kapitels geschuldet, vor allem von der Verlässlichkeit des Betreuers die Rede sein.

ren Sie im Internet die Namen der ehemaligen Doktoranden und schreiben Sie eine E-Mail, oder rufen Sie an. Wenn Sie sich als zukünftiger Doktorand hilfesuchend an bereits Promovierte wenden, bekommen Sie in der Regel auch eine Antwort. Schließlich waren die Promovierten selbst auch einmal in der Situation, einen Betreuer finden zu müssen. Aber machen Sie sich auch darauf gefasst, dass manche Antworten sehr diplomatisch zurückhaltend oder verklausuliert ausfallen. Schließlich sind Abhängigkeitsverhältnisse auch über die Doktorandenzeit hinaus in der Wissenschaft alltäglich. In diesen Fällen müssen Sie ein wenig zwischen den Zeilen lesen und versuchen, die feinen Hinweise in den Antworten zu interpretieren. Und: Wenn Sie von Doktoranden gar keine Antwort auf Ihre Anfrage bekommen, so kann das nicht nur böser Wille, sondern auch eine inhaltliche Antwort auf Ihre Frage sein. Wie die Reaktionen auf Ihre Anfragen auch ausfallen mögen – auf diese Weise erhalten Sie zumindest in jedem Fall einen ersten Hinweis darauf, was Sie – neben der fachlichen Qualifikation – von Ihrem Betreuer in spe erwarten können. Wo für Sie die Schmerzgrenze im Hinblick auf die Verlässlichkeit liegt, müssen Sie freilich selbst entscheiden. Ein Mindestmaß an Verlässlichkeit ist unserer Meinung nach jedoch Voraussetzung für ein funktionierendes Promotionsverhältnis. Wenn Sie Grund haben, an der Verlässlichkeit ihres potenziellen Betreuers zu zweifeln, sollten Sie abwägen, ob in diesem Fall seine fachliche Qualifikation überhaupt noch zur Geltung kommen kann. Denn wenn der Betreuer nie zu erreichen ist, bleibt von der fachlich exzellenten Beratung, die theoretisch möglich wäre, in der Praxis nichts übrig.

Universelles Kriterium 3: Die Freude an der Betreuung
Ein Doktorvater kann höchst verlässlich und fachlich hochqualifiziert sein – wenn er keinerlei Freude an der Betreuung seiner Zöglinge hat, gestaltet sich das Betreuungsverhältnis schwierig. Zu dieser „Freude an der Betreuung" gehört zum Beispiel, dass sich Ihr Professor in den Beratungsgesprächen auf Sie und Ihr Thema einlässt, Ihre Fragen beantwortet und Ihnen vermittelt, dass Sie ihm gerade nicht nur Zeit stehlen, die er sonst für andere Dinge verwenden könnte, sondern dass ihm das Gespräch wichtig ist. Sie sollten in der Diskussion das Gefühl haben, dass Ihr Betreuer jetzt gerade voll und ganz für Sie da ist und gemeinsam mit Ihnen an Ihrem Thema weiterdenkt. Im besten Fall werden Beratungsgespräche dann zu einem kreativen Moment, in dem Sie gemeinsam Forschungsideen entwickeln und verfeinern (oder auch begraben). Oder Sie sitzen am Tisch und versuchen ein konkretes Problem zu lösen: Koeffizienten einer Regression zu interpretieren oder eine spieltheoretische Situation zu durchdenken. Wenn ein Betreuungsverhältnis so partnerschaftlich funktioniert, haben beide Beteiligten etwas

davon: Sie profitieren von der analytischen Exzellenz und der langjährigen Erfahrung Ihres Professors, und Ihr Doktorvater freut sich über die neuen Ideen und Ansätze, die er selbst aus den Gesprächen für seine Forschung mitnehmen kann, oder einfach nur darüber, dass er einen so vielversprechenden Doktoranden hat. Sind Beratungsgespräche hingegen rein formell, weil der Doktorvater von der ersten bis zur letzten Minute deutlich macht, dass er diese Aufgabe als reine Pflichtleistung betrachtet, ist ein wichtiges Kriterium für eine gute Beratung nicht erfüllt. Und noch schlimmer: Wenn die Freude an der Betreuung, die Offenheit und vielleicht auch das pädagogische Händchen für den Umgang mit den Promovierenden fehlen, kann dies auch auf den Promovenden selbst abfärben. Warum sollte der Doktorand motiviert sein, wenn ihm sein Professor nur Desinteresse entgegen bringt?

Wenn Sie Ihren Betreuer frei wählen können, sollten Sie also auch auf dessen pädagogische Fähigkeiten achten. Wer beispielsweise in Vorlesungen und Seminaren aufblüht und Freude am Fach vermittelt, der ist in der Regel auch kein schlechter Betreuer von Promotionen. Zur Beurteilung des Kriteriums „Freude an der Beratung" lohnt sich natürlich auch ein Sprechstundentermin, bei dem Sie schnell merken, ob Sie einen schlechtgelaunten Pflichterfüller oder einen enthusiastischen Dissertationsbetreuer vor sich haben, mit dem Sie anregend diskutieren und der Sie zur Forschung motiviert. Noch besser wäre, falls es sich einrichten lässt, ein Besuch im Kolloquium des potenziellen Betreuers. Aus der Art und Weise, wie er den vortragenden Examenskandidaten oder Doktoranden behandelt, anhand der Frage, ob eine konstruktive Diskussion über den Bauplan der vorgestellten Arbeit oder seine Umsetzung entsteht, und anhand des Klimas in einem solchen Forum können Sie wichtige Rückschlüsse ziehen, ob Ihnen genügend unterstützende Herzlichkeit vorhanden ist.[4]

Individuelles Kriterium 1: Die methodische Ausrichtung
Die Promotionsphase ist in der Regel auch eine Phase, in der Doktoranden ihre Methodenkompetenz ausbilden, anreichern und vertiefen. Gerade in der Soziologie unterscheiden sich die methodischen Wege zur Dissertation jedoch erheblich. Während einige Professoren eine gesättigte Beschreibung eines bestimmten Prob-

---

[4] Es sei angemerkt, dass auch der Professor mit dem lebhaftesten pädagogischen Eros angesichts anderer Verpflichtungen in Forschung, Lehre und Selbstverwaltung zuweilen müde und angestrengt wirkt. Das ist zum einen nur menschlich, zum anderen ist es aber unter Umständen besonders aufschlussreich zu sehen, wie sich ein Betreuer gerade unter solchen suboptimalen Rahmenbedingungen auf seine Schäfchen einlässt. Wenn Wohlwollen und Interesse durchscheinen, sollte auch ein Gähnen oder eine kurze Konzentrationsschwäche verzeihlich sein.

lembereichs auf Basis eingehender Literaturrecherche und qualitative Interviews vorziehen, geht bei anderen Fachvertretern nichts ohne eine quantitative Auswertung mit elaborierten statistischen Verfahren. Bei der Suche nach Ihrem Betreuer sollten Sie daher auch auf dessen methodische Ausrichtung achten. Wenn Sie als Promovierender im Bereich der empirischen Sozialstrukturanalyse Ihre Dissertation ohne statistische Datenauswertung und stattdessen mit qualitativen Methoden planen, sollten Sie den Gang zu solchen Professoren vermeiden, die eine Arbeit ohne Regressionsgleichungen niemals mit einem magna cum laude begutachten würden. Andersherum sollten Sie einen vorwiegend qualitativ forschenden Betreuer nicht mit einer elaborierten logistischen Mehrebenenanalyse konfrontieren. Sowohl die Betreuung der Arbeit als auch die Begutachtung werden dann schwierig. Wenn Sie also wissen, wie Sie an Ihr Thema herangehen wollen und es vermeiden möchten, sich in eine völlig andere Methode einzuarbeiten, so sollten Sie bei der Wahl Ihres Betreuers neben dessen fachlicher Qualifikation auch seine methodische Ausrichtung bedenken. Blättern Sie zu diesem Zweck am besten einige Publikationen ihres Doktorvater in spe (oder auch seiner bisherigen Doktoranden) durch und analysieren Sie die methodische Vorgehensweise. Dann bekommen Sie einen guten Einblick in die methodische Ausrichtung Ihres möglichen Betreuers. Optimal sind natürlich Doktorväter, die methodisch so breit aufgestellt und offen sind, dass Sie bei vielen Methoden eine gute Betreuung leisten. Manche raten auch explizit zu einem Methodenmix oder triangulativen Ansatz – was aus vielen Gründen sinnvoll sein kann (vgl. Wolf 2010). Insbesondere dann, wenn Sie mit den jüngsten Entwicklungen und den feinsten Verästelungen einer bestimmten Methode arbeiten wollen (das wäre der sogenannte „refinement"-Ansatz; vgl. Shalev 2007), sollten Sie sich jedoch vorher bei einem methodisch breit aufgestellten Doktorvater schlau machen, ob oder bis zu welchem Grad er eine Beratung in diesem Spezialfall leisten kann.

Davon unabhängig steht jedoch fest, dass Sie als Doktorand in den meisten Fällen Ihre Methodenkenntnisse während der Promotionsphase vertiefen müssen. Deshalb wird es während Ihrer Promotion auf der einen Seite immer auch darum gehen, methodisch Neuland zu betreten, ein zusätzliches Auswertungsverfahren zu erlernen oder sich noch tiefer als bisher in eine bestimmte Methode einzuarbeiten. Diese Aufgabe ist Teil einer jeden Promotionsphase – schließlich soll Ihre Dissertation selbstständiges wissenschaftliches Arbeiten nachweisen. Auf der anderen Seite können Sie jedoch durch kluge Auswahl Ihres Betreuers vermeiden, eine Methode anwenden zu müssen, der Sie (etwa aus methodologischen Gründen) grundsätzlich skeptisch gegenüberstehen oder deren Adäquanz Sie im Zusammenhang mit Ihrem konkreten Forschungsproblem bezweifeln.

Individuelles Kriterium 2: Der Betreuungsstil

Die Betreuung durch einen fachlich qualifizierten und zuverlässigen Professor, der zudem methodisch dem soziologischen Zugang des Doktoranden nahesteht, kann trotzdem schwierig werden, wenn der Beratungsstil des Betreuers nicht zum Doktoranden passt. Ein Beispiel: Ein Doktorand ist sehr intelligent, sehr belesen und sehr motiviert. Sein (hehres) Ziel ist es, eine „Pathologiediagnose der Moderne" zu stellen, d.h. er will Fehlentwicklungen und Gefährdungen im Modernisierungsprozess systematisch aufzeigen. Er bastelt seit Monaten an einem Index, mit dem er den „Pathologiegrad" moderner Gesellschaften ländervergleichend erfassen möchte. Sein Betreuer lässt den Doktoranden in großer Freiheit arbeiten und sich jedes halbe Jahr über den Stand der Dinge informieren. Da er selbst bei seinem damaligen Doktorvater unter einem sehr direktiven Beratungsstil gelitten hatte, lässt er seinen eigenen Doktoranden große Freiräume und sieht das Ziel der Beratung eher darin, zu motivieren und anzuregen, als inhaltlich in die Dissertation hineinzuregieren. Nun kommt der Doktorand mit seinem „Pathologie-Index" in die Sprechstunde seines Doktorvaters. Er zweifelt an seinem Weg und ist sich bei einzelnen Indizes unsicher, ob sie wirklich bemessen, was er bemessen will. Der Professor hört sich die Problemlage an und motiviert den Doktoranden, weiter zu lesen, weiter zu denken und seinen eigenen Weg zur Lösung des Problems zu finden. Seine Aussage: „Ja, Ihr Ansatz gefällt mir im Prinzip gut. Natürlich sehe ich auch die von Ihnen genannten Schwierigkeiten. Sie bekommen das aber bestimmt hin, da bin ich mir sicher. Lesen Sie dazu doch nochmals Marx/Engels, denn die beiden haben ja in ihrem ‚Manifest der Kommunistischen Partei' frühzeitig – und sehr grundlegend – auf gesellschaftliche Missstände hingewiesen. Wir unterhalten uns dann in einem Vierteljahr nochmals." Nach einem solchen Beratungsgespräch verlässt der Doktorand frustriert das Büro seines Betreuers. Der Grund: Die Art der Beratung passt nicht zu seiner Arbeitsweise. Der Doktorand ist selbst ein Grübler und hätte in seiner Situation gerne eine klare Vorgabe gehabt. Nach dem Motto: „Sie lesen jetzt maximal noch einen Artikel, dann treffen wir uns und zurren den Index fest." Das Beispiel illustriert, dass Beratungsstile von Professoren zur Arbeitsweise und zum Typ des Doktoranden passen sollten. Idealerweise erkennen Betreuer, wie ihre Schützlinge ticken und passen ihren Beratungsstil entsprechend auf die konkrete Situation und den jeweiligen Promovenden an. Doch nicht immer gelingt das – manche Betreuer sind von Natur aus eher direktiv, andere lassen ihre Doktoranden in großer Freiheit „einfach machen" und greifen nur ab und zu steuernd ein.

Bei der Wahl Ihres Betreuers sollte die Frage des passenden Betreuungsstils also eine Rolle spielen. Machen Sie sich Gedanken darüber, welcher Doktorandentypus Sie selbst sind und welcher Betreuertypus dazu am besten passt. Denken Sie dazu am besten an die Zeit Ihrer Abschlussarbeit zurück. Haben Sie eher einen Artikel zu wenig als einen zu viel gelesen, früh mit dem Schreiben der Arbeit begonnen und waren insgesamt schnell fertig? Dann wäre es sinnvoll, einen Doktorvater als Betreuer zu wählen, der Sie hinterfragt, Sie zum nochmaligen Nachdenken auffordert und Sie auf Lücken in Ihrer Argumentationskette hinweist. Wenn Sie im Gegensatz dazu eher zu viel gegrübelt haben, wenn Sie ein zufällig entdeckter Text zu Ihrem Thema mit einem neuen theoretischen Seitenaspekt komplett aus dem Konzept gebracht hat, und Sie Ihre Struktur mehrmals umgeworfen haben – dann sollten Sie einen Betreuer suchen, der dafür bekannt ist, seine Promovierenden zum Abschluss der Arbeit zu drängen, klare Vorgaben zu machen, vergleichsweise stark in den Forschungsprozess seiner Doktoranden einzugreifen und mit aufkommenden Problemen pragmatisch umzugehen.

Nun stellt sich im nächsten Schritt die Frage, wie Sie als angehender Doktorand bei der Auswahl des Betreuers schon dessen Betreuungsstil identifizieren können. In der Tat ist ein abschließendes eigenes Urteil schwierig. Es gibt jedoch einige Indizien, auf die Sie bauen können. Eine Möglichkeit ist es, wiederum bereits Promovierte um ein Urteil über Ihren potenziellen Doktorvater zu bitten. Wenn Sie ohnehin schon wegen der Frage der Verlässlichkeit eine E-Mail an zwei oder drei seiner ehemaligen Doktoranden absetzen, können Sie gleich auch eine Frage zu dessen Beratungsstil unterbringen. Höchstwahrscheinlich sind die Antworten in Details unterschiedlich – eine grobe Tendenz lässt sich aber sicherlich herauslesen. Wenn die Antworten sehr unterschiedlich (und positiv) ausfallen, spricht vieles dafür, dass der Betreuer seinen Beratungsstil abhängig vom Promovierenden verändert – ein Idealfall.

Eine andere Möglichkeit ist es, ein erstes Informationsgespräch zu initiieren, um sich ein Bild zu machen. Fragen Sie bei Ihrem Betreuer in spe einfach an, ob er Zeit für ein kurzes Gespräch hat, in dem Sie Ihre Pläne für die Promotion vorstellen. In der Regel antworten Professoren auf solche Anfragen positiv – schließlich ist auch ihnen daran gelegen, die Person persönlich kennen zu lernen, der sie eventuell einmal die Doktorprüfung abnehmen. Nach einem solchen ersten Gespräch haben Sie immer noch die Chance abzusagen, wenn Sie mit dem Stil der Beratung nicht klarkommen. Wenn Sie bereits Ihre Forschungsfrage oder einen Plan für die Dissertation thematisieren können, ist es umso besser. Dann merken Sie in der Diskussion hoffentlich vergleichsweise schnell, welchem Beratungs-Typ Sie gegenübersitzen.

„Bloß nicht in Einsamkeit und Freiheit"
von Eva Barlösius

„Bloß nicht in Einsamkeit und Freiheit", das teilte mir eine Doktorandin ebenso spontan wie bestimmt mit, als ich sie fragte, welchen Ratschlag ich in diesen Zeilen an Promovierende weitergeben sollte. *Einsamkeit,* so erläuterte sie, bedeute für sie: ohne engen inhaltlichen Austausch über Fragestellung, Theorien und Methoden wie auch ohne Gespräche und gegenseitige Hilfestellung bei Arbeits-, Schreib-, Motivations- oder anderen Problemen – kurz: ohne Unterstützungsnetz. Das Netz könne ganz unterschiedlich geknüpft sein – als lose verbundene Doktoranden- und Mitarbeitergruppe oder fest institutionalisiert als Graduiertenkolleg oder -schule. In *Freiheit,* fuhr sie fort, das wäre eine Promotionsbetreuung, die sich auf die Ermunterung beschränke: „Schreiben Sie mal irgendwas, irgendwie, irgendwann." Wichtig seien dagegen Abstimmungen bei der Themenfindung, Rücksprache bei der Durchführung der Dissertation und eine verbindliche Zeitplanung. Ich war überrascht. Obgleich sie blitzartig antwortete, bezog sie sich voller Bedacht auf das viel zitierte und umschwärmte Humboldtsche Ideal von Wissenschaft und setzte einen deutlichen Kontrapunkt: Eine Promotion in der Soziologie, die im Allgemeinen nicht umhinkommt, sich zum Theorienpluralismus zu positionieren und aus der Vielfalt der Methoden die angemessene(n) und praktisch umsetzbare(n) auszuwählen, bedarf eines intensiven Austausches über die Forschungsfrage, die theoretische Konzeption sowie über die methodische Vorgehensweise.

Ein anderer Doktorand – vier Wochen vor Einreichung seiner Dissertation – gab eine andere Antwort: „Ich hätte die Promotionsordnung früher lesen sollen. Dann hätte ich kumulativ promoviert." Dieser Doktorand hat in den drei Jahren seiner Promotion national und international viele Vorträge gehalten, zu Aufsätzen umgearbeitet und publiziert – eine mehr als ausreichende Anzahl für eine kumulative Promotion. In den ersten anderthalb Jahren hat mich das irritiert – bis ich verstand, dass er sich ganz systematisch auf Konferenzen bewarb: In das jeweils als nächstes anstehende Kapitel seiner Dissertation stieg er mit einer Bewerbung auf einen Call for Paper ein. War diese erfolgreich, was meistens der Fall war, dann konzipierte er das Kapitel theoretisch oder führte die entsprechende Auswertung durch, die er dann in einem Vortrag einem größeren Publikum vorstellte. Zurück am Schreibtisch arbeitete er das Vortragsmanuskript in einen Aufsatz und/oder einen Abschnitt seiner Dissertation um. Diese Arbeitsweise bot ihm viele Gelegenheiten, seine Forschungsfrage, theoretische Konzeption und methodische Vorgehensweise zu diskutieren und nachzujustieren. Vor allem aber garantierte sie ihm einen Schaffens- und Zeitdruck, der anfänglich selbst erzeugt war, sich aber, je näher Vortrags- und Abgabetermine rückten, in von außen gesetzt verwandelte. Ich berichte nicht davon, um diese Arbeitsweise zu empfehlen. Vielmehr möchte ich verdeutlichen, dass die (Selbst-) Organisation der Arbeit eine unabdingbare Voraussetzung für wissenschaftliches Arbeiten ist.

Und ich, was antworte ich auf die Frage? Die Soziologie ist eine faszinierende Wissenschaft, alle Themen sind spannend, die mikro- ebenso wie die makrosoziologische Perspektive ist interessant, die Vielfalt der Theorien wie die der Methoden eröffnen reizvolle Fragestellungen. Legen Sie sich nicht zu früh fest, nehmen Sie Vorschläge an, seien Sie offen für Projekte, auch wenn diese – auf den ersten Blick – nicht ganz Ihren Forschungsneigungen entsprechen. Dies sichert Ihnen am ehesten ein Unterstützungsnetz und ein intensives und verbindliches Gespräch über Ihre Dissertation.

Dr. Eva Barlösius hat eine Professur für Makrosoziologie und Sozialstrukturanalyse an der Leibniz Universität Hannover inne. Vor vielen Jahren hat sie mit einer Arbeit zum „Essgenuss" promoviert. Die Arbeit ist nicht als Buch publiziert; vielmehr sind die wichtigsten Kapitel als Zeitschriftenaufsätze veröffentlicht. Außerdem bildete die Dissertation den Grundstock für ihr Buch „Soziologie des Essens" (Juventa 1999), das 2011 in einer völlig überarbeiteten und erweiterten Auflage erschien.

Individuelles Kriterium 3: Sympathie

Ein ähnliches Kriterium wie der Betreuungsstil ist das persönliche Verhältnis zwischen Doktorand und Betreuer. Wenn man sich gegenseitig sympathisch findet, hilft das enorm, ein gutes Klima im Gespräch zu schaffen. Man kann sich dann auf die inhaltlichen Fragen konzentrieren und ist nicht von anderen Aspekten abgelenkt, die sich auf der persönlichen Ebene abspielen. Noch stärker als beim Betreuungsstil ist jedoch für die Einschätzung des zwischenmenschlichen Verhältnisses zum Doktorvater ein gegenseitiges persönliches Kennenlernen erforderlich. Der Hinweis im vorigen Abschnitt zur Bedeutung eines ersten Informationsgespräches vor der Zusage oder Absage an einen Betreuer sei an dieser Stelle nochmals unterstrichen.

Allerdings hilft auch ein noch so sympathischer Doktorvater nichts, wenn dessen Verlässlichkeit oder seine fachliche Qualifikation eine gute Betreuung der Dissertation unmöglich machen. Sprich: Prüfen Sie sich selbst und lassen Sie sich bei der Wahl Ihres Betreuers nicht allein von persönlicher Sympathie leiten. Ja, ein guter Draht zum Professor ist wichtig. Aber alle anderen soeben diskutierten Kriterien sind wichtiger.[5]

---

[5] Einschränkend sei hier natürlich erwähnt, dass – dem gesunden Menschenverstand folgend – es sehr ungeschickt wäre, einen Betreuer auszuwählen, mit dem man seit den ersten Studienjahren spinnefeind ist. Die Bewertung von Sympathie bezieht sich in diesem Abschnitt eher auf die Skala zwischen neutral und sympathisch und schließt völlige gegenseitige Abneigung aus. Diese wäre, in der Tat, ein absolutes Ausschlusskriterium bei der Wahl des Betreuers.

Die häufige Realität: Wenn der Betreuer von vornherein feststeht
Bisher sind wir von der Situation ausgegangen, dass ein Doktorand seinen Betreuer frei auswählen kann. Häufig sind angehende Promovierende jedoch nicht in dieser komfortablen Situation. Die Realität sieht in vielen Fällen so aus, dass der Professor aktiv wird und einem begabten Studenten vorschlägt, eine Promotion an das gerade abgeschlossene sehr gut absolvierte Studium zu hängen. In diesem Fall findet de facto meist keine ergebnisoffene Suche nach dem bestmöglichen Betreuer mehr statt. Natürlich könnte (und vielleicht: sollte) man sich auch anderweitig bewerben und den Betreuer der Abschlussarbeit etwas hinhalten. Doch auch wer das nicht tut, sollte dennoch die oben besprochenen Kriterien bedenken und seinen Professor daran messen. Ihr großer Vorteil liegt darin, die Stärken und Schwächen seiner Beratung bereits zu kennen. Sie können viele der oben genannten Auswahlkriterien also leicht überprüfen. Wenn Sie nun doch Zweifel daran haben, ob der Professor zu Ihnen passt, bleiben Ihnen zwei Handlungsmöglichkeiten: Entweder Sie sagen ihm höflich, aber bestimmt ab und suchen sich aus dem breiten Feld an Forschern in der Soziologie einen anderen Betreuer. Dies ist sicherlich die klarste aller Lösungen – allerdings ist sie nicht immer möglich und sicher nicht für alle potenziellen Doktoranden vorstellbar – beispielsweise wenn ihre Finanzierung der Promotion an den Betreuer gebunden ist oder wenn Sie in einem anderen Abhängigkeitsverhältnis stehen. In diesem (zweiten) Fall sollten Sie Strategien entwickeln, um die sich andeutenden Schwächen des Professors bei der Betreuung bzw. die nicht ganz ideale Passung zwischen Ihren Erwartungen und seinem Profil auszugleichen. Warum suchen Sie sich nicht einen Zweit- oder Drittbetreuer, der genau die Schwächen ausgleicht, die Sie bei Ihrem Professor vermuten? Wenn Sie unbedingt eine spieltheoretische Analyse durchführen wollen, Ihr Professor davon aber nur wenig versteht, dann könnten Sie etwa bei dem Experten aus der Volkswirtschaftslehre anfragen, ob er nicht die Zweitbetreuung Ihrer Promotion übernimmt.[6] Bei Betreuern, die sich schlecht auf die Gespräche mit Ihnen vorbreiten, könnte es helfen, kurz vor dem Termin eine Erinnerungsmail mit einer Art Tagesordnung oder Agenda zu verschicken. Wenn Sie jedoch schon zu Beginn Ihrer Promotionszeit größere Konflikte zwischen Ihnen und Ihrem Betreuer mit großer Sicherheit prognostizieren können und dennoch auf ihn angewiesen sind, sollten Sie Wege finden, um den Professor bei der Stange zu halten und dennoch eine gute Beratung zu erhalten. Eine Möglichkeit wäre es, den Professor offiziell zu Ihrem Zweitbetreuer zu ma-

---

[6] Dies setzt natürlich voraus, dass eine solche interdisziplinäre Betreuung in der Promotionsordnung Ihrer Fakultät zumindest als Ausnahmefall vorgesehen ist.

chen und als Erstbetreuer einen ausgewiesenen Experten in Ihrem Spezialgebiet zu engagieren. Natürlich müssen Sie damit rechnen, dass Ihr Erstbetreuer etwas verschnupft auf diese „Degradierung" reagiert. Wenn Sie aber wirklich einen ausgewiesenen Experten in ihrem Themenbereich als Erstbetreuer gewinnen, tun Sie sich mit der Argumentation leichter, warum Sie den verdienten Professor, der Sie immer gefördert hat, zum Zweitbetreuer machen. Oder Sie belassen es auf dem Papier bei der Erstbetreuung durch den Professor, wenden sich in der Praxis aber mit den meisten Fragen an einen anderen Wissenschaftler, der dann als Zweit- oder Drittbetreuer fungiert. Allerdings gilt auch hier: Eine gewisse Zurückhaltung in der Kommunikation über die „wahren Betreuungsverhältnisse" ist dann wohl angebracht, will man nicht Erstaunen bis Unmut beim offiziellen Erstbetreuer hervorrufen.

Alle diese Strategien können funktionieren. Eine Garantie, dass selbst bei sorgfältiger Auswahl des Betreuers ein Beratungsverhältnis ohne Konflikte abläuft, haben Sie freilich nicht. Sollten diese auftreten, hilft Ihnen hoffentlich unser Kapitel 10 zu diesem Thema weiter.

Exkurs: Forschungs- und Betreuungsrankings

In regelmäßigen Abständen publizieren unterschiedliche Medien und Organisationen Forschungsrankings der deutschen Universitäten – auch bezogen auf die Sozialwissenschaften oder die Soziologie (bspw. das Ranking des Centrums für Hochschulentwicklung (CHE) oder die Rankings von Publikumszeitschriften wie Spiegel, Focus oder Capital). Neben den unterschiedlichen methodischen und inhaltlichen Kritikpunkten an diesen Verfahren (dazu etwa: Engel 2001, Pilgram 2007) stellt sich die Frage, ob diese allgemeinen Rankings ein wirklich sinnvoller Leitfaden für die Auswahl von Promotionsbetreuern bzw. soziologischen Instituten sind. Wir sind auf der einen Seite der Auffassung, dass diese globalen Hitlisten gerade für die Promotionsphase ein eher ungeeigneter Ratgeber sind. Denn auch wenn ein soziologisches Institut in der Bewertungsdimension „Betreuung" bzw. „Nachwuchsförderung" vergleichsweise schlecht abschneidet, muss das nicht zwangsläufig bedeuten, dass die Betreuung und Förderung durch einen bestimmten Professor an diesem Institut in der Promotionsphase unbedingt schlechter sein muss als an Instituten, die im Ranking weiter oben stehen. Wie keine andere Studienphase steht und fällt der Erfolg einer Promotion mit dem direkten Kontakt zwischen Professor und Doktorand. Auf der anderen Seite gibt es natürlich auch in der Soziologie Universitäten, die generell (meist nicht ganz zu Unrecht) als „führend" gelten, und es gibt Institute, die in bestimmten Bewertungsdimensionen als erfolgreicher eingestuft werden andere (siehe nachfolgender Absatz). Wenn Sie dort promoviert haben, wird man Sie unabhängig von der Qualität Ihrer Arbeit innerhalb der Disziplin zumindest zunächst anders wahrnehmen, als wenn Sie ein Institut aus der Kategorie „ferner liefen" wählen. Daher gilt es, abzuwägen – einerseits zwischen der Reputation eines soziologischen Instituts in einem bestimmten Bereich des Faches oder auch in der Soziologie allgemein und andererseits zwischen der konkreten Betreuungssituation bzw. Ihrer Wahrnehmung des Betreuungsverhältnisses zu Ihrem potenziellen Doktorvater (sowie ggf. weiteren Standortkriterien wie technischer Ausstattung, Bibliotheken o.ä.).

Der WR (2008) führte eine im Vergleich zu oben genannten Rankings sehr aufwändig angelegte „Pilotstudie Forschungsrating" für die Soziologie über den Zeitraum 2001 bis 2005 durch.[7] In dieser Studie wurden drei Dimensionen mit insgesamt sechs Kriterien untersucht und anhand einer fünfstufigen Skala bewertet (WR 2008: 350/351; 405-410): Dimension „Forschung" (Kriterien: „Forschungsqualität"; „Impact/Effektivität"; „Effizienz"), Dimension und Kriterium „Nachwuchsförderung" und Dimension „Wissenstransfer" (Kriterien: „Transfer in andere gesellschaftliche Bereiche"; „Wissensvermittlung und -verbreitung"). Zwar schreibt der WR (2008: 440) in seinem Abschlussbericht: „Dominante ,Typen', die sich durch eine wiederkehrende Kombination von Bewertungen nach den einzelnen Kriterien auszeichnen, sind in der Soziologie nicht auszumachen. Die Mehrheit der Einrichtungen schneidet nach den einzelnen Kriterien unterschiedlich gut ab, wobei die Bewertungen häufig nur um eine Note voneinander abweichen." Dennoch möchten wir (in alphabetischer Anordnung) neun Standorte nennen, die insgesamt auffallend gut in dieser Studie abgeschnitten haben: Bamberg, Berlin (SOEP/DIW), Bielefeld, Bremen, Göttingen, Jena, Köln (MPIfG), Mannheim und München.[8]

Unter dem Strich wäre unser Plädoyer: Machen Sie Hochschul- oder Institutsrankings nicht zu Ihrem einzigen und wichtigsten Ratgeber für die Wahl Ihres Promotionsorts (bzw. des Instituts) und Ihres Doktorvaters. Aber behalten

---

[7] Wir können einen Blick in die diesbezüglichen Veröffentlichungen des WR nur empfehlen. Internetquelle (01.07.2011): http://www.wissenschaftsrat.de/arbeitsbereiche-arbeitsprogramm/forschungsrating/dokumente/.

[8] Auch wenn die Datenerhebung bereits einige Jahre zurückliegt, so ist doch davon auszugehen, dass die Befunde des „Forschungsratings" nach wie vor aussagekräftig sind. Denn selbst wenn sich die Personalstrukturen an Universitäten fortlaufend ändern, dürfte mit Verweis auf das so genannte „Matthäus-Prinzip" gelten: Gute Standorte ziehen tendenziell „gute Köpfe" an. Zu ähnlichen, wenn auch nicht in jeder Hinsicht übereinstimmenden Befunden gelangt auch das CHE-Forschungsranking deutscher Universitäten 2009 für das Fach „Soziologie/Sozialwissenschaften".

Sie sie als sekundäres Kriterium im Hinterkopf – gerade wenn Sie vorhaben, nach der Promotion in der Wissenschaft zu bleiben.

Wie promovieren: strukturiert oder frei?

Die Promotionslandschaft in Deutschland ist im Umbruch – sie differenziert sich aus. Entstanden Doktorarbeiten in der Soziologie bis weit in die 1990er Jahre vornehmlich im Rahmen einer „Meister-Lehrlings"-Beziehung, also einer Individualpromotion, nimmt seit Beginn der zweiten Hälfte der 1990er Jahre die Zahl derer zu, die ihren Doktorgrad in einem strukturierten Promotionsprogramm erhalten (siehe Kapitel 1). Es stellt sich also die Frage, welcher Weg zur Dissertation mit welchen Vor- und Nachteilen verbunden ist.

Grundsätzlich gilt: Es gibt auch hier verschiedene Wege zum Glück – abhängig davon, wie Sie selbst Ihre Promotionsphase gestalten wollen. Die strukturierten Promotionsstudiengänge haben den Vorteil, dass Sie in der Regel mit der Aufnahme in den Studiengang auch die Finanzierung gesichert haben (siehe Kapitel 5). Daneben erhalten Sie durch die starke Strukturierung auch noch eine gute Weiterbildung in methodischen Fragen, die Sie sich als „freier" Promovend selbst organisieren müssen, und Sie sind in institutionalisierte Feedbackmechanismen eingebunden (inklusive Kontakte mit anderen Doktoranden, die zu verwandten Themen arbeiten). Gleichzeitig schränkt Sie die Strukturierung aber in Ihrer Selbstbestimmtheit ein. Wer im Rahmen eines Promotionskollegs oder an einer Graduiertenschule promoviert, kann sich nicht so einfach auf halber Strecke umentscheiden und das Thema sowie den Doktorvater wechseln. Auch verfügen Sie im Gegensatz zu einem freien Promovenden nicht mehr so frei über Ihre Zeit. Am stärksten schränkt Sie eine strukturierte Promotion freilich thematisch ein: Nicht für jedes Spezialthema lässt sich in Deutschland ein geeignetes Graduiertenkolleg finden, in dem noch Plätze zu vergeben sind. Je nachdem, wie Sie sich ihre Promotionsphase vorstellen, für welches Thema Sie sich interessieren und wie gut Sie methodisch und fachlich ausgebildet sind, sollten Sie diese Vor- und Nachteile eines strukturierten Promotionsstudiums im Vergleich zu einer „freien" Promotion bewerten und die entsprechende Wahl treffen (siehe die Gastbeiträge von Sebastian M. Büttner und Steffen Mau). Grundsätzlich gilt aber, dass die Zahl der Graduiertenschulen in den vergangenen Jahren deutlich zugenommen hat (siehe Kapitel 1). Hinzu kommt eine wachsende Zahl von Promotionskollegs, die von den Bundesländern finanziert werden. Es lohnt sich also in jedem Fall ein Blick in die entsprechenden Datenbanken und nachzuforschen, ob das angedachte Promotionsthema nicht doch in die thematische Ausrichtung eines bereits existierenden Graduiertenkollegs passt (siehe Linktipp am Ende dieses Kapitels).

Promovieren im Ausland

Wer träumt nicht davon, einen Ph.D. aus Oxford, Cambridge oder Harvard, vom SciencesPo aus Paris oder dem Europäischen Hochschulinstitut in Florenz in seinen Lebenslauf schreiben zu können? In der Tat – Promovieren im Ausland kann eine attraktive Alternative zum deutschen Doktortitel sein.

Allerdings gilt mit Blick auf eine Auslandspromotion – und vielleicht an dieser Stelle sogar noch mehr als sonst – die Einschränkung: Es kommt darauf an! Zu bedenken sind die persönliche Lebenssituation, die Zukunftspläne, die finanziellen Möglichkeiten, die thematischen Vorlieben. Damit Sie bei Ihrer Entscheidung über eine eventuelle Auslandspromotion einige dieser „Variablen" mit Inhalt füllen und so eine etwas besser informierte erste Einschätzung des Für und Wider einer Auslandspromotion treffen können, möchten wir Ihnen nachfolgend einige Denkanstöße bieten.

Grundsätzlich gilt für eine Promotion im Ausland natürlich, dass erstens eine sehr gute Sprachkenntnis notwendige Voraussetzung oder zumindest zügig zu erwerben ist. Sie müssen schließlich Ihre Dissertation beispielsweise in englischer, französischer oder spanischer Schriftsprache abliefern. Auch wenn jeder, der eine wissenschaftliche Laufbahn anstrebt, in der Lage sein sollte, ein englisches Paper zu verfassen – eine Ph.D.-Thesis stellt eine ganz besondere Herausforderung dar. Und für andere Sprachen – etwa französisch, spanisch oder italienisch – gilt: Selbst wenn Sie sich mündlich in Paris oder Barcelona problemlos zurechtfinden – die Wissenschaftssprache erfordert ein anderes, nämlich weitaus höheres Niveau. Klar ist auf der anderen Seite aber auch: Wenn Sie nach Ihrem Auslandsaufenthalt eine Sprache exzellent beherrschen, ist das in Ihrem weiterführenden Berufsleben ein großes Plus – als Wissenschaftler oder auch in Wirtschaft, Medien oder Verwaltung.

Zweitens sollten Sie davon ausgehen, dass Sie bei einem Promotionsstudium im Ausland in der Regel zusätzliche Seminare belegen müssen. In den USA umfassen die ersten beiden Jahre eines Ph.D.-Programms ein echtes Seminarprogramm, das es in sich hat und mit einer Prüfung abgeschlossen werden muss, die Voraussetzung für die Weiterführung der Promotion ist (siehe hierzu auch unseren Vergleich der Modelle in Kapitel 1). In Europa sind die Promotionsverfahren sehr unterschiedlich – einen Überblick gibt beispielsweise das europäische Doktorandennetzwerk Eurodoc (Brown 2004). In England und auch in den Benelux-Ländern etwa gehören Methodenkurse für Soziologen im ersten Jahr des Promotionsstudiums ebenfalls häufig zum Pflichtprogramm.

Drittens sollten Sie sich darüber im Klaren sein, dass Ihnen eine Promotion im Ausland die Rückkehr ins deutsche Universitätssystem auch erschweren kann. Dies gilt weniger für Doktoranden, die sich mit einer Promotionsurkunde aus Oxford, Harvard oder Cambridge um eine Postdoc-Stelle bewerben. Wenn Sie aber an einer weitgehend unbekannten Uni beispielsweise in Spanien promoviert haben, fehlen Ihnen sowohl die Netzwerke und die persönlichen Beziehungen, um später in Deutschland Fuß zu fassen, als auch der „große Name" der Uni als Eintrittskarte ins deutsche System (Schuhen 2008). Oder, anders gewendet: Sie haben während Ihres Doktorstudiums Netzwerke und Beziehungen im Ausland aufgebaut und deshalb dort beste Aussichten auf eine Postdoc-Stelle. Wenn Sie also im Ausland promovieren, sollten Sie darauf gefasst sein, dass aus einem ursprünglich geplanten Aufenthalt von vielleicht vier Jahren schnell ein Aufenthalt von sieben oder acht Jahren – oder für ein ganzes Leben – werden kann.

Das wichtigste Argument für eine Promotion im Ausland ist, neben persönlichen Motiven (Lebenserfahrung etc.), häufig die thematische Ausrichtung eines bestimmten Instituts. An dieser Stelle ist es aus hoffentlich nachvollziehbaren Gründen nicht möglich, analog zu Deutschland (siehe Anhang 1) einen gesättigten Überblick über die thematischen Schwerpunkte aller soziologischen Institute im Ausland zu geben. Stattdessen möchten wir Ihnen folgende Empfehlung geben: Stellen Sie sich vor, Sie haben im Laufe Ihres Studiums ein besonderes Interesse an einem bestimmten Forschungsthema entwickelt. Nach und nach lernen Sie hierzu die „großen Namen" kennen und – aufgrund ihrer brillanten Forschung – schätzen. Sie beginnen, sich vorstellen zu können, im Anschluss an Ihr Studium eine Promotion in Angriff zu nehmen, und sehr gerne würden Sie an der Seite eines der weltweit angesehensten Experten Ihres Forschungsthemas arbeiten. Sie schauen also, wo diese „große Namen" forschen und lehren; dazu genügt heutzutage eine Google-Recherche. Sie stellen also beispielsweise fest, dass Experte XY an einer Universität in Nordschweden tätig ist. Nun schauen Sie, ob dieser Experte dort eher als thematischer „Einzelgänger" arbeitet, oder ob vielleicht sogar das Institut, dem er angehört, ein Forschungsprofil aufweist, das einen interessanten Kontext bietet. (Um Missverständnissen vorzubeugen: Gegen einen exzellenten thematischen „Einzelgänger" spricht a priori nichts, aber ein interessanter Institutskontext könnte dennoch von Vorteil sein, bietet er Ihnen doch prinzipiell noch mehr Möglichkeiten der Forschungskooperation.) Schließlich eruieren Sie die Voraussetzungen der Aufnahme als Promovend sowie die einzuhaltenden Fristen einer Bewerbung; diese Informationen sollten Sie jeder durchdacht angelegten Internetpräsenz eines Instituts entnehmen können.[9]

Auslandspromotionen sind für Deutsche natürlich (sprachlich) besonders problemlos im deutschsprachigen Ausland möglich. Dabei ist das Promotionsstudium in Österreich und in der Schweiz ähnlich variantenreich möglich wie in Deutschland, wobei die Einrichtung von stärker strukturierten Promotionsstudiengängen auch in unseren deutschsprachigen Nachbarländern voranschreitet.

Eine besonders renommierte Adresse sei hier noch erwähnt: Das Europäische Hochschulinstitut (EHI) bzw. European University Institute (EUI) in Florenz. Dieses weltweit bekannte Top-Institut bietet für Sozialwissenschaftler im Rahmen eines vierjährigen Promotionsstudiums besonders gute Promotionsmöglichkeiten in folgenden Schwerpunktbereichen:[10]

- „The Transformation of Government and Democracy",
- „Social Change in Europe and its Implications for Society, Politics & Public Policy",
- „The Comparative Study of Public Policy",
- „Political and Social Structures and Behaviour",
- „International Relations and Security",
- „Social and Political Theory".

Anmeldeschluss in Florenz ist der 31. Januar jedes Jahres – für einen Start des Promotionsstudiums zum 1. September. Bewerber müssen einen Lebenslauf, ein Exposé ihres Forschungsvorhabens sowie einen Überblick über den Studienverlauf und den Abschluss nach Florenz schicken, um in das Bewerbungsverfahren aufgenommen zu werden. Die endgültige Auswahl erfolgt dann über Bewerbungsgespräche.

Für die Finanzierung eines Ph.D.-Studiums im Ausland stehen deutschen Doktoranden unterschiedliche Wege offen. Recht schwierig ist die Suche nach deutschen Stiftungen, die Auslandspromotionen fördern. Die meisten großen Förderwerke unterstützen Promotionen im Ausland nicht, die Studienstiftung des deutschen Volkes stellt für ihre Stipendiaten in der Grundförderung nur in

---

[9] Für einen exemplarischen Einblick in das anspruchsvolle Aufnahmeverfahren der Stanford University *(Stanford Sociology Doctoral Program)* empfehlen wir Ihnen den Besuch der folgenden Webseite: http://stanford.edu/dept/soc/doctoral/applyphd.html (01.07.2011).

[10] Das Institut trennt nicht strikt zwischen den verschiedenen sozialwissenschaftlichen Disziplinen.

begründeten Ausnahmefällen Geld für ein Promotionsstudium im Ausland zur Verfügung. In diese Lücke stoßen immer wieder kleinere Stiftungen, die bestimmte (oft fachspezifische) Promotionsstudien im Ausland fördern. Für aktuelle Übersichten zu solchen Programmen sollten Sie sich an das Akademische Auslandsamt/International Office Ihrer Hochschule, ggf. auch an den DAAD oder den Stifterverband für die Deutsche Wissenschaft, wenden.

Besser sieht es aus, wenn Sie sich direkt im Ausland um eine Förderung bewerben. So vergeben beispielsweise viele Universitäten Stipendien für exzellente ausländische *Graduate Students* oder vermitteln zumindest mittelprächtig bezahlte Lehraufträge im *Undergraduate*-Bereich. Am besten, Sie sprechen direkt das Institut oder den Professor im Ausland an, bei dem Sie sich ein Promotionsstudium vorstellen können. Dort bekommen Sie sicher Hinweise darauf, wie eine Finanzierung möglich ist.

Ein abschließender Punkt für die Planung, der aus der deutschen Perspektive oft vergessen wird: Rechnen Sie fest damit, dass die Promotionsstudiengänge im Ausland häufig mit hohen Studiengebühren belegt sind, deren Finanzierung erst gestemmt werden muss. Unter amerikanischen, britischen oder ostasiatischen Doktoranden (und bei den dortigen Banken) ist es auch eher akzeptiert, diese Ausbildungsphase als Investition anzusehen und sich dafür zu verschulden. Ob Sie sich im Bedarfsfall dieser Haltung anschließen möchten, bleibt Ihnen selbstverständlich selbst überlassen.

All diese Einschränkungen sollten Sie nicht missverstehen: Ein Ph.D.-Studium im Ausland ist eine hochinteressante Möglichkeit und wird Sie nicht nur fachlich, sondern auch persönlich weiterbringen. Außerdem ist Auslandserfahrung sowohl in der Wirtschaft als auch im Universitätsbetrieb ein wichtiges Auswahlkriterium – beispielsweise bei der Besetzung von Lehrstühlen. Wenn Sie zudem die Aufnahme in eine der renommierten Universitäten in den USA, Großbritannien oder Frankreich schaffen, haben Sie mit hoher Wahrscheinlichkeit den Grundstein für eine erfolgreiche internationale Karriere als Soziologe gelegt. Nur sollten Sie von Anfang an auch die Konsequenzen bedenken, die mit der Entscheidung einhergehen, vier Jahre im Ausland zu forschen und zu leben.

Wenn Sie Auslandserfahrung sammeln und gleichzeitig im deutschen Universitätsbetrieb integriert bleiben wollen, bieten sich Mischlösungen an. Eine Möglichkeit wäre es etwa, sich auf eine Promotionsstelle in einem internationalen Graduiertenkolleg der DFG zu bewerben, wenn dort ein soziologisches Thema angeboten wird. Eine andere Lösung ist es, einen Zweitbetreuer aus dem Ausland zu wählen und einen Teil der Forschungsarbeit im Ausland zu absolvieren. Mit Frankreich besteht zum Beispiel die Möglichkeit, eine Doktorarbeit binational anzulegen und entsprechend auch einen doppelten Abschluss zu erwerben (Stichwort Co-Tutelle, siehe Surftipp am Ende dieses Kapitels).

Für ländervergleichende Studien – unabhängig davon, ob sie quantitativ oder qualitativ in Form von Fallstudien angelegt sind – sind außerdem Auslandsreisen oft ohnehin unerlässlich – und werden auch von verschiedenen Organisationen im Rahmen von Kurzstipendien gefördert (etwa durch die, den DAAD oder, für Stipendiaten, das jeweilige Förderwerk; siehe hierzu auch Kapitel 5). Auch der Besuch von Summer Schools oder Seminaren im Ausland ist möglich. Viele andere Wege, Auslandserfahrung mit einer Promotion in Deutschland zu verbinden, sind freilich denkbar – Ihrer Kreativität sind hier keinerlei Grenzen gesetzt.

Zum Weitersurfen

Sektionen der Deutschen Gesellschaft für Soziologie:
http://www.soziologie.de/index.php?id=3
Internationale Graduiertenkollegs der DFG:
http://www.dfg.de/forschungsfoerderung/koordinierte_programme/graduiertenkollegs/
liste/gk_int_nr.html Strukturierte Promotionsmöglichkeiten:
http://www.dfg.de/foerderung/programme/listen/index.jsp?id=GSC
Promotionsverfahren in Europa:
http://www.eurodoc.net/articles_en_23.html
Informationen zum Co-tutelle-Verfahren von der Hochschulrektorenkonferenz:
http://www.hrk.de/de/service_fuer_hochschulmitglieder/156.php
Promotionsangebot in Soziologie des European University Institute:
http://www.eui.eu/DepartmentsAndCentres/PoliticalAndSocialSciences/DoctoralProgramme/Index.aspx

Zum Weiterlesen

Böhret, Carl (1984): „Zum Stand und zur Orientierung der Politikwissenschaft in der Bundesrepublik Deutschland", in: Hartwich, Hans-Hermann (Hrsg.): Policy-Forschung in der Bundesrepublik Deutschland. Opladen: Westdeutscher Verlag, 216-330.

Briede, Ulrike/Gerhardt, Anke/Mues, Christopher (2004): „Die Situation der Doktoranden in Deutschland. Ergebnisse der Befragung", in: duz (Deutsche Universitätszeitung) special, Beilage zur duz – das unabhängige Hoschulmagazin 2004:12, 13-22.

Brown, Tim (2004): Gathering of Evidence and Development of a European Supervision and Training Charter. Eurodoc, Internetquelle (01.07.2011): http://www.eurodoc.net/files/2004_Eurodoc_GatheringEvidence_Training_Supervision_Charter.pdf.

CHE-Forschungsranking (2009): Soziologie/Sozialwissenschaften. Auszug aus dem Arbeitspaper Nr. 130, Internetquelle (01.07.2011): http://www.che.de/downloads/CHE_Forschungsranking_Soziologie_2008.pdf.

Engel, Uwe (Hrsg.) (2001): Hochschulranking. Zur Qualitätsbewertung von Studium und Lehre. Frankfurt a.M.: Campus.

Honolka, Harro (1986): „Reputation, Desintegration, theoretische Umorientierungen. Zu einigen empirisch vernachlässigten Aspekten der Lage der Politikwissenschaft in Deutschland", in: Von Beyme, Klaus (Hrsg.): Politikwissenschaft in der Bundesrepublik Deutschland. Opladen: Westdeutscher Verlag, 41-61.

Klingemann, Hans-Dieter/Falter, Jürgen (1998): „Die deutsche Politikwissenschaft im Urteil der Fachvertreter", in: Greven, Michael (Hrsg.): Demokratie – eine Kultur des Westens? 10. wissenschaftlicher Kongress der Deutschen Vereinigung für Politische Wissenschaft. Opladen: Leske&Budrich, 305-341.

Krichewsky, Léna/Milhaud, Olivier/Pettinaroli, Laura/Scot, Marie (Hrsg.) (2011): A Student's Guide to European Universities. Sociology, Political Sciences, Geography and History. Opladen: Barbara Budrich.

Pilgram, Jutta (2007): „Nutzlose Hitlisten", in: Süddeutsche Zeitung, 21. April 2007, V3/12.

Schuhen, Sarah (2008): „Doktortitel ohne Rückfahrschein", Internetquelle (01.07.2011): http://www.faz.net/s/Rub1A09F6EF89FE4FD19B3755342A3F509A/Doc~E30347E15CB3F40E2BC95BC9C755235FA~ATpl~Ecommon~Scontent.html.

Shalev, Michael (2007): Limits and Alternatives to Multiple Regression in Comparative Research, in: Mjøset, Lars/Clausen, Tommy (eds.): Capitalisms Compared. Comparative Political Research, Volume 24, Amsterdam et al.: JAI Press, 261-308.

Wissenschaftsrat (2008): Pilotstudie Forschungsrating. Empfehlungen und Dokumentationen. Köln.

Wolf, Frieder (2010): „Enlightened Eclecticism or Hazardous Hodgepodge? Mixed Methods and Triangulation Strategies in Comparative Public Policy Research", in: Journal of Mixed Methods Research 4:2, 144-167.

5 Finanzierungsmöglichkeiten

Sie haben ein spannendes Thema für Ihre Dissertation gefunden, das noch kaum erforscht ist und sind hochmotiviert, mit der Forschung zu beginnen. Ihr Betreuer ist begeistert und ermutigt Sie, sich in das Abenteuer Promotion zu stürzen. In solchen Fällen haben Sie bereits drei wichtige Zutaten für eine gelungene Promotion beisammen – es fehlt allein ein letzter, im wahrsten Sinne des Wortes überlebenswichtiger Teil: die Finanzierung Ihrer Promotionsphase. Denn so spannend das Thema sein mag, so motiviert Sie selbst sind und so begeistert der Doktorvater – zwei bis vier Jahre Forschung ohne regelmäßige Einkünfte lassen sich für einen Nachwuchswissenschaftler nicht ohne weiteres stemmen. Und ein üppiges Erbe oder große Ersparnisse zur Finanzierung der Promotionsphase sind bei Doktoranden eher eine Seltenheit. Daher stellt sich die Frage, welchen Weg man beschreiten sollte, um seinen Lebensunterhalt während der Promotionsphase zu verdienen. Die Antworten auf diese Frage sind sehr unterschiedlich und hängen stark von der individuellen Situation des Doktoranden, seinen Plänen (auch für die Zeit nach der Promotion), vor allem aber von den konkreten Rahmenbedingungen ab. Dieses Kapitel hat daher zum Ziel, einen Überblick über verschiedene Finanzierungsmöglichkeiten zu geben, damit Sie als Doktorand bestens informiert Ihre eigene Situation überdenken und auf Grundlage der Vor- und Nachteile des jeweiligen Finanzierungsweges die für Sie passende (Strategie-)Entscheidung treffen können.[1]

Wie sich Doktoranden finanzieren

Vor der Diskussion der Vor- und Nachteile der jeweiligen Finanzierungsmöglichkeiten einer Promotionsphase lohnt sich ein Blick in die Empirie. Wie finanzieren Doktoranden in Deutschland ihre Promotionszeit?

---

[1] Angesichts der Tatsache, dass ein größerer Teil der Doktoranden nicht im luftleeren Raum zwischen den Finanzierungsarten wählt, sondern die Finanzierung für sie eng mit der Auswahl durch den Doktorvater zusammenhängt, widmet sich dieses Kapitel im letzten Abschnitt auch diesem Fall.

Ein Ergebnis vorneweg: Die Datengrundlage zur Beantwortung dieser Frage ist – wie häufig bei der Analyse von Fragestellungen im Zusammenhang mit der Promotion – vergleichsweise dürftig. Die Ergebnisse von zwei Studien erlauben jedoch eine gewisse Annäherung an das Thema. Zum einen hat das Bayerische Staatsinstitut für Hochschulforschung Promovierende in Bayern befragt und nachgeforscht, aus welchen Quellen sich die Doktoranden finanzieren. Für die Sozialwissenschaften zeigt die Umfrage, dass es drei wichtige Finanzierungsarten gibt (Abb. 4): 42 Prozent der Befragten gaben an, ihre Promotion über eine Teilzeitstelle (sowohl Drittmittel- als auch Planstellen) und 18 Prozent über eine Vollzeitstelle an der Universität zu finanzieren, 13 Prozent bekamen Geld aus einem Stipendium. Dagegen verfügten 27 Prozent der Befragten weder über ein Stipendium noch über eine Beschäftigung im Universitätsbetrieb (Berning/Falk 2006: 32). Aufschluss über die Zusammensetzung dieser letzten Gruppe von Doktoranden gibt uns die zweite Studie, aus der man Aussagen über die Finanzierungsquellen von Promotionsstudenten ableiten kann: eine deutschlandweite fächerübergreifende Befragung des Doktorandennetzwerkes Thesis. Die Ergebnisse der Thesis-Umfrage zeigen, dass neben den klassischen Finanzierungsmöglichkeiten (Teilzeit- oder Vollzeitstelle sowie Stipendium) insbesondere die Unterstützung durch Angehörige, eine Erwerbstätigkeit außerhalb des Wissenschaftsbetriebs und die Finanzierung der Promotion durch die eigenen Ersparnisse wichtige Ressourcen zur Sicherung des Lebensunterhaltes während der Promotionsphase sind (Briede/Gerhardt/Mues 2004). Die Studie stützt daneben auch die Befunde der Umfrage unter Doktoranden der Sozialwissenschaften in Bayern: Auch im bundesweiten Vergleich sind die wichtigsten Finanzierungsquellen Stellen an der Universität (37 Prozent, davon 16 Prozentpunkte aus Drittmitteln) und Stipendien (32 Prozent).

Diese Einteilung der Doktoranden nach ihren hauptsächlichen Finanzierungsarten verdeckt natürlich, dass viele Promovierende gleichzeitig von mehreren Einkommensquellen leben. Dies trifft insbesondere auf Stipendiaten zu. Hier reicht das Stipendium in einigen Fällen gerade, um über die Runden zu kommen. Wer sich jedoch den jährlichen Urlaub in der Toskana oder einen etwas gehobenen Lebensstil leisten will – Konzertbesuche, Wochenend-Reisen zu Freunden, Dauerkarte im Stadion – , wird häufig eine zweite Einkommensquelle anzapfen müssen. Fast jedes Stipendium erlaubt Hinzuverdienste bis zu einer gewissen Grenze: Eine Stelle als wissenschaftliche Hilfskraft an einem Lehrstuhl beispielsweise wird meistens bis zu einer bestimmten Stundenzahl zugelassen. Im Hinblick auf die Art der Nebenbeschäftigung differenzieren die Förderwerke zwischen fachnahen Tätigkeiten, also etwa einem Hiwi-Job, und fachfremden Tätigkeiten. Wenn ein Stipendiat aber aus Mieten, Zinsen oder anderen Einkünften mehr als 3.000 Euro im Jahr verdient, werden die Einnahmen über dieser Grenze auf das Stipendium angerechnet (BMBF 2009: 7).

Abbildung 4:   Finanzierung sozialwissenschaftlicher Promotionen in Bayern

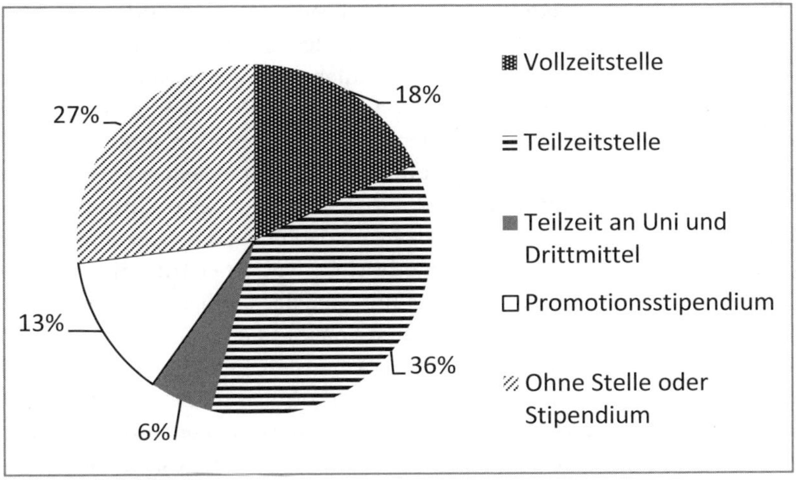

Quelle: Berning/Falk 2006: 32

Bei der Befragung des Netzwerkes Thesis hat sich auch gezeigt, dass viele Finanzierungsmöglichkeiten gleichzeitig genannt wurden (Gerhardt/Briede/Mues 2005: 81). Somit lässt sich mit einiger Sicherheit davon ausgehen, dass ein Teil der Befragten nicht nur Promotionsstipendien empfängt, sondern gleichzeitig auch Geld mit einem Nebenjob verdient. Eine Befragung der Empfänger des maximal dreijährigen Berliner Landesstipendiums (Nachwuchsförderungsgesetz), die Anfang der 1990er Jahre 1.200 DM monatlich erhielten, gibt einen Hinweis auf die wichtigsten zusätzlichen Finanzierungsquellen: So hatten in den Sozialwissenschaften 7 Prozent der Doktoranden zeitgleich mit dem Stipendium eine Stelle an einer Hochschule oder Forschungseinrichtung, 14 Prozent gingen einer Erwerbstätigkeit außerhalb der Hochschule nach und 21 Prozent wurden zusätzlich zum Stipendium durch die Eltern unterstützt (Röbbecke/Simon 2001: 49). Sprich: Mischformen der Finanzierung sind durchaus Gang und Gäbe – wobei meist eine Hauptfinanzierungsquelle dominiert und diese je nach Höhe und je nach Notwendigkeit durch Zusatzverdienste ergänzt wird. Hinzu kommt im Übrigen gewiss bei vielen Doktoranden eine intertemporale Variation der Finanzierungsquellen im Verlauf der Promotionsphase.

Betrachtet man diese unterschiedlichen Finanzierungswege, stellt sich in einem zweiten Schritt die Frage, welcher Weg zu empfehlen ist. Wie eingangs bereits erwähnt, muss sich jeder angehende Doktorand diese Frage auf Basis seiner eigenen Pläne und Rahmenbedingungen selbst beantworten. Allerdings kann man mithilfe der vorliegenden Daten zumindest tendenziell einige Aussagen über den Zusammenhang zwischen Promotionsverläufen und der Finanzierungsart treffen. So zeigt die Auswertung einer Befragung von Promovierenden in Kassel, dass insbesondere solche Promovenden besonders lange an ihrer Doktorarbeit schreiben, die weder über ein Stipendium noch über eine Stelle an der Universität finanziert sind (Bornmann/Enders 2002: 67). Der wichtigste Grund für diesen Zusammenhang liegt darin, dass diese Gruppe von Doktoranden besonders häufig ihre Arbeit an der Dissertation unterbricht – was wiederum die Promotionsdauer signifikant beeinflusst.[2] Zentrales Ergebnis der Studie: „Betrachtet man die gesamte Promotionsdauer, ist der Zeitraum vom Studien- bis zum Promotionsabschluss bei den Stipendiaten (4,7 Jahre) am kürzesten, gefolgt von Hochschulmitarbeitern (5,5 Jahre) und Externen (6,6 Jahre)" (Bornmann/Enders 2002: 66). Überraschend sind an diesen Zahlen die vergleichsweise langen Promotionsdauern der Stipendiaten von durchschnittlich 4,7 Jahren – auch angesichts der Tatsache, dass Stiftungen nur in den seltensten Fällen die Promotion länger als drei Jahre fördern. Zwei Faktoren könnten zu einer Erklärung dieses hohen Wertes beitragen: Zum einen messen die Autoren die Promotionsdauer als Zeitraum zwischen Studien- und Promotionsabschluss. Gerade bei Stipendiaten ist aber anzunehmen, dass vor der Bewerbung um ein Stipendium und bis zum Ende des Aufnahmeverfahrens eine gewisse Zeit vergeht. Schließlich müssen die Bewerber zunächst den Antrag fertigstellen, ein Exposé schreiben (und die dafür notwendigen Vorarbeiten leisten) und dann noch die Aufnahmeprozedur durchlaufen. Zum zweiten deuten die Zahlen erneut auf Mischfinanzierungen hin – in diesem Fall in zeitlicher Abfolge. So ist zu erwarten, dass sich Stipendiaten nach Ende ihrer Förderung andere Finanzierungsmöglichkeiten suchen, um die begonnene Arbeit an der Dissertation zu Ende zu führen und in der Umfrage dennoch das Stipendium als wichtigste Finanzierungsquelle angeben.

Dennoch kann man auf Basis des vorhandenen Materials schlussfolgern: Tendenziell gelingt Doktoranden, die sich über ein Stipendium finanzieren, ein vergleichsweise schneller Abschluss, während insbesondere externe Promoven-

---

[2] Ein weiterer Grund könnte ehrlicherweise auch darin liegen, dass die besten Absolventen tendenziell größere Chancen auf eine Stelle an der Universität bzw. ein Stipendium haben.

den besonders lange brauchen, bis sie schließlich die Doktorurkunde in der Hand halten.

Doch die Dauer ist freilich nicht alles. Denn ein Doktorand, der eine Karriere im Wissenschaftsbetrieb anstrebt, profitiert sicher stark von einer frühzeitigen Einbindung in den Hochschulbetrieb. Für solche Promovierende kann es sich lohnen, eine längere Bearbeitungszeit in Kauf zu nehmen, und dafür bereits Lehrerfahrung zu sammeln. Davon jedoch später mehr.

Ein anderer Einwand grundsätzlicher Art ist natürlich ebenfalls nicht von der Hand zu weisen: Natürlich haben die wenigsten Doktoranden die Chance, zwischen verschiedenen Finanzierungsarten zu wählen und sich den passenden Weg heraus zu suchen. Vielmehr sind die meisten froh, wenn ihnen der Professor eine halbe Stelle als Mitarbeiter anbietet, oder wenn ein Antrag auf ein Stipendium erfolgreich ist (siehe unten). Dennoch ist es sinnvoll, sich mit den Vor- und Nachteilen der einzelnen Finanzierungsmöglichkeiten zu befassen. Denn wenn Sie sich als Doktorand darüber im Klaren sind, welche Vor- und Nachteile der von Ihnen eingeschlagene Finanzierungsweg mit sich bringt, können Sie darauf reagieren und durch gezieltes Handeln versuchen, die Nachteile zu beheben.

**Lebensstile und Lebensqualität –
Herausforderung und Thema einer Dissertation**
von Annette Spellerberg

Ein zweijähriges Forschungsprojekt an der FU Berlin zur „Second-Hand-Kultur in Berlin/West", also zum Handel mit Gebrauchtem, bildete Ende der 1980er Jahre die Grundlage für meine Auseinandersetzung mit dem Thema Lebensstile. Dieses Thema war einige Jahre zuvor von Wolfgang Zapf, der 1987 als Präsident an das Wissenschaftszentrum Berlin für Sozialforschung (WZB) berufen wurde, im Kontext seiner Arbeiten zur Individualisierung und Sicherheit in die sozialstrukturelle Diskussion eingeführt worden. Die thematische Anknüpfungsmöglichkeit bewog mich dazu, mich auf eines der am WZB ausgeschriebenen Promotionsstipendien für Frauen zu bewerben, das dann in der Arbeitsgruppe „Sozialstruktur und Sozialberichterstattung" von Professor Zapf eingerichtet wurde. Nach einem dreiviertel Jahr konnte ich in der selben Abteilung von dem vergleichsweise ungünstigen Stipendium (Stipendiengehalt, maximal drei Jahre Vertragslaufzeit) auf eine volle Mitarbeiterstelle mit längerer Laufzeit (fünf Jahre) wechseln, sodass für die Promotion ausreichend Zeit und finanzielle Ressourcen vorhanden waren. Die Tätigkeit unterschied sich inhaltlich nicht, weil ich als Stipendiatin bereits in die Abteilungsarbeit integriert war, um z.B. bei Studien zur ostdeutschen Transformation nach dem Mauerfall mitzuwirken.

Die Promotion in einer Abteilung eines außeruniversitären Forschungsinstituts wartet mit Vor- und Nachteilen auf, wobei die Vorteile meines Erachtens überwiegen. Zum einen ist der/die Promovend/in in eine Arbeitsgruppe integriert, die über langjährige Forschungserfahrung mit vielfältigen nationalen und internationalen Kontakten verfügt und die Spielregeln des akademischen Betriebs sehr gut beherrscht. Auf der anderen Seite arbeiten in solch einem Institut sehr viele, sehr erfolgreiche Wissenschaftler/innen in den unterschiedlichsten Forschungsrichtungen, die das eigene Selbstvertrauen und die eigene Arbeitsweise stark herausfordern. Vom universitären Lehrbetrieb ist die Tätigkeit dabei frei gehalten, was einerseits entlastet, andererseits aber auch spezifische akademische Erfahrungen (wie z.B. Lehrerfahrungen sammeln, in Gremien mitarbeiten) ausschließt.

Die regelmäßigen Treffen im Kollegenkreis, bei denen der Fortschritt der Arbeit diskutiert wird, tragen in der Zwischenzeit nicht immer zur Steigerung des Selbstvertrauens bei, auch wenn zahlreiche Hinweise sich auf lange Sicht als richtig und überaus wertvoll erweisen. In einem solchen Kontext tritt die Rolle des „Doktorvaters" hinter die Gruppendiskussionen zurück. In meinem Fall bestand eine Schwierigkeit in der Arbeitsgruppe „Sozialberichterstattung", die die großen regelmäßigen Umfragen der Sozialwissenschaften zur sozialen Lage und Lebensqualität der Bevölkerung maßgeblich mit initiierte und durchführte (SOEP, Wohlfahrtssurveys, ALLBUS), dass sie das Thema Lebensstile mittragen sollte, dies jedoch innerhalb und außerhalb der Arbeitsgruppe umstritten war und teilweise als „modisch" interpretiert wurde.

Die Resonanz der Fachwelt auf die im Wohlfahrtssurvey repräsentativ erhobenen Ergebnisse war mehrheitlich positiv, sodass das Verfassen der Dissertation selbst – nach der langen Phase der Konzeptentwicklung, Operationalisierung, Datenerhebung und Auswertung – ordentlich an Fahrt gewann. Publikationen und Vorträge zum Thema prägten mein soziologisches Profil, mit dem sich weitere Möglichkeiten eröffneten, wie z.B. die Teilnahme an internationalen Summer Schools. Der beim „Wissenschafts-Tourismus" stattfindende Austausch mit anderen Nachwuchswissenschaftlern/innen in einer ähnlichen Situation hat das Wohlbefinden deutlich gesteigert und zur Netzwerkbildung beigetragen.

Das lang verfolgte Projekt hatte nach mehr als vier Jahren so weit Form angenommen, dass sich die Frage nach der langfristigen Perspektive stellte. Im Wissenschaftsbereich hatten mein Partner und ich positive – und natürlich auch weniger positive – Erfahrungen sammeln können, als alleiniger Schwerpunkt reichte uns dies für eine langfristige Lebensplanung jedoch nicht aus. Wir beschlossen die Familiengründung, und vier Monate nach Abschluss des Promotionsverfahrens bekam ich mein erstes Kind. Auf die Schwangerschaft reagierten zu meiner eigenen Überraschung alle Kolleginnen und Kollegen und auch meine Doktorväter (Prof. Zapf und Prof. Herkommer von der FU Berlin) ausgesprochen positiv. Auch einer Antragstellung für eine Anschlussfinanzierung stand nichts im Wege. Die größte Herausforderung bildete die Fertigstellung der Buchpublikation, die durch ein zwischen den PC- und Druckerkabeln krabbelndes Kind zu einer unerwarteten Nervenbelastung wurde. Ohne die aufwändigen Alltagsarrangements vernachlässigen zu wollen, tragen Kinder insgesamt jedoch wesentlich zur Lebensqualität bei – auch im akademischen Umfeld.

Zusammenfassend habe ich sehr starke Unterstützung erhalten, durch die günstigen Rahmenbedingungen am WZB, den Rückhalt durch die beiden Doktorväter, die Diskussionen unter Kolleginnen und Kollegen und auch das private Umfeld, in dem meine Dissertation zu keinem Zeitpunkt in Frage gestellt wurde. Als Professorin erlebe ich bei meinen Mitarbeiterinnen und Mitarbeitern, dass sehr viele Faktoren zusammenwirken müssen, damit ein solches Mehrjahres-Projekt wie die Doktorarbeit gelingt. Neben dem tiefen Interesse für das selbst gewählte Thema sind dies Persönlichkeitseigenschaften wie Selbstvertrauen, Durchhaltevermögen und Selbsterkenntnis, Arbeitsbedingungen wie eine gesicherte Finanzierung, berufliche Perspektiven, Betreuung und das Arbeitsklima, aber auch der private Freundeskreis und stabile Beziehungen sind wichtige Größen, die den Ausgang dieser Qualifikationsphase beeinflussen. Ich wünsche mir und natürlich auch Ihnen, dass diese günstigen Konstellationen häufig vorliegen.

Dr. Annette Spellerberg hat eine Professur für Stadtsoziologie an der Technischen Universität Kaiserslautern inne und wurde 1995 an der Freien Universität Berlin mit der Arbeit „Soziale Differenzierung durch Lebensstile. Eine empirische Untersuchung zur Lebensqualität in West- und Ostdeutschland" promoviert. Diese Arbeit erschien 1996 bei der Edition Sigma.

Die Finanzierung über eine Stelle als Lehrstuhl-Mitarbeiter

Einer der klassischen Finanzierungswege für Promovenden ist es, neben der Promotion eine halbe oder eine ganze Stelle als wissenschaftlicher Mitarbeiter am Lehrstuhl des Doktorvaters zu besetzen. Die halbe TVL-E13-Stelle (Tarifgebiet West; Stand: April 2011) bringt einem Ledigen im ersten Jahr seiner Berufstätigkeit etwa 1.530 Euro monatliches Grundgehalt brutto – nach Abzug der Sozialversicherungsbeiträge und Steuern (Steuerklasse 1) bleiben davon netto knapp 1.070 Euro übrig. Damit lässt es sich sparsam bzw. etwas auskömmlicher als studentisch leben.

Der erste große Vorteil einer Mitarbeit am Lehrstuhl ist die direkte Anbindung an den Unibetrieb. Als wissenschaftlicher Mitarbeiter sind Sie ständig in Kontakt mit der Forschung und sprechen mit Ihren Kollegen am Mittagstisch über Forschungsthemen. Diese Gespräche bilden nicht nur weiter – sie geben Ihnen auch die Möglichkeit, ein konkretes Problem, das Sie gerade mit Ihrem Forschungsthema haben, im Kreis der Kollegen zu diskutieren. Solche Fragen sollten Sie nicht täglich thematisieren – denn wenn Sie etwa die Schwierigkeiten mit der Konstruktion von Dummies zur Kontrolle von Heterogenität im Längsschnitt bei einer gepoolten Regressionsschätzung in jeder Mittagspause aufs

Neue *en détail* darlegen, werden sich einige Kollegen relativ schnell genervt aus Ihrer Mittagsrunde verabschieden. Aber Sie können sicher hin und wieder offen fragen, ob Ihre Kollegen Zeit und Muße haben, sich kurz Ihrem Problem zu widmen. Vielleicht auch nicht beim Mittagessen in großer Runde, sondern beim Kaffee danach in anderer Zusammensetzung. Solche Gespräche können sehr hilfreich sein und sind deshalb ein erster großer Pluspunkt für Doktoranden, die fest im Unibetrieb integriert sind.

Nicht zu unterschätzen ist, zweitens, die positive Wirkung von Lehrverpflichtungen. Für die Vorbereitung auf ein Seminar aus Ihrem Themenbereich müssen Sie sich in der Regel nochmals intensiv mit der Literatur auseinandersetzen. Und wer interessierte und gute Studierende in seinen Kursen hat, merkt schnell, dass deren Fragen auch Impulse für die eigene Forschungsarbeit geben. Wenn der Referent im Seminar zu Theorien sozialer Ungleichheit bei seiner Vorstellung der von Kingsley Davis und Wilbert Moore vertretenen Auffassung der funktionalen Notwendigkeit sozialer Schichtung in einem Halbsatz auch auf die Kritikwürdigkeit einer solch funktionalistischen Betrachtung optimaler Personalallokation eingeht, dann liefert diese Bemerkung vielleicht einen Ansatzpunkt für Ihre eigene Forschung. Gleiches gilt für andere Pflichtaufgaben, die man als wissenschaftlicher Mitarbeiter erledigen muss – etwa der Beisitz bei Prüfungen oder die Vorkorrektur von Abschlussarbeiten. Auch bei diesen Routinetätigkeiten fallen immer wieder interessante Einsichten für die eigene Forschungsarbeit als Nebenprodukte an.

Außerdem ist, drittens, auch die Berufserfahrung nicht zu unterschätzen, die Sie sammeln, wenn Sie an der Universität arbeiten und gleichzeitig promovieren. Sollten Sie eine wissenschaftliche Karriere anstreben, liegt der Vorteil natürlich auf der Hand: Sie haben bereits Erfahrungen im Unibetrieb, wissen, wie man Drittmittelanträge schreibt, kennen die Tücken der Verwaltung und haben Erfahrungen bei der Studienberatung oder in der Lehre gesammelt. Doch auch außerhalb der Wissenschaft wird Ihnen die Berufserfahrung einen Vorteil gegenüber anderen Bewerbern verschaffen, die noch nie „richtig" gearbeitet haben. Denn Personalchefs ist es wichtig, dass ein möglicher neuer Mitarbeiter bereits Erfahrungen mit hierarchischen Strukturen und einem täglichen Arbeitsleben gemacht hat und nicht direkt vom ausschließlich selbstbestimmten Leben am heimischen Schreibtisch kommt.

Schließlich ist, viertens, auch der direkte Draht zum Doktorvater ein absolutes Plus, wenn man als wissenschaftlicher Mitarbeiter promoviert. Denn einige kleinere Fragen zur Dissertation lassen sich auch wunderbar im Gespräch zwischen Tür und Angel klären: Wie soll der Anhangband gestaltet sein? In welcher

Sprache soll ich die geführten Experteninterviews transkribieren? Wann soll der Vortrag im Kolloquium stattfinden? Welche Literatur wäre für einen bestimmten Seitenaspekt noch relevant? Diesen Vorteilen stehen freilich auch gravierende Nachteile gegenüber. Um beim Thema Betreuung zu bleiben: Wer als wissenschaftlicher Mitarbeiter promoviert, schwebt in der Gefahr, aufgrund der Nähe zum Doktorvater wichtige Richtungsentscheidungen in der Forschung zu unreflektiert zu treffen. Zwar mag für eher organisatorische Fragen oder einen Literaturtipp das Gespräch mit dem Chef auf dem Gang völlig ausreichen – wenn es um zentrale Weichenstellungen geht, sollte jedoch in jedem Fall ein offizieller Termin her! Schicken Sie ihrem Doktorvater dann vorab eine E-Mail mit einer Agenda der wichtigsten zu besprechenden Fragen und gestalten Sie das Treffen so formal wie möglich. Dann wird das Gespräch nicht nur als Small-Talk zwischen engem Mitarbeiter und Chef wahrgenommen, sondern als echtes Betreuungsgespräch zwischen Professor und Promovend, bei dem es um zentrale Weichenstellungen in Ihrem Forschungsprojekt geht (siehe auch Kapitel 10).

Das größte Problem für Promovierende auf Mitarbeiterstellen ist jedoch die Überlastung mit der Alltagsarbeit. Dies zeigen auch verschiedene Doktorandenbefragungen – etwa die Ergebnisse der Kasseler Promoviertenstudie (Bornmann/ Enders 2002: 67). Demnach unterbrachen 34 Prozent der Promovierenden in den Sozialwissenschaften ihre Arbeit an der Dissertation wegen der „Belastung durch hochschulische Berufstätigkeit". Denn bei allen positiven Nebeneffekten neigt der Unibetrieb auch dazu, mehr Platz einzunehmen, als eigentlich vorgesehen war und vertraglich vereinbart ist. Neben der tatsächlichen Überlastung, die den Promotionsfortschritt verlangsamt oder gefährdet, bieten zusätzliche Aufgaben durch Verwaltung und Lehre für Promovierende auch Gelegenheiten, um das Weiterarbeiten an ungeliebten Teilen der Dissertation aufzuschieben (und die gibt es immer). Anstatt sich noch eingehender mit dem Forschungsstand zur aktuellen Debatte um die sozio-ökonomischen Ängste der deutschen Mittelschicht zu beschäftigen, macht man dann lieber noch den Kommentar fürs Vorlesungsverzeichnis fertig, optimiert die Präsentation für die Lehrveranstaltung oder überarbeitet das Modulhandbuch für den neuen Masterstudiengang.

Wenn Sie in einer der beschriebenen Situationen sind, gibt es verschiedene Strategien, um dafür zu sorgen, dass die Arbeit an der Dissertation nicht völlig zwischen Lehre, Verwaltung und Studienberatung untergeht – sei es aus tatsächlicher Überlastung oder aus Prokrastination.

Wenn Sie eine halbe Stelle haben: Machen Sie dies für sich selbst und für andere explizit! Führen Sie Tagebuch darüber, was Sie an einem Tag alles geleistet haben. Und wenn Sie nach drei Monaten sehen, dass Sie von Ihrer 40-Stunden-

Woche gerade einmal 5 Stunden für die Arbeit an der Promotion aufgewendet haben, sollten Sie über ein Gespräch mit Ihrem Vorgesetzten bzw. über Wege zur Bekämpfung Ihrer eigenen Ablenkbarkeit nachdenken. Oder planen Sie feste Bürotage ein. Warum bleiben Sie nicht donnerstags und freitags zu Hause und widmen sich in dieser Zeit nur Ihrer Doktorarbeit, während Sie Montag bis Mittwoch voll und ganz für Uni-Aufgaben zur Verfügung stehen? Geben Sie Ihren Studierenden in den Seminaren Hinweise, dass Sie nur an gewissen Tagen für Fragen erreichbar sind und auch nur dann Ihre E-Mails beantworten.

Wenn diese Strategien alle nichts helfen, können Sie sich auch darüber Gedanken machen, für Ihre eigene Stelle eine neue Finanzierung zu organisieren. Wer nach zwei Jahren vor lauter Lehre, Verwaltung und Lehrstuhlaufgaben mit der Dissertation gar nicht vorangekommen ist, sollte sich ernsthaft mit dem Gedanken befassen, eine Bewerbung für ein Stipendium oder einen Drittmittelantrag zu schreiben.[3] Besprechen Sie in diesem Fall das Problem direkt mit Ihrem Doktorvater und haben Sie eine Begründung für Ihren Lösungsvorschlag parat. Im Regelfall wird Ihnen Ihr Betreuer nicht böse sein – schließlich möchte er auch, dass Sie die Doktorarbeit in absehbarer Zeit abgeben.

Deutlich schwieriger ist es bei Mitarbeitern mit einer ganzen Stelle. Diese Finanzierung ist jedoch nicht die Regel, denn üblicherweise (und mit guten Gründen) werden volle Stellen nur an bereits promovierte Bewerber vergeben. Denn bei einer vollen Stelle bleibt natürlich noch weniger Zeit für die eigene Forschung. Deshalb: Wenn Ihnen Ihr Doktorvater eine Vollzeitstelle anbietet, nehmen Sie es als Kompliment. Hier will Sie jemand unbedingt halten. Gleichzeitig sollten Sie sich aber überlegen, ob Sie mit der Dissertation bereits soweit vorangekommen sind, dass Sie die Arbeit trotz Vollzeitstelle in absehbarer Zeit fertigstellen können. Machen Sie sich einen realistischen Plan für die noch zur Verfügung stehende Zeit und die Bearbeitungsschritte, die Ihre Promotion erfordert. Wichtig ist auch, dieses Problem im Vorhinein zu thematisieren. Wenn Ihrem Chef und Ihnen klar ist, dass Sie trotz der ganzen Stelle nur wenig Verwaltungsaufgaben bekommen und nur das Pflichtprogramm in der Lehre absolvieren, dann ist die Fertigstellung einer Dissertation auch auf einer Vollzeitstelle denk-

---

[3] Je länger Sie schon am Lehrstuhl angestellt sind, desto größer wird tendenziell die Erfolgschance eines Drittmittelantrags (der formal meist über den Professor wird laufen müssen), umso kleiner dagegen die eines Stipendienantrags: Manche Gutachter werden sich fragen, warum man jemandem ein Stipendium geben soll, der schon einige Jahre am Thema sitzt und nicht vorankommt. Drittmittelstellen in Projekten mit einem der Dissertation möglichst eng verwandten Thema haben dagegen den Charme, weniger mit akademischer Selbstverwaltung und Lehraufgaben belastet zu sein (s.u.).

bar. Und falls das Kind schon in den Brunnen gefallen ist: Warum nicht Teilzeit-arbeit für einen begrenzten Zeitraum (Stichwort Intensivphase) vorschlagen? Währenddessen könnte Sie auf der anderen Hälfte Ihrer Stelle z.B. ein jüngerer potenzieller Doktorand vertreten, der in dieser Zeit einen Stipendienantrag schreibt und erste Berufserfahrung sammeln kann. Nennen Sie Ihrem Doktorva-ter doch einfach einen Kandidaten, an den er vielleicht noch nicht gedacht hat.

Mitarbeit an einem Drittmittelprojekt (Forschungsprojekt)
Promovieren auf einer Stelle als wissenschaftlicher Mitarbeiter kann, wie oben dargestellt, eine heikle Angelegenheit sein. Ganz anders sieht es freilich aus, wenn Sie an einem Forschungsprojekt mitarbeiten, aus dem Ihre eigene Disserta-tion hervorgeht. Dies ist insbesondere bei Drittmittelprojekten der Fall, die sich auf ein ganz bestimmtes Thema beziehen. Wenn Ihr Doktorvater beispielsweise ein DFG-Projekt zum Thema „Bildung und soziale Mobilität in Europa" einge-worben hat und Sie innerhalb dieses Themenkomplexes die Länder Großbritan-nien und Deutschland vergleichen, dann arbeiten Sie sowohl für das Projekt als auch für Ihre Dissertation. Natürlich fallen Zusatzaufgaben an – etwa die Erstel-lung von Zwischen- und Abschlussberichten. Dennoch bleiben Sie geistig in ein und demselben Themenbereich, und Ihre Dissertation speist sich aus den For-schungsarbeiten im Rahmen des Projektes – trotz teilweise anderer Schwerpunkt-setzung. Wichtig: Klären Sie vorher mit Ihrem Betreuer genau, welche themati-schen Überschneidungen möglich sind, wo Sie an Vorgaben aus dem Drittmittel-antrag gebunden sind und wo Sie eigene Schwerpunkte setzen können. Dies beugt späteren Unklarheiten vor. Wenn Sie mit anderen Kollegen ein Forschungs-thema bearbeiten, gilt dieser Rat natürlich auch für Ihre Absprachen untereinan-der. Nichts ist schlimmer, als in einem Projektteam Angst haben zu müssen, dass die eigenen Ideen oder Forschungsstrategien kopiert werden. Auch hier ist ein klärendes Gespräch (ggf. inklusive schriftlicher Vereinbarungen) im Voraus ebenso ratsam wie frühzeitige Konfliktbearbeitung, wenn dies notwendig ist (siehe auch Kapitel 10). Andererseits ist zu große Eifersucht auch unangebracht, wenn im Projekt ein Klima der wechselseitigen intellektuellen Befruchtung ent-stehen soll.

Die feste zeitliche Struktur der Promotionsphase ist ein großes Plus, wenn man seine Dissertation im Rahmen eines Drittmittelprojekts verfasst. In der Regel fordert der Geldgeber regelmäßig Zwischenberichte und gibt seine finanzielle Un-terstützung auch nur für einen bestimmten Zeitraum. Sprich: Auch der Abschluss-bericht des Projektes muss bis zu einem bestimmten Zeitpunkt geschrieben sein. Damit ist auch für Sie klar, wann es mit der Dissertation auf die Zielgerade geht.

Grundsätzlich ist die Finanzierung der Promotion über eine Drittmittelstelle also zu empfehlen (siehe den Gastbeitrag von Frank Meier). Voraussetzung ist freilich, dass Sie sich für das Thema des Drittmittelprojekts begeistern können. Ist dies der Fall, vereint eine solche Lösung die Vorteile einer universitären Anbindung mit dem Plus, das Gros der Zeit mittelbar oder ganz direkt an seinem eigenen Forschungsprojekt zu arbeiten. Wichtig ist jedoch, frühzeitig die eigene Rolle und den Platz der Dissertation im Gesamtprojekt zu diskutieren und für alle transparent festzulegen.[4]

Die Finanzierung über ein Stipendium einer Stiftung
Eine beliebte Lösung zur Finanzierung des Lebensunterhaltes während der Promotionsphase ist die Bewerbung um ein Stipendium. Dieser Finanzierungsweg eröffnet Ihnen die Möglichkeit, ungestört von Lehr- oder Verwaltungsverpflichtungen an der Universität an Ihrem Forschungsprojekt zu tüfteln. Der Nachteil liegt auf der Hand: Es fehlt die wissenschaftlich-institutionelle Anbindung. Daher ist es in jedem Fall sinnvoll, eine möglichst enge Verbindung zur Universität zu halten – vor allem für Doktoranden, die sich für die Zeit nach der Promotion eine wissenschaftliche Karriere vorstellen können. Eine Möglichkeit ist es, am Lehrstuhl des Doktorvaters als wissenschaftliche Hilfskraft mit deutlich begrenzter Stundenzahl zu arbeiten. Eine andere Lösung wäre, als Lehrbeauftragter am Institut ein Seminar anzubieten – im Notfall eventuell auch unentgeltlich. Somit sammeln Sie Erfahrung im Universitätsbetrieb und sind gleichzeitig durch ihre Finanzierung autonom, können sich also in arbeitsintensiven Zeiten – beispielsweise im Endspurt vor der Abgabe Ihrer Arbeit – an den heimischen Schreibtisch zurückziehen. Die meisten großen Stiftungen lassen eine solche begrenzte Mitarbeit im Unibetrieb zu. Sie sollten sich vorab jedoch in den Förderrichtlinien der entsprechenden Stiftung über die Höchstgrenzen für Mitarbeit und Hinzuverdienst informieren.

Für die Finanzierung der Promotion über ein Stipendium kommen verschiedene Adressen in Frage. Dies sind zum einen die zwölf großen Stiftungen, die vom Bundesministerium für Wissenschaft und Forschung unterstützt werden und sich an dessen Förderrichtlinien halten. Darunter fällt zunächst die Studienstiftung des Deutschen Volkes. Die Studienstiftung ist das große Elitenförderwerk in Deutschland und überparteilich sowie überkonfessionell. Daneben existieren sechs

---

[4] Gelegentlich hört man auch von Professoren, die von ihren Projektmitarbeitern erwarten, zu einem anderen als dem Projektthema zu promovieren. Angesichts der daraus resultierenden Doppelbelastung und Verzögerungen sollten Sie es sich zumindest sehr gut überlegen, ob Sie sich darauf einlassen wollen.

parteinahe Stiftungen: die Konrad-Adenauer-Stiftung (CDU), die Friedrich-Ebert-Stiftung (SPD), die Friedrich-Naumann-Stiftung (FDP), die Heinrich-Böll-Stiftung (B90/Grüne), die Rosa-Luxemburg-Stiftung (Die Linke) und die Hanns-Seidel-Stiftung (CSU). Zusätzlich vergeben die gewerkschaftsnahe Hans-Böckler-Stiftung und die arbeitgebernahe Stiftung der Deutschen Wirtschaft Bundesmittel. Schließlich erhält man Promotionsstipendien auch von den zwei großen kirchlichen Stiftungen, dem katholischen Cusanuswerk und dem evangelischen Studienwerk Villigst, sowie – seit 2009 – dem Ernst Ludwig Ehrlich Studienwerk, welches besonders begabte jüdische Promovierende fördert. Zum anderen bestehen Fördermöglichkeiten außerhalb der Bundesrichtlinien zur Förderung des wissenschaftlichen Nachwuchses. Hervorzuheben sind hierbei insbesondere die Graduiertenstipendien der Länder (Landesgraduiertenförderung). Die folgenden beiden Abschnitte gehen daher zunächst auf die Förderung durch Bundesmittel über den Weg der zwölf großen Stiftungen ein und danach auf die Förderung durch Stipendien der Länder.[5]

- Die zwölf großen Förderwerke nach den Richtlinien des BMBF
In Deutschland vergibt das Ministerium für Bildung und Forschung jedes Jahr Mittel zur Förderung des wissenschaftlichen Nachwuchses. Die Auswahl der Stipendiaten erfolgt mithilfe der eben genannten zwölf großen Stiftungen. Bei welcher dieser Stiftungen Sie sich bewerben, bleibt Ihrem persönlichen Geschmack überlassen. Sinnvoll ist es aber sicherlich, sich vor einer Bewerbung zu überlegen, zu welcher der Stiftungen Ihr Profil gut passt. Bei parteinahen Stiftungen ist etwa eine Nähe zum politischen Standpunkt der jeweiligen Stiftung ein (nicht immer explizit thematisiertes, aber zumindest im Hintergrund mitschwingendes) Auswahlkriterium. Wenn Sie schon in Jugendtagen bei den Jusos mitgemacht haben und daneben noch in der Gewerkschaft engagiert sind, macht eine Bewerbung bei der Hanns-Seidel-Stiftung also sicherlich weniger Sinn als bei der Friedrich-Ebert- oder der Hans-Böckler-Stiftung. Für die kirchlichen Stiftungen ist zudem die Kirchenmitgliedschaft Voraussetzung für ein Stipendium (und ehrenamtliches Engagement im kirchlichen Bereich erfolgsförderlich).

Grundsätzlich gilt: Wenn Sie mit Ihrem Thema und mit Ihrer Vita gut zu einer dieser „weltanschaulichen" Stiftungen passen, dann scheuen Sie sich nicht, sich dort zu bewerben. Allerdings müssen Sie natürlich damit rechnen, dass Sie nach einer Förderung durch eine parteinahe Stiftung berechtigter- oder unberech-

---

[5] Danach gibt es weitere Fördermöglichkeiten – etwa von Medien (Zeit, Fazit-Stiftung) oder Städten –, die hier nicht dargestellt werden können.

91

tigterweise von manchen externen Betrachtern mit einer bestimmten politischen Richtung identifiziert werden. Letztlich müssen Sie selbst entscheiden, wie wichtig Ihnen solche Folgen sind. Außerdem muss man die Finanzierungsquelle der Promotion ja auch nicht in jeden öffentlich zugänglichen Lebenslauf schreiben. Die Studienstiftung, das größte und älteste Begabtenförderungswerk, wiederum hat sich auf die Fahnen geschrieben, nur die Besten zu fördern: Deshalb müssen Sie für die Aufnahme von Ihrem Dissertationsbetreuer vorgeschlagen werden, und die Aufnahme in diesen Kreis ist vom Renommee her sicher die attraktivste Variante. Bei allen anderen Förderwerken können Sie sich selbst bewerben.

Die Förderung der zwölf großen Stiftungen richtet sich nach den Richtlinien, die vom Bundesministerium für Wissenschaft und Forschung vorgegeben wurden. Aktuell beträgt die Grundförderung (bis zu) 1.050 Euro. Hinzu kommt ein Familienzuschlag in Höhe von 155 Euro sowie eine Forschungskostenpauschale von 100 Euro für Bücher, Reisen etc. Für Kinderbetreuungskosten werden ggf. 155 Euro für das erste und je 50 Euro für jedes weitere Kind (maximal 255 Euro) gezahlt (BMBF 2009: 8). Unterschiedlich handhaben die einzelnen Stiftungen die Förderung für Forschungsreisen ins Ausland (vgl. Anhang 2). Teilweise werden Forschungsreisen ins Ausland gar nicht bezuschusst, manchmal nur solche Aufenthalte, die zwingend für die Dissertation benötigt werden. Einige Stiftungen unterstützen Sie hingegen auch bei Fahrten zu Sprachkursen oder zu Fortbildungen und übernehmen einen Teil der Kursgebühren. Wenn Sie also schon wissen, dass ein sechsmonatiger Aufenthalt zur Feldforschung in Südafrika für Ihre Dissertation notwendig ist, sollten Sie dies im Voraus bei der Auswahl der Stiftungen bedenken. Sollte jedoch ausgerechnet die Stiftung, die optimal zu Ihrem Lebenslauf passt, keine Auslandsförderung anbieten: Bewerben Sie sich dennoch dort! Für den Auslandsaufenthalt gibt es noch andere Fördermöglichkeiten (siehe auch Kapitel 4), und die monatliche Unterstützung für Ihre Promotionsphase sollten Sie sich auf keinen Fall entgehen lassen.

Nicht eindeutig vom Gesetzgeber geregelt ist die Länge der Förderung. In den Richtlinien für die Förderungswerke wird die Regelförderungsdauer mit zwei Jahren angegeben. Sie kann jedoch verlängert werden, wenn etwa ein Kind unter 12 Jahren im Haushalt lebt oder wenn dies für den Erfolg der wissenschaftlichen Arbeit notwendig ist (BMBF 2011: 8). Im zweiten Fall muss in der Regel der Betreuer ein Gutachten verfassen, damit die Förderung weiterlaufen kann. Nicht alle Stiftungen folgen dieser Kann-Vorschrift des Gesetzes auf Punkt und Komma. Häufig wird ein Stipendium zunächst auf ein Jahr gewährt und nach einem Zwischengutachten um ein zusätzliches Jahr verlängert. Auch die maximale Förderdauer unterscheidet sich. Bei der Hanns-Seidel-Stiftung ist zum Beispiel nach zwei Jahren und sechs Monaten definitiv Schluss.[6] Bei anderen Förderwerken, wie etwa der Konrad-Adenauer-Stiftung, ist hingegen eine maximale Förderung von bis zu drei Jahren (zwei Jahre Regelförderung plus zweimal sechs Monate Verlängerung) möglich, wobei in Haushalten mit Kindern unter 12 Jahren die Regelförderungsdauer bei drei Jahren liegt. Es lohnt sich also, genauer hinzuschauen und nicht nur auf die finanzielle Ausstattung der jeweiligen Stipendien zu achten.

Profitieren können Sie während Ihrer Promotionszeit auch von der ideellen Förderung Ihres Förderungswerkes. Bei manchen Stiftungen ist der Besuch einiger Veranstaltungen Pflicht – in jedem Fall ist die Teilnahme an Seminaren häufig bereichernd. Dies gilt insbesondere für Veranstaltungen, die sich speziell mit Ihrem Promotionsthema beschäftigen, oder für Seminare, in denen Sie mit anderen Doktoranden über Probleme und Schwierigkeiten in der Promotionsphase diskutieren. So bietet die Studienstiftung des Deutschen Volkes etwa interdisziplinäre Doktorandenforen an, in denen etwa 50 bis 70 Promotionsstipendiaten aus verwandten Fächern zusammenkommen. Soziologen treffen sich etwa im Forum Gesellschaft mit Psychologen, Politologen, Juristen und Wirtschaftswissenschaftlern. Die Mitglieder des Forums stellen sich gegenseitig dann auf viertägigen Kolloquien ihre Dissertationsprojekte in kleinen Gruppen vor. Andere Förderwerke bieten ähnliche Seminare an, zudem existieren häufig Kurse zu übergreifenden Qualifikationen wie Präsentationstechniken, Projektmanagement oder Rhetorik.

Die Aufnahmechancen in die Stiftungen sind nicht genau zu beziffern. Zum einen unterscheidet sich nicht nur die Zahl der Bewerber von Jahr zu Jahr, sondern auch deren Qualität. Zum anderen variieren auch die vom Bund zur Verfügung gestellten Ressourcen (siehe auch Kapitel 1). Grundsätzlich gilt: Feste Aufnahmequoten haben die meisten Stiftungen offiziell nicht. Stattdessen werden, so die wenig überraschende Auskunft der Förderwerke, nur solche Stipendiaten aufgenommen, die den Anforderungen entsprechen.[7] Bei der Stiftung der deutschen Wirtschaft geht dies so weit, dass bei zu wenig geeigneten Bewerbern in manchen Jahren einige Stipendien sogar ungenutzt bleiben.[8]

---

[6] Zuweilen können auch Konjunkturschwankungen Auswirkungen auf die Förderdauern haben: Durch die jüngste Finanzkrise wurde die maximale Förderdauer im Jahr 2009 auf zwei Jahre und drei Monate gestutzt.

[7] Einer der Autoren des vorliegenden Bandes kann aus mehrjähriger Erfahrung in den Auswahlkommissionen zweier Stiftungen berichten, dass intern und inoffiziell natürlich doch die Kriterien bzw. die Beurteilungsschärfe an die Finanzlage angepasst werden, wenn auch nicht 1:1.

[8] Andererseits vergab die Stiftung z.B. 2002/03 Zusagen für Stipendien, deren Auszahlungsbeginn wegen gekürzter Bundeszuschüsse um ein Jahr verzögert wurde – keine schöne Situation für die Betroffenen!

Es gilt aber andersherum auch: Bei vielen sehr geeigneten Bewerbern und einer begrenzten Zahl von Plätzen liegt die Latte zur Aufnahme höher. Fragt man die Stiftungen nach den Aufnahmequoten in den vergangenen Jahren, zeigt sich ein unterschiedliches Bild. Manche Werke, wie die Konrad-Adenauer-Stiftung wollen gar keine Zahlen nennen. Bei den Stiftungen, die eine Aussage zur Aufnahmequote machen – also unsere Frage beantworteten, wie viele Bewerber es prozentual durchschnittlich in die Förderung schaffen – variieren die Angaben zwischen 10 Prozent (Ernst Ludwig Ehrlich Studienwerk, Heinrich-Böll-Stiftung, Rosa-Luxemburg-Stiftung) und 30 Prozent (Studienstiftung[9]) (siehe ebenfalls Anhang II). Klar ist: Wenn Sie schon während Ihres Studium von einer Stiftung unterstützt wurden, sollten Sie sich in jedem Fall bei diesem Förderwerk bewerben. Denn in der Regel sind Sie dort bereits persönlich bekannt und haben in der Auswahl für die Promotionsförderung gute Karten.

- Die Förderung durch ein Graduiertenstipendium der Länder

Eine andere Finanzierungsmöglichkeit für die Promotionsphase bieten die Graduiertenförderungsprogramme der Bundesländer. Diese existieren seit Mitte der 1980er Jahre, als der Bund seine Graduiertenförderung umstellte. Seither haben sich die Förderprogramme jedoch stark ausdifferenziert – wie so häufig im deutschen Föderalstaat. Im Jahr 2010 stellten die meisten Bundesländer in irgendeiner Form Geld für die Förderung von Promotionen an ihren Hochschulen bereit. Die jeweiligen Detailregelungen variierten jedoch von Land zu Land. So wurden in manchen Ländern – etwa in Niedersachsen – vorwiegend Promotionen innerhalb von strukturierten Promotionsstudiengängen gefördert (bspw. Graduiertenschulen), eine Individualförderung war hier nicht möglich. Andere Länder – etwa Baden-Württemberg – vergeben sowohl Individualstipendien als auch Förderungen über Graduiertenkollegs, lassen ihren Universitäten aber große Freiräume bei der Aufteilung der Mittel auf die verschiedenen Instrumente (Stand Sommer 2011). Die Zahl der geförderten Anträge schwankt (nicht nur hier) stark von Jahr zu Jahr, v.a. mit der Haushaltslage. In Heidelberg wurden etwa im Jahr 2008 dreieinhalb Mal so viele Individualstipendien vergeben wie 2009, ohne dass es bei der grundsätzlichen Gewichtung zwischen diesen und den strukturierten Programmen neue Weichenstellungen gegeben hätte. Da man diese Konjunkturzyklen der Stipendienvergabe als Doktorand weder einschätzen noch beeinflussen kann, empfiehlt sich eine Kombination aus einer gewissen Gleichmut und

---

[9] Für die Studienstiftung gilt natürlich, dass eine Vorselektion bereits dadurch vorgenommen wird, dass man sich, wie gesagt, nicht selbst bewerben kann, sondern vorgeschlagen werden muss.

Beharrlichkeit: Eine Ablehnung muss nicht allein Qualitätsgründe haben, und vielleicht sieht es nächstes Jahr deutlich besser aus.

Auch im Hinblick auf ihre Höhe unterscheiden sich die Förderprogramme. In Brandenburg etwa liegt der Grundfördersatz bei 1100 Euro, so die 2011 geänderte Graduiertenförderungsverordnung. In anderen Ländern entscheiden die Hochschulen selbst über die Höhe der Stipendien. Und in Bayern liegt die Förderung für Graduierte (über das Elitenetzwerk Bayern) mit 1050 Euro auf dem Niveau der Förderung durch die zwölf großen Stiftungen, die die Bundesmittel vergeben. Ebenfalls je nach Land unterschiedlich ist die maximale Dauer der Promotionsförderung, die jedoch in der Regel spätestens nach drei Jahren endet.

Insgesamt gilt, dass die Graduiertenförderung in Zeiten knapper Kassen ein mögliches Kürzungsopfer bei Haushaltskonsolidierungen ist. Aus diesem Grund kappte das Land Nordrhein-Westfalen im Jahr 2002 etwa die Individualförderung und unterstützt seither ausschließlich strukturierte Promotionsstudiengänge (NRW Graduate Schools und NRW-Forschungsschulen) mit jährlich rund 36 Millionen Euro. Diese Beispiele aus unterschiedlichen Ländern verdeutlichen: Bei Interesse an einer Promotionsförderung durch ein Bundesland sollten Sie sich zunächst über den aktuellen Stand in dem Bundesland (und ggf. die konkrete Umsetzung an den Hochschulen) informieren, in dem Sie Ihr Promotionsstudium planen.

Die Finanzierung im Rahmen einer Graduiertenschule bzw. eines Graduiertenkollegs

In den vergangenen Jahren wurden im Rahmen der Reform des Promotionsstudiums in Deutschland viele strukturierte Promotionsmöglichkeiten geschaffen. Insbesondere die Graduiertenkollegs und Graduiertenschulen der DFG sind hier zu nennen. Zudem fördern auch die Bundesländer Graduiertenkollegs mit Mitteln aus den Landeshaushalten. Die Vorteile einer Promotion in einer Graduiertenschule liegen auf der Hand: Sie studieren im universitären Umfeld und genießen dennoch die Vorteile eines Stipendiums, da Sie sich auf Ihr persönliches Forschungsprojekt konzentrieren. Gleichzeitig ist die Promotion im Graduiertenkolleg nicht jedermanns Sache: Denn Ihre Freiheit bei der Wahl des Promotionsthemas ist in der Regel eingeschränkt, da Graduiertenschulen und -kollegs unter bestimmten Überschriften stehen.[10] Außerdem müssen Sie in einem strukturier-

---

[10] Es sei angemerkt, dass man diese thematische Clusterung auch aus forschungspolitischen und wissenschaftsphilosophischen Gründen kritisch beurteilen kann.

ten Studiengang mit zwei Bällen gleichzeitig jonglieren: Den curricularen Elementen und Ihrer Arbeit an der Dissertation.

In unserem Fachbereich, den Geistes- und Sozialwissenschaften, fördert die DFG insgesamt 59 Graduiertenkollegs an deutschen Universitäten. Thematisch reichen die Angebote von „Märkte und Sozialräume in Europa" (Universität Bamberg) über „Kulturkontakt und Wissenschaftsdiskurs" (Universität Rostock) bis zu „Sozialordnungen und Lebenschancen im internationalen Vergleich" (Universität Köln) (beachten Sie hierzu bitte auch die am Kapitelende folgenden Linktipps, vor allem aber Spalte 3 der Institutsmatrix in Anhang 2). Die Voraussetzungen für eine Bewerbung legt das jeweilige Graduiertenkolleg autonom fest. Die Stipendienhöhe wird ebenfalls von den jeweiligen Graduiertenkollegs bestimmt und beträgt mindestens 1.000 Euro und höchstens 1.356 Euro im Monat. Zusätzlich erhalten Doktoranden an DFG-Graduiertenkollegs einen monatlichen Sachkostenzuschuss von 103 Euro sowie Reise- und Forschungsmittel. Ebenfalls möglich ist eine Unterstützung, wenn Promovierende ins Ausland fahren, um an einer Konferenz teilzunehmen oder in Archiven zu recherchieren. Hier unterstützt die DFG die Mitglieder ihrer Kollegs mit Auslandszuschlägen.

Ähnlich verläuft die Förderung in den Graduiertenschulen der DFG, die sich dadurch von den Kollegs unterscheiden, dass sie durch Mittel der Exzellenzinitiative gefördert werden, in der Regel mehr Studierende aufnehmen und thematisch etwas breiter aufgestellt sind. Für Soziologen interessant sind insbesondere die Berlin Graduate School of Social Sciences, die Bremen International Graduate School of Social Sciences und die Graduiertenschule Empirical and Quantitative Methods in the Economic and Social Sciences an der Universität Mannheim. Die Finanzierung der Promotion in Graduiertenschulen variiert von Fall zu Fall. In Mannheim bekommt ein Promovend beispielsweise im ersten Jahr ein Stipendium in Höhe von 1.100 Euro, danach kann die Finanzierung auch über eine Stelle an der Uni laufen. In Bremen wiederum erhalten Mitglieder der Internationalen Graduiertenschule 1.250 Euro über 36 Monate.

Grundsätzlich lässt sich also sagen: Wenn Sie sich für eine strukturierte Promotion begeistern können, dann ist eine Bewerbung bei einer Graduiertenschule oder bei einem Promotionskolleg sicherlich eine überlegenswerte Option. Sie sollten dabei vor allem darauf achten, dass die thematischen Schwerpunkte Ihres Forschungsprojektes unter das Oberthema der jeweiligen Graduiertenschule passen.

Die Promotion – ein Hürdenlauf mit Aussicht auf Sieg
von Nicole Burzan

Auf dem Weg zu einer erfolgreichen Dissertation gibt es sicherlich vielfältige Hürden, die zu bewältigen oder zumindest geschickt zu umschiffen sind. Die erste besteht darin, überhaupt erst einmal von einem interessanten, nur grob eingegrenzten Thema zu einer tragfähigen Fragestellung zu gelangen, zu einem Konzept, an dem man sich – bei allen unterwegs vorgenommenen Änderungen – „entlanghangeln" kann. Dem kann vieles im Wege stehen, etwa die skeptische Frage „ist das wirklich neu?", die schwierige Eingrenzbarkeit eines weiten Feldes oder das vermeintlich kurzfristige Abwarten, ob man nicht in einem Projektzusammenhang (so es denn gefördert wird und man eine Projektstelle erhält) seine Fragestellung finden könnte. Der vorrangige Ratschlag lautet an dieser Stelle: Kläre erst, was Du überhaupt herausfinden möchtest, nicht nur das Thema (und alles Weitere wird sich schon finden...), sondern die Problemstellung, die nach einer Antwort verlangt.

Eine Möglichkeit, dieses Ziel zu erreichen, besteht darin, aktiv das Gespräch mit dem (potentiellen) Betreuer zu suchen – eine Strategie, die während der gesamten Promotionsphase wichtig ist. Der Betreuer schwankt zwischen Forderung/Förderung der Eigenständigkeit einerseits und der notwendigen Hilfestellung andererseits, der Promovend möchte ebenfalls diese Hilfe nachfragen, sich aber auch nicht ständig der Kritik aussetzen, immer noch nicht viel weiter gekommen bzw. auf gedankliche Abwege geraten zu sein. Hilfreich angesichts dieser prinzipiell instabilen Balance kann wiederum der Austausch mit anderen sein, die in einer ähnlichen Situation (gewesen) sind. Dieser ergibt sich nicht unbedingt naturwüchsig, schon gar nicht, wenn man selbst gerade keine institutionelle Anbindung an die Forschung hat oder ein „exotisches" Thema bearbeitet. Doch sollte dieser Austausch einige Mühe wert sein, auch über räumliche und spezial-fachliche Grenzen hinweg (z.B. mit ehemaligen Kommilitonen oder Tagungsbekanntschaften), da er im besten Fall mehrere Funktionen erfüllen kann: Nicht nur kann man sich gegenseitig motivieren und bei organisatorischen Problemen zur Seite stehen, man wird auch angeregt, gelegentlich seine Ideen auf den Punkt gebracht anderen vorzutragen und konstruktive Kritik zu hören, die nicht immer gleich von dem Betreuer stammt. Schließlich ist die Bildung von Netzwerken auch über die Promotion hinaus zentral. Der exzellente, aber isoliert arbeitende erfolgreiche Doktor wird es zumindest in der Wissenschaft auf dem weiteren Berufsweg vergleichsweise schwer haben.

Dieser Punkt führt zu einer weiteren Schwierigkeit der Promotionsphase: Sie besteht in der Alternative zwischen „Augen zu und (möglichst schnell) durch" und darin, vielfältige Aufgabenbereiche auf dem Weg mitzunehmen. In beiden Alternativen stecken Risiken, zum einen das der irgendwie doch recht schmalen Qualifikation mitsamt dem Image schlechter Sozialverträglichkeit, zum anderen das der Verzettelung und somit einer überlangen Promotionsphase. Was hilft? Etwas pauschal, aber dennoch nicht trivial, lautet meine Antwort: Freude an der Sache behalten! Mir geht es nach wie vor so, dass ich mitten im Alltagsgeschäft von Lehre, Gremien, Antragsdetails etc. plötzlich von dem Gedanken „überrascht" werde, dass die Soziologie das ist, womit ich mich schon lange und immer noch gern auseinandersetze, was die konkrete Prioritätensetzung wiederum unterstützen kann.

Zuletzt noch ein Anliegen: Ich kenne keine perfekte, zugleich die Wissenschaft revolutionierende Dissertation. Offensichtlich ist es also legitim, eine Arbeit auch ohne diesen Anspruch zu einem guten Abschluss zu bringen. Und das sollte man irgendwann auch guten Gewissens tun.

Dr. Nicole Burzan hat eine Professur für Soziologie an der Technischen Universität Dortmund inne; sie hat 2002 an der FernUniversität in Hagen mit der Arbeit „Zeitgestaltung im Alltag älterer Menschen. Eine Untersuchung im Zusammenhang mit Biographie und sozialer Ungleichheit" promoviert. Die Arbeit erschien ebenfalls 2002 bei Leske+Budrich.

Nebenberufliche Promotion

Besonders schwierig sind Promotionen häufig dann, wenn sie nebenberuflich verfolgt werden. Dies zeigen sowohl die Statistiken zur Dauer von Promotionen als auch zu Abbruchquoten. Oft reicht die Motivation oder die Kraft nicht aus, um sich nach einem langen außerakademischen Arbeitstag abends noch an den Schreibtisch zu setzen oder das freie Wochenende für die Forschung am Promotionsthema einzuplanen. Um die Promotion nebenberuflich zu schultern, sind deshalb ganz andere Strategien anzuraten – dann kann auch dieser besonders herausfordernde Spagat gelingen (siehe den Gastbeitrag von Masha Gerding). Die Finanzierung über die Stelle als Unternehmensberater funktioniert jedoch nur dann, wenn man die Promotion als zwar nicht ganz gleichberechtigte, aber doch ernsthafte Nebenbeschäftigung begreift (siehe auch Kapitel 7). Dies heißt im Umkehrschluss: Denken Sie darüber nach, zumindest für eine bestimmte Zeit Ihren Arbeitgeber um eine Arbeitszeitreduzierung zu bitten, damit Sie zumindest einen oder zwei Tage in der Woche konzentriert an Ihrem Promotionsprojekt arbeiten können. Wenn Ihrem Arbeitgeber daran gelegen ist, dass Sie bald den Doktortitel vor dem Namen führen, wird er solchen Plänen grundsätzlich aufgeschlossen gegenüberstehen. Eine andere Lösung besteht darin, sich für einen bestimmten Zeitraum ganz freistellen zu lassen. Fragen Sie Ihren Chef, ob ein Promotions-Sabbatical möglich ist. Dies bietet sich besonders dann an, wenn Sie bereits einen klaren Plan von Ihrem Forschungsprojekt haben und beispielsweise in einem festen Zeitraum eine Auswertung durchziehen können, die dann der Hauptteil Ihrer Dissertation wird.

Ausgewählte wählen nicht aus

Dieses Kapitel hat Ihnen die ganze Vielfalt an Möglichkeiten dargelegt, mit denen Sie Ihr Promotionsvorhaben finanzieren können. Das Angebot ist dabei durchaus größer als die hier erwähnten zentralen Förderwege – es gibt auch spezifische Programme einzelner Städte oder Universitäten, ein Promotionsprogramm der Frankfurter Allgemeinen Zeitung und spezielle Förderprogramme für Frauen in der Wissenschaft. Dieser nahezu unüberschaubaren Vielfalt steht die Realität gegenüber, die häufig ganz anders aussieht: Der angehende Nachwuchswissenschaftler kommt gar nicht in die Verlegenheit, auszuwählen, sondern er wird ausgewählt. In der Regel fühlt man sich geehrt, wenn der Betreuer der Abschlussarbeit beim abschließenden Gespräch andeutet, dass er sich eine Fortsetzung des Betreuungsverhältnisses in der Form einer Promotion vorstellen könnte und dafür auch ein Platz am Lehrstuhl zur Verfügung stünde. Auf solche Vorschläge reagieren die wenigsten ablehnend, und so kommen viele ganz ohne eigene Initiative zur Finanzierung ihrer Promotionsprojekte.

Sich zu den Ausgewählten zählen zu können, hat einerseits sicherlich viele Vorteile und wir möchten niemandem davon abraten, das Angebot des Professors dankend anzunehmen und auf einer Stelle als wissenschaftlicher Mitarbeiter oder in einem Drittmittelprojekt zu promovieren. Andererseits sei hier aber auch angemerkt: Wenn Sie merken, dass diese Lösung nicht Ihrem Lebensplan entspricht, dann seien Sie so ehrlich zu sich selbst und zu Ihrem Professor und antworten Sie auf dieses Angebot mit einem höflichen, aber bestimmten: „Ich fühle mich geehrt, aber ich habe eigentlich einen ganz anderen Berufsweg vor Augen" (oder eine andere Finanzierung meiner Promotion bzw. einen anderen Promotionsort geplant). Nehmen Sie sich die Freiheit, auszuwählen und den Weg einzuschlagen, der für Sie persönlich am besten geeignet ist. Niemand zwingt Sie, in einem Forschungsprojekt mitzuarbeiten, das überhaupt nicht zu Ihrem Interessensschwerpunkt passt. Und auch eine Stelle als wissenschaftlicher Mitarbeiter müssen Sie nicht annehmen. Ihr Betreuer wird sich bei einer Absage sicher zunächst wundern – erklären Sie ihm Ihre Beweggründe. Wenn Sie jedoch immer auf eine solche Chance gewartet haben, wenn eine Stelle als wissenschaftlicher Mitarbeiter Ihr Traumjob ist oder das Thema des Forschungsprojekts genau zu Ihrem Dissertationsvorhaben passt, bleibt uns nur zu sagen: Herzlichen Glückwunsch – Sie haben die Finanzierung Ihrer Promotion gefunden!

Zum Weitersurfen

Überblick über verschiedene Förderwerke:
  http://www.stipendiumplus.de/index.php
  http://www.gew.de/Foerderwerke_und_Stipendien_2.html
  http://www.stipendiumplus.de/_media/flyer_begabtenfoerderung_hochschulbereich
  0409.pdf
  http://www.stipendiumplus.de/_media/BMBF_Begabten_Broschuere0409.pdf
Informationen zur Promotionsförderung im Bundesbericht zur Förderung des Wissenschaftlichen Nachwuchses (BuWiN):
  http://www.buwin.de/index.php?id=51
Auslandsförderung durch den DAAD:
  http://www.daad.de/ausland/foerderungsmoeglichkeiten/stipendiendatenbank/006
  58.de.html
Graduiertenkollegs und Graduiertenschulen der DFG:
  http://www.dfg.de/foerderung/programme/listen/index.jsp?id=GRK
  http://www.dfg.de/foerderung/programme/koordinierte_programme/graduiertenkol-
  legs/index.html

Zum Weiterlesen

Berning, Ewald/Falk, Susanne (2006): Promovieren an den Universitäten in Bayern. Mün-
  chen: Bayerisches Staatsinstitut für Hochschulforschung und Hochschulplanung.
BMBF (2009): Mehr als Stipendium. Staatliche Begabtenförderung im Hochschulbereich.
  Internetquelle(01.07.2011): http://www.stipendiumplus.de/_media/BMBF_Begabten_
  Broschuere0409.pdf.
BMBF (2011): Zusätzliche Nebenbestimmungen zur Förderung begabter Studierender sowie
  begabter Nachwuchswissenschaftlerinnen und -wissenschaftler. Internetquelle
  (01.07.2011): http://www.bmbf.de/pubRD/richtlinie_begabtenfoerderung.pdf.
Bornmann, Lutz/Enders, Jürgen (2002): „Was lange währt wird endlich gut: Promotions-
  dauer an bundesdeutschen Universitäten", in: Beiträge zur Hochschulforschung 24:1,
  52-72.
Briede, Ulrike/Gerhardt, Anke/Mues, Christopher (2004): „Die Situation der Doktoranden in
  Deutschland. Ergebnisse der Befragung", in: duz (Deutsche Universitätszeitung) special, Beilage zur duz – das unabhängige Hoschulmagazin 2004:12, 13-22.
Gerhardt, Anke/Briede, Ulrike/Mues, Christopher (2005): „Zur Situation der Doktoranden
  in Deutschland – Ergebnisse einer bundesweiten Doktorandenbefragung", in: Bayerisches Staatsinstitut für Hochschulforschung und Hochschulplanung (Hrsg.): Beiträge
  zur Hochschulforschung 27. München: Bayerisches Staatsinstitut für Hochschulforschung und Hochschulplanung, 74-95.

Herrmann, Dieter/Spath, Christian (2008[11]): Forschungshandbuch 2008/2009. Förderprogramme und Förderinstitutionen für Wissenschaft und Forschung. Lampertheim: Alpha Informationsgesellschaft.

Herrmann, Dieter/Verse-Herrmann, Angela (2006): Geld fürs Studium und die Doktorarbeit. Wer fördert was? Frankfurt a.M.: Eichborn.

Herrmann, Dieter (Hrsg.) (2006[4]): Handbuch der Wissenschaftspreise und Forschungsstipendien. Einschließlich Innovations- und Erfinderpreise. Lampertheim: Alpha Informationsgesellschaft.

Klecha, Stephan/Krumbein, Wolfgang (Hrsg.) (2008): Die Beschäftigungssituation von wissenschaftlichem Nachwuchs. Wiesbaden: VS Verlag für Sozialwissenschaften.

Röbbecke, Martina/Simon, Dagmar (2001): Promovieren mit Stipendium. Zweite Evaluation der Förderung des wissenschaftlichen Nachwuchses nach dem Nachwuchsförderungsgesetz (NaFöG). Berlin: Wissenschaftszentrum für Sozialforschung.

6 Die Doktorarbeit konzipieren, oder: die Erstellung eines Exposés

Dem früheren Fünfsternegeneral und US-Präsidenten Dwight Eisenhower wird in diversen Variationen ein Zitat zugeschrieben, wonach Pläne für die Vorbereitung einer Schlacht weitestgehend nutzlos sind, der Prozess des Planens dagegen unverzichtbar. Mancher Ratgeber münzt diese Erfahrung direkt auf die Konzeption einer Doktorarbeit um. Während wir zustimmen, dass auch in unserem Kontext der Planungsprozess bedeutsamer ist als jeder (in der Regel ja immer nur zwischenzeitlich gültige) Plan, schreiben wir Letzterem doch einen größeren Nutzen zu – schon allein, weil auf dem Felde der Soziologie zwar ebenfalls mancherlei Unwägbarkeiten lauern, aber gewiss doch keine auf Ihre Vernichtung ausgerichteten Feinde. Sie werden Ihr ursprüngliches Konzept kaum eins zu eins in die Tat umsetzen, denn dann würden Sie als Wissenschaftler während der Promotionsphase ja keinerlei Lernprozess durchlaufen, aber ein relativ hoher Anteil der Bestandteile eines wohldurchdachten Plans sollte dann doch realisiert werden.

Der Planungsprozess beginnt in der Regel mit einem Exposé. Dieses Dokument ist gewissermaßen gleichzeitig die Visitenkarte Ihres Vorhabens und die Landkarte für das eigene Vorgehen. Als Visitenkarte benötigen Sie es für diverse Zwecke der Außendarstellung, die von der Gewinnung eines Betreuers über die Einwerbung finanzieller Unterstützung bis zur Selbstdarstellung in der wissenschaftlichen Community reichen können; als Landkarte hilft es bei der Strukturierung des alltäglichen Arbeitsprozesses. Wir stellen im Folgenden deshalb die Konzeption einer Dissertation entlang der Bestandteile eines Exposés vor. Auf mögliche Abweichungen zwischen der Außendarstellung und der Binnenwirklichkeit gehen wir im Anschluss daran ein. Eingestreut in unsere Ausführungen in diesem Kapitel finden Sie Auszüge aus den Exposés vierer Kollegen (Sina Farzin, Jan Mewes, Herwig Reiter und Pamela Wehling), die uns diese freundlicherweise zur Verfügung gestellt haben.[1] (Bitten Sie möglichst auch Ihnen vor-

---

[1] Alle vier haben in den vergangenen Jahren eine soziologische Dissertation geschrieben und zu diesem Zweck – im Vorfeld – Exposés verfasst. Wir baten sie, die hier vorgestellten Auszüge ihrer Exposés retrospektiv zu kommentieren: ob sich das vor Jahren skizzierte Vorhaben in der Disser-

ausgegangene und vorausgehende Doktoranden am selben Lehrstuhl um Einblick in deren Exposés, nicht etwa um diese zu imitieren, sondern um sich zu orientieren.)

Das Abstract / die Kurzbeschreibung

Sie müssen jetzt ganz tapfer sein, denn wir haben eine traurige Wahrheit zu verkünden. Es gibt Menschen, und zwar nicht irgendwelche, sondern für Sie möglicherweise entscheidende Menschen, die weit weniger Zeit und Enthusiasmus für Ihr Vorhaben hegen als Sie selbst. Diesen sollten Sie entgegenkommen, indem Sie ihnen die Möglichkeit geben, innerhalb von 30 Sekunden das Wichtigste über Ihr Forschungsprojekt lesen zu können. Ein solches Abstract (eigentlich unnötiges, aber leider ubiquitäres Neudeutsch für Kurzbeschreibung oder -zusammenfassung) im Umfang von maximal ca. 1.500 Zeichen[2] sollte so präzise wie möglich über Ihre Fragestellung und die Ziele Ihres Vorhabens sowie Ihr Vorgehen (d.h. die theoretische Orientierung und den methodischen Zugriff, eventuell auch Untersuchungsfälle und -zeitraum) informieren und das Ganze idealerweise auch noch in Bezug zum bisherigen Forschungsstand setzen.

Schreiben sollten Sie die Kurzbeschreibung, obwohl sie ganz am Anfang Ihres Exposés steht, erst ganz zuletzt – oder gleichen Sie zumindest Ihren ursprünglichen Entwurf genau mit dem eventuell später Geschriebenen ab.

Beispiel für ein Abstract (aus dem Exposé zum 2010 abgeschlossenen Promotionsprojekt von Sina Farzin mit dem Titel „Die Rhetorik der Exklusion – Zum Zusammenhang von Exklusionsthematik und Sozialtheorie"):

Illegale Flüchtlinge in überfüllten Booten, ausgehungerte Lagerinsassen oder verwahrloste Slum- und Ghettobewohner am Rande moderner Großstädte – wort- und bildgewaltig betreten in der jüngeren sozialtheoretischen Literatur Figuren die Szene, die scheinbar jenseits jeder gesellschaftlichen Ordnung stehen. Im Kontext einer weitreichenden Debatte um Formen und Folgen extremer Un-

---

tation realisieren ließ, und falls nicht, aus welchen Gründen eine Modifikation sinnvoll oder gar erforderlich war.

[2] Die formalen Anforderungen der Stellen, an die Sie sich mit Ihrem Exposé typischerweise wenden, variieren innerhalb einer gewissen Bandbreite. Selbstverständlich gelten unsere Angaben lediglich als Daumenregeln zur allgemeinen Orientierung und sollten im jeweiligen Fall zugunsten der spezifischen Regularien missachtet werden.

gleichheit und Ausgrenzung unter modernen Bedingungen ist es besonders die Kategorie der sozialen Exklusion, unter der diese und ähnliche Phänomene subsumiert werden.

Dabei ist die zu beobachtende Übertragung des Exklusionskonzepts aus der Ungleichheitsforschung in die Gesellschaftstheorie kritisch zu sehen. Suggeriert wird ein sozialer Bereich außerhalb von Gesellschaft. Damit läuft eine Theorie sozialer Exklusion Gefahr, hinter den Stand avancierter Modernetheorien zurückzufallen, die Gesellschaft gerade nicht als abgrenzbare Einheit konzeptualisieren. Ausgangspunkt der folgenden Argumentation ist die Annahme, dass der gegenwärtige Stand der sozialen Differenzierung keine einheitlichen, geschlossenen Gesellschaftsbegriffe mehr zulässt. Ausgrenzung vollzieht sich demnach nicht aus der Gesellschaft heraus, sondern innerhalb der Gesellschaft und durch sie hervorgebracht. Damit wird jede Ausgrenzung zu einem Akt, der zugleich in die soziale Ordnung einbezieht und diese hervorbringt.

Die Ausgangsfrage des Promotionsprojekts ist daher jene nach dem wechselseitigen Bedingungsverhältnis von Exklusions- und Gesellschaftsbegriff in verschiedenen Theorien der Moderne. In einer vergleichenden Analyse soll aufgezeigt werden, wie sich unterschiedliche Konzepte der Herausforderung stellen, soziale Exklusion in eine Theorie der Gesellschaft zu integrieren. Da die beschriebenen Grenzsituationen des Sozialen zugleich die Grenzen der Theoretisierbarkeit markieren, soll dabei besonders die Analyse der rhetorischen Strategien fokussiert werden, die innerhalb der Theorien bei der Konzeptualisierung sozialer Exklusion angewendet werden.

Kommentar der Verfasserin:
Rückblickend erscheint mir die Kernfrage meiner Doktorarbeit in diesem Exposé bereits sehr deutlich formuliert. Sowohl das theoretische Ausgangsproblem als auch das methodische Vorgehen werden benannt. Zudem habe ich versucht, einen spannenden Einstieg zu erzeugen und nicht direkt in die forschungsspezifischen Details einzutauchen. Im Verlauf der Arbeit blieb die Kernfrage bestehen, jedoch musste ich einsehen, dass die zentrale Stellung des Gesellschaftsbegriffs sich nicht durchhalten ließ. Daher fokussiert die Arbeit dann auch den weiteren Begriff des Sozialen und verweist immer wieder auf dessen Bedeutung für die Bestimmung von Gesellschaft. Ändern würde ich aus heutiger Sicht die Tatsache, dass ich im Abstract noch nicht angebe, mit welchen Theorien ich mich auseinandersetze (obwohl ich das zu diesem Zeitpunkt bereits wusste und im Exposé auch an späterer Stelle erläutere).

Dr. Sina Farzin hat von Herbst 2005 bis Herbst 2009 an der *Bremen International Graduate School of Social Sciences* (BIGSSS) promoviert. Ihre im Mai 2010 verteidigte Dissertation trägt den Titel „Die Rhetorik der Exklusion – Zum Zusammenhang von Exklusionsthematik und Sozialtheorie" und ist 2011 unter diesem Titel im Velbrück Verlag erschienen. Sie ist wissenschaftliche Mitarbeiterin am Institut für Soziologie der Universität Bremen.

Weniger ist mehr! Zwei kritische Entscheidungen
von Uwe Schimank

Man kann das Schreiben einer Dissertation auch als einen langen Entscheidungsprozess auffassen, in dem sich viele Entscheidungen aneinander reihen. In der Regel beginnt es mit der Entscheidung, promovieren zu wollen, und endet – sofern es, hoffentlich, soweit kommt – mit der Entscheidung, dass die Arbeit fertig ist und eingereicht werden kann.

Zwei dieser Entscheidungen möchte ich hier herausgreifen und etwas näher betrachten. Denn es sind nach meiner langjährigen Erfahrung als Betreuer besonders neuralgische Punkte des Prozesses der Anfertigung einer Dissertation:

- die endgültige genaue Themeneingrenzung
- und das endgültige sparsame Erklärungsmodell.

Es ist natürlich die sich selbst zugemutete Selbstbindung, die beide Entscheidungen so schwer macht. Man soll, hat man sie erst einmal getroffen, nicht mehr an ihnen rütteln, um weiter voranzukommen: „Don't look back!" Denn gerade wenn man – was beim Schreiben solch einer Arbeit nahezu tagtäglich passiert – immer wieder meint, man hätte diese Entscheidungen doch noch etwas anders und besser treffen können, soll man der Versuchung widerstehen, alles wieder von Neuem aufzurollen. Eine Dissertation darf nicht in eine sich selbst auferlegte Sisyphusarbeit abgleiten.

Die besondere Schwierigkeit beider Entscheidungen ergibt sich bei genauerem Hinsehen daraus, dass man, um sie möglichst gut treffen zu können, vorher sehr offene Sondierungen nach allen Seiten betreiben muss. Man muss also zunächst das genaue Gegenteil dessen getan haben, was dann ansteht: Man muss sich aus einer erst einmal gesuchten Offenheit heraus im zweiten Schritt extrem einschränken. Um es an der ersten der beiden Entscheidungen zu verdeutlichen: Eine gut begründete, passgenau in den Forschungsstand eingefügte Themeneingrenzung setzt voraus, dass man sich diesen Stand sowohl in der Breite als auch in der Tiefe gründlich vor Augen geführt hat. Das geht nur darüber, dass man eine ganze Weile viel kreuz und quer liest. Man sollte sich aber von vornherein darüber im Klaren sein, dass man 80% dessen, was man da verarbeitet, für die schließlich zu schreibende Arbeit nicht wird gebrauchen können. Man wird zahlreiche äußerst spannende Aspekte finden, zu denen man mühsam vorgedrungen ist, die sich aber dann mit dem, was man als Thema eingrenzt, nicht sinnvoll verbinden lassen. Insgesamt wird man dazu neigen, all das, was man sich im Themenfindungsprozess an Wissen angeeignet hat, im gefundenen Thema unterbringen zu wollen. Solange man sich jedoch von dieser Vorstellung nicht trennt, wird man kein bearbeitbares Thema finden, sondern sich im Kreis drehen.

Genau das Gleiche wiederholt sich bei der zweiten Entscheidung, die eine nochmalige Engführung der Dissertation bedeutet. Man hat zu seiner Fragestellung z.B. viele empirische Daten angehäuft und ausgewertet, zahlreiche theoretische Erklärungsfaktoren identifiziert – aber die Gesamtheit der Daten lässt sich nicht theoretisch einfangen, oder die herangezogenen theoretischen Variablen bilden kein miteinander verwobenes Ganzes, sondern eine bloß additive Ansammlung. Auch hier gilt wieder ganz entschieden: Weniger ist mehr! Aber auch hier sträubt sich alles dagegen: Was hat man an Arbeit in die Datenerhebung und -auswertung gelegt, wie viel Zeit und Mühe hat die Aufarbeitung der theoretischen Diskussionen gekostet – und so viel davon soll umsonst gewesen sein? Die lapidare Antwort darauf lautet: Ja! Man führe sich ganz einfach einen Leser vor Augen: Was will der lesen? Einen Text, der kein prägnantes Argument enthält, sondern ziellos ausschweift, oder in dem vorhandene Argumente im Wust weiterer Informationen untergehen, bloß um nichts, was Arbeit gemacht hat, zu vergessen? Oder doch lieber einen Text, in dem, mit Friedrich Schiller formuliert, ein knallharter „Formtrieb" den „Stofftrieb" regiert, was darauf hinausläuft, dass vieles, ohne darüber ein Wort zu verlieren, mitleidlos weggelassen wird. Der Promovend sollte sich als Bildhauer verstehen: Um aus einem ungefügen Steinblock eine prägnant konturierte Gestalt zu formen, muss drumherum viel – nicht selten: das Meiste – abgeschlagen werden und landet im Schutt.

Um es mit den Begriffen von Orrin Klapp, der sich soziologisch mit menschlicher Informationsverarbeitung beschäftigt hat, zu sagen: Promovierende müssen bei beiden Entscheidungen ein „good closing" – umgangssprachlich: eine „runde Sache" – schaffen; doch dafür müssen sie zuvor ein „good opening", also eine möglichst umfassende Sondierung des Terrains vornehmen. Und da beide Operationen Gegensätzliches fordern, ist es kein Wunder, dass es so schwer ist, vom „good opening" ins „good closing" umzuschalten, anstatt im „bad opening" einer Karussell fahrenden Selbstverwirrung zu landen.

Dr. Uwe Schimank hat eine Professur für Soziologische Theorie an der Universität Bremen inne und wurde 1981 an der Universität Bielefeld mit der Arbeit „Neoromantischer Protest im Spätkapitalismus – Der Widerstand gegen die Stadt- und Landschaftsverödung" promoviert. Diese Arbeit erschien 1983 unter gleichem Titel im AJZ Verlag Bielefeld.

106

Sobald Sie ein Thema für Ihre Promotion gefunden haben (siehe dazu Kapitel 3), gilt es, dafür einen (Arbeits-)Titel zu finden und eine Fragestellung zu formulieren. Der Titel sollte zugleich inhaltlich treffend und zumindest für das weitere Fachpublikum ansprechend sein – Finger weg also von allzu kryptischen Metaphern („Der Büchsenöffner der Pandora") ebenso wie von ausufernden Genitivketten („Eine Analyse der Determinanten der schulischen Leistungen armutsgefährdeter Kinder der nördlichen Bundesländer der Bundesrepublik Deutschland"). Leichter fällt dies zumeist im komplementären Zusammenspiel von Titel und Untertitel.

Aber wichtiger noch: Ein vielversprechendes Thema (und auch ein noch so anregender Titel) ist noch lange keine Fragestellung. Eine Fragestellung sollte diejenigen Aspekte des Themas hervorheben, die Sie besonders interessieren, und ihre Perspektive darauf verdeutlichen, den Blickwinkel aus dem Sie es angehen. Außerdem sollte die Formulierung der Fragestellung zumindest andeuten, welche Art von Ursache-Wirkungs-Beziehungen (bei einer auch empirischen Arbeit) bzw. welche Art von theoretischen Beziehungen (bei einer rein theorieorientierten Arbeit) Sie zu untersuchen gedenken. Möglicherweise hilft es Ihnen auch, zwischen einer Leitfrage und mehreren, eventuell hierarchisch gestuften Unterfragen zu differenzieren.

Beispiel für eine Fragestellung (aus dem Exposé zum 2008 abgeschlossenen Promotionsprojekt von Herwig Reiter mit dem Titel „Dangerous transitions in the ‚New West' – youth, work, and unemployment in post-Soviet Lithuania."):

Based on narrative life-history interviews with young people unemployed after compulsory education, the comparative study will search for answers to the following main questions:
–   What are their life stories behind the unemployment experience and what are the main routes to such situations of disadvantage?
–   What are the models of 'normality' and the life course in the two countries and what expectations arise from that for young people?
–   How do young people in situations of relative predictability respectively relative uncertainty establish a set of expectations towards life?
–   To what extent are 'Western models' valid in an accession country with its particular history (of society and of youth)?

- What are the implications of the findings for recent discussions about social integration in societies (especially under the terms of social citizenship and social inclusion/exclusion)?
- What is the meaning of employment and work for the young people in the two countries?

Besides, the population of the unemployed young people will be described on the basis of secondary data analysis.

Kommentar des Verfassers:

Im Laufe des ersten Jahres des Promotionsstudiums, das der Überarbeitung und Präzisierung des Exposés diente, kam es zu teilweise erheblichen Veränderungen in der Schwerpunktsetzung und der methodischen Umsetzung.

Zunächst wurde der ursprünglich intendierte Vergleich von litauischen und österreichischen Jugendlichen aufgegeben, weil die beiden Kontexte in Bezug auf das Forschungsinteresse hinsichtlich der Lebensbedingungen, der institutionellen Rahmenbedingungen und des historischen Hintergrunds eigentlich kaum vergleichbar sind. Selbst wenn es gelingen würde, die qualitative Stichprobe für beide Länder sehr eng zu definieren – etwa männliche Jugendliche vom Land im Alter von 18 bis 21 Jahren –, wäre die Vergleichbarkeit aufgrund der völlig unterschiedlichen Rahmenbedingungen kaum gegeben und der Erkenntnisgewinn durch die ländervergleichende Perspektive somit minimal. Die Studie beschränkte sich also auf litauische Jugendliche.

Um jedoch einen vergleichenden Aspekt zu erhalten, wurden neben arbeitslosen Jugendlichen in nicht-linearen Übergängen in einer zweiten Erhebungsrunde auch solche in linearen Übergängen (d.h. SchülerInnen und StudentInnen) befragt. Diese Art von Vergleich erwies sich als äußerst fruchtbar.

Inhaltlich wurde die Ausrichtung der Studie auf zwei Aspekte der Forschungsfragen fokussiert (die anderen blieben allerdings für die allgemeine Rahmung relevant): Die Studie untersuchte einerseits die normative Bedeutung von Arbeitslosigkeit aus der Sicht der Jugendlichen und andererseits den im postkommunistischen Kontext neuen Aspekt der Unsicherheit möglicher Arbeitslosigkeit im Übergang ins Erwerbsleben. Diese zwei Dimensionen waren im konzeptuellen Rahmen über die beiden „sensitzing concepts" (Blumer 1954) der Anerkennung (Honneth 1992) und der biographischen Unsicherheit (Wohlrab-Sahr 1992) repräsentiert. Zusätzlich wurde der dritte Aspekt der spezifisch weiblichen Perspektive auf die Lebensplanung unter Bedingungen von Erwerbsunsicherheit untersucht. Diese drei Themen wurden in separaten, empirischen Kapiteln bearbeitet; ein viertes diskutierte einführend ausgesuchte Fragen anhand einer Einzelfallrekonstruktion.

Sekundäranalysen vorhandener Umfragedaten wurden zwar durchgeführt, letztlich aber nicht in die Studie aufgenommen, weil ihr Erkenntnisbeitrag im Vergleich zu ihrem Umfang sich als gering erwiesen hat.

Das oben auszugsweise vorgestellte Exposé wurde im Rahmen der Stipendienbewerbung vorbereitet, entstand folglich im Vorfeld der Promotion.

Dr. Herwig Reiter hat von 2002 bis 2008 am *European University Institute* (EUI) in Florenz promoviert.[3] Er war bis Juni 2011 wissenschaftlicher Mitarbeiter im Lehrbereich für „Politische Soziologie und vergleichende Analyse von Gegenwartsgesellschaften" an der Universität Bremen und Faculty member der *Bremen International Graduate School of Social Sciences* (BIGSSS). Seit Juli 2011 ist er wissenschaftlicher Referent für qualitative Methoden am Deutschen Jugendinstitut (DJI) in München.

Herwig Reiters Darstellung zeigt exemplarisch, dass einerseits die Weiterentwicklung von Fragestellungen während des Promotionsprozesses völlig normal und vielleicht sogar als Teil des Erkenntnisprozesses zwingend notwendig ist. Andererseits wird deutlich, dass die grundsätzliche Stoßrichtung der Forschungsfrage natürlich nicht (oder nur in Ausnahmefällen) ganz und gar verändert werden sollte.

---

[3] Er berichtet: Das erste Jahr des Studiums (2002/2003) diente der allgemeinen wissenschaftlichen Vorbildung und der Überarbeitung des Forschungsvorhabens; es wurde mit einem Master of Research (MRes) abgeschlossen. Da das EHI nur Postgraduierte ausbildet, ist das Betreuungsverhältnis im Idealfall tatsächlich außergewöhnlich intensiv (Stichwort: *close supervision*). Im Rahmen der strukturierten PhD-Ausbildung treffen Studierende ihre Betreuer üblicherweise zumindest einmal im Monat. Durch die Besonderheit der Einrichtung ergeben sich sehr häufig zusätzliche informelle Gesprächsmöglichkeiten bei gemeinsamen Mittagessen, Sprachkursen und anderen Aktivitäten. Das Besondere an einer Promotion am EHI – im Unterschied zu „klassischen" Promotionen in Deutschland – ist, dass die Vergabe des Titels nicht an die Veröffentlichung des Manuskripts gebunden ist. Daher ist die Dissertation (noch) nicht als Buch erschienen. Zusätzlich zur eingereichten Arbeit wurden bislang zehn Einzelpublikationen veröffentlicht; einige davon wurden im Rahmen der Bearbeitung der Einzelkapitel der Dissertation verfasst und schon vor Abschluss der Promotion veröffentlicht (stellvertretend für die bereits veröffentlichten Artikel zwei, die genau die beiden oben angesprochenen Untersuchungsebenen ansprechen: Reiter 2009 und 2010).

Dieser harmlos erscheinende Gliederungspunkt Ihres Exposés könnte sich bei intensiverer Befassung etwas herausfordernder darstellen, als zunächst gedacht. Wie im Kapitel „Ein Thema finden" ausgeführt, sollte Ihre Arbeit an irgendeiner Stelle Neuland betreten oder eine Innovation darstellen. Dies impliziert dann ja eigentlich, dass es zu Ihrem Thema im engeren Sinne (vulgo zu Ihrer Fragestellung) noch gar keinen Forschungsstand gibt. Erweitern Sie andererseits den Fokus, dann dürfte sich sehr schnell das Problem stellen, dass weit mehr Material vorliegt, als Sie in der Konzeptionsphase durcharbeiten, geschweige denn auf wenigen Seiten Ihres Exposés zusammenfassen können. Der Trick liegt nun darin, den Adressaten des Exposés (nicht zuletzt also auch sich selbst) deutlich zu machen, in welchem Umfeld Sie sich bewegen und auf wessen Schultern Sie stehen. Dass Sie sich in der Gegend auskennen, ist zwingend erforderlich, aber zum jetzigen Zeitpunkt müssen Sie noch nicht jeden Stein umgedreht haben. Stellen Sie also knapp dar, welche bahnbrechenden Werke das jeweilige Forschungsgebiet in den letzten Jahren voran gebracht haben, und an welchen Stellen Sie Anlass und Möglichkeit sehen, darüber hinaus zu gehen. Hier dürfte es auch nicht schaden, offen darauf zu verweisen, welche weiteren, etwas abseitigeren Teilstränge oder mittelwichtigen Werke der Literatur Sie noch nicht zur Gänze rezipieren konnten und wann und wie Sie dies nachholen möchten (siehe auch die etwas weiter unten folgenden Ausführungen zum Arbeitsplan). Woher aber weiß man, dass man die wichtigsten Titel gefunden und aufgeführt hat? Absolute Sicherheit kann es hierbei nicht geben, zumal die Einschätzung darüber, welche Publikationen dies seien, zwischen den verschiedenen möglichen Adressaten Ihres Exposés vermutlich divergieren. Unerlässlich ist es aber zum einen, die gängigen Handwerkszeuge der Literaturrecherche – wie etwa die International Bibliography of the Social Sciences (IBSS), die Datenbank Sociological Abstracts und auch, ganz altmodisch, Lexika und Handwörterbücher der Soziologie – erschöpfend zur Anwendung gebracht zu haben. (Bedenken Sie an dieser Stelle auch, dass der überwiegende Teil der wichtigen, international diskutierten soziologischen Literatur in englischer Sprache erscheint. Nicht jedes Thema ist in der englischsprachigen Literatur gleichermaßen vertreten, aber geschaut haben sollten Sie dort auf jeden Fall.) Ergänzend sei hier auch auf Zitationsindices wie den Social Science Citation Index (SSCI) verwiesen. Deren Sinn und Unsinn als wissenschaftlichen Leistungsindikator zu diskutieren, würde ein weiteres Buch füllen, aber zumindest können Sie Ihnen wertvolle Hinweise darauf geben, wie extensiv bestimmte Publikationen in der Literatur aufgegriffen worden sind.

Zum anderen ist hier das Einholen von Ratschlägen bei auf dem jeweiligen Feld etwas erfahreneren Forschern unerlässlich. Scheuen Sie sich nicht, mit besagtem Anliegen auch dem einen oder anderen Ihnen bislang nicht persönlich bekannten Granden des Fachs eine E-Mail zu schreiben – überraschend viele antworten Ihnen bestimmt schnell und freundlich, und im angelsächsischen Raum wird der Ton vermutlich noch kameradschaftlicher und die Hilfsbereitschaft noch größer sein als hierzulande.

Beispiel für die (hier auszugsweise) Darstellung des Forschungsstandes (aus dem Exposé zum 2010 abgeschlossenen Promotionsprojekt von Sina Farzin mit dem Titel „Die Rhetorik der Exklusion – Zum Zusammenhang von Exklusionsthematik und Sozialtheorie"):

I   Stand der Forschung
1   Soziale Exklusion

Das Schlagwort der sozialen Exklusion gehört seit ungefähr 15 Jahren zu den zentralen Begriffen einer soziologischen Debatte um Fragen sozialer Ungleichheit oder Ausgrenzung in der modernen Gesellschaft. Anders als im Fall des Gegenbegriffs der Inklusion[4] handelt es sich bei Exklusion also um ein relativ neues Konzept, das sich zudem nicht aus einer genuin fachlichen Begriffsgeschichte entwickelt. Als „Erstbelege" werden in der einführenden Literatur zuerst außerwissenschaftliche Quellen genannt, die der politisch-öffentlichen Sphäre entspringen; Stichweh (2005: 47) verweist auf einen 1972 in Frankreich erschienenen Band unter dem Titel „Les exclus. Un Français sur dix", der von einem „Secretaire d'État à l'Action Sociale" namens René Lenoir verfasst wurde. Bude (2004: 7) verfolgt die (französischen) Wurzeln des Begriffs als „Apellwort im republikanischen Diskurs" zurück bis in die Tage der französischen Revolution und Steinert (2006: 561) nennt als entscheidende diskursive Ereignisse zur Durchsetzung des Exklusionsbegriffs die Aufnahme eines Forschungsfeldes „Soziale Exklusion" in das fünfte EU-Rahmenprogramm der Europäischen Forschung (1994-98) sowie die Einrichtung einer „Social Exclusion Unit" durch die Regierung Tony Blair in Großbritannien 1997 (dazu detailliert: Fairclough 2000: 51-65).

Aus diesem normativ hoch aufgeladenen Kontext einer politisch-öffentlichen Debatte um Fragen der sozialen Partizipation und Integration wird der Begriff dann schließlich in den 1990er Jahren in den sozialwissenschaftlichen

---

[4] Für Talcott Parsons ist Inklusion ein zentraler Mechanismus der Modernisierung von Gesellschaften. In Anlehnung an T.H. Marshalls *citizenship*-Konzept definiert Parsons Inklusion als Durchsetzung von Partizipationsrechten in rechtlichen, politischen und sozialen Kontexten (Parsons 1971: 1-28; Marshall 1992).

Diskurs übernommen, zunächst in der französischen Soziologie (Castel 2000a; Paugam 1996), dann auch verstärkt in Deutschland (Berger/Vester 1998). Ohne sich von diesem Hintergrund zu lösen, übernimmt er dort sehr erfolgreich die Funktion einer unscharfen Sammelkategorie, welche die Schnittstelle zwischen ökonomischen Armuts-, sozialen Ungleichheits- und soziologischen Marginalisierungstheorien besetzt. Exklusion bezeichnet einen integrierten Ausschluss einzelner Personen oder Personengruppen aus verschiedenen gesellschaftlichen Kontexten. Entscheidend ist, dass Exklusion dabei immer als mehrdimensionaler Prozess konzipiert wird und nicht durch einzelne Mechanismen definiert werden kann. Nicht allein Arbeitslosigkeit, nicht allein ökonomische Armut führen zu Exklusion, sondern die wechselseitige Verkettung und Verstärkung verschiedener Faktoren, zu denen ebenso Aspekte familiärer und schulischer Einbindung sowie politische und rechtliche Einflüsse zählen (Kronauer 2002: 9ff.). Im Fahrwasser einer „Wieder-Entdeckung" der sozialen Frage (Volkmann 2002) innerhalb westlicher Sozial- und Wohlfahrtsstaaten entwickelt die neue Kategorie der Exklusion eine erstaunliche Gravitationskraft: Langzeitarbeitslose, Migranten, Behinderte, Alleinerziehende oder Drogensüchtige sind von sozialer Exklusion bedroht oder betroffen. Ihre Lage ist nicht durch eine ungünstige Platzierung innerhalb einer wie auch immer strukturierten vertikalen sozialen Ordnung gekennzeichnet, sondern gleichsam horizontal abzulesen. Sie befinden jenseits jeder sozialen Hierarchie und verschwinden in „schwarzen Löchern" (Stichweh 2005: 48). Als eine Population von „Unsichtbaren" treten sie in den Wahrnehmungsbereich der Soziologie, nachdem sie aus dem Relevanzbereich der Gesellschaft ausgeschlossen wurden (Bude 1998).

Bereits in dieser knappen Einführung wird deutlich, dass die sozialwissenschaftliche Beschäftigung mit dem Konzept der Exklusion stark durch das Dramatisierungs- und Politisierungspotential der ursprünglich öffentlichen Debatte geprägt ist (Nassehi 2000). Das hat mehrfach zu dem Vorwurf geführt, dass mit sozialer Exklusion lediglich eine bestimmte Ausprägung gesellschaftlicher Selbstwahrnehmung mit soziologischen Mitteln rekonstruiert würde, ohne dass analytische Gewinne gegenüber etablierten Ansätzen der Ungleichheitsforschung vorzuweisen wären (Bude 2004). Zum anderen wird angemerkt, dass eine gesellschaftstheoretische Anbindung und Ausarbeitung des Begriffs der sozialen Exklusion noch nicht hinreichend fortgeschritten ist (Schwinn 2000). Besonders in diesem Punkt zeigt sich die zentrale Herausforderung einer Theorie sozialer Exklusion: der stets auf seinen (positiven) Gegenbegriff der Inklusion verweisende Begriff der Exklusion suggeriert eine eindeutige Grenzziehung zwischen einem Innen- und einem Außenbereich der Gesellschaft (Castel 2000b). Damit stellt eine Konzeptualisierung von Exklusion avancierter Theorien der Gesellschaft, die gerade nicht von fest abgrenzbaren Einheiten ausgehen, sondern Gesellschaft als offenen und kontingenten Bezugspunkt soziologischer Analysen setzen, vor erhebliche Schwierigkeiten. Denn auch wenn im strikten Sinne kaum von Exklusionszonen außerhalb des Sozialen gesprochen werden kann,[5] führt die Rede von sozialer Exklusion stets den impliziten Verweis auf „die Gesellschaft" als Referenzwert sozialer Exklusion mit (Hark 2005).

Die bisherigen Ansätze, einen gesellschaftstheoretisch informierten Begriff der sozialen Exklusion zu entwickeln, sind also in zweifacher Weise herausgefordert: zum einen muss die analytische Kapazität des Exklusionsbegriffs in Abgrenzung zu alltäglicher oder massenmedialer Überbietungsrhetorik verdeutlicht werden, zum anderen muss das logisch auf eindeutige Grenzverläufe zielende Begriffspaar Inklusion/Exklusion in eine Gesellschaftstheorie jenseits jeder „Container"-Metaphorik integriert werden (Nassehi 2004).

Kommentar der Verfasserin:
Der Auszug aus dem Abschnitt „Stand der Forschung" fungiert im Rahmen des Exposés nicht als reine summarische Auflistung relevanter Beiträge zur Exklusionsthematik. Vielmehr habe ich versucht, einen Überblick über das Feld zu geben und gleichzeitig den kritischen Einsatzpunkt meiner eigenen Arbeit vorzubereiten. Das ist ein Balanceakt, aber zur Strukturierung und gegen das Ausufern dieses Abschnitts hilft meines Erachtens die wiederholte Rückbindung an die eigene Forschungsfrage.

Zur Dissertation von Sina Farzin sowie zu ihrer Person siehe weiter vorne in diesem Kapitel („Beispiel für ein Abstract").

Der theoretische Unterbau

differenziert ausgeführt

Theorien sind mehr oder weniger elaborierte Systeme aus Grundannahmen und Wenn-Dann-Aussagen. Ihre Funktion in empirisch orientierten Arbeiten ist es, unsere Versuche des Erklärens oder Verstehens, was in der Welt vor sich geht, zu strukturieren und anzuleiten. Dazu können zum einem aus den Theorien konkre-

---

[5] Was nicht davon abhält, dennoch immer wieder auf solche „Exklusionsbereiche" jenseits von Gesellschaft zu verweisen und klare Grenzmarkierungen zu implizieren, die theoretisch nicht gefasst werden.

te Hypothesen abgeleitet und dann getestet werden (siehe zu Thesen und Hypothesen auch den auf diesen Abschnitt folgenden Einschub), zum anderen aber korrespondiert der theoretische Unterbau in der Regel auch mit dem weiteren Referenzrahmen der Forschungstätigkeit. Präzise Darlegungen desselben sind daher gerade auch in auf Verstehen statt Erklären ausgerichteten Arbeiten erforderlich, die ja keinen rigiden Hypothesentest enthalten können.

Erklärende Forschungsdesigns können x- oder y-zentriert sein (vgl. Ganghof 2005). Dies bedeutet, dass sie entweder auf die Eruierung der Erklärungskraft einer einzelnen Theorie (bzw. eines einzelnen, aus einer Theorie folgenden Erklärungsfaktors – des in Frage stehenden x) in verschiedenen Kontexten abzielen oder die Variation einer abhängigen Variable (des y) durch die Kombination verschiedener Theorien bzw. Erklärungsfaktoren möglichst umfassend zu erklären suchen. X-zentrierte Forscher sollten besondere Sorgfalt auf die Kontrolle für weitere denkbare Einflussfaktoren verwenden, um die Erklärungskraft ihres x nicht zu überschätzen, y-zentrierte dagegen sollten besonders intensiv über den Modus der Verknüpfung der (additiven oder konkurrierenden) Erklärungsfaktoren nachdenken.[6]

Auf theoretischer Ebene innovative Elemente ansonsten vorwiegend empirisch orientierter Arbeiten können dabei jeweils in neuartigen Kombinationen theoretischer Ansätze bestehen oder in der Übertragung schon länger existierender Theorien auf Sachbereiche, mit denen sie bislang noch nicht konfrontiert worden waren.

Beispiel für einen Theorie-Abschnitt eines Exposés (aus dem Exposé zum 2006 abgeschlossenen Promotionsprojekt von Pamela Wehling mit dem Titel „Kommunikation in Organisationen. Das Gerücht im organisationalen Wandlungsprozess"; das Exposé trug den Titel „Die diskursive Konstruktion von Organisationen. Die Inszenierung von Gruppenarbeit aufgrund unterschiedlicher Kommunikationsformen und Kommunikationsmedien"):

Um das Wechselverhältnis zwischen unterschiedlichen Formen der Kommunikation sowie der Durchführung organisatorischer Umstrukturierungen genauer zu bestimmen, ist zunächst eine soziologische Auseinandersetzung mit dem Begriff der Kommunikation erforderlich. Was kennzeichnet Kommunikation allgemein

---

[6] Daraus folgt auch, dass die Zentrierung auf ein x oder ein y nicht bedeutet, dass man die restlichen Teile der Gleichung vernachlässigen dürfte. (Anm.: Diese Gleichung muss hier keine Regressionsgleichung sein, sondern kann als Formalisierung jedes Kausalzusammenhangs gedacht werden, in dem eine oder mehrere Größen eine andere Größe beeinflussen.)

und insbesondere Kommunikation, die im Rahmen von Organisationen stattfindet?

Kommunikation ist Gegenstand unseres alltäglichen Zusammenlebens und insofern stellt sie eine wesentliche Grundkategorie der Soziologie dar. Je nach theoretischer Ausrichtung wird der Terminus Kommunikation in unterschiedlichen Sinnzusammenhängen verwendet und entsprechend variiert die Begriffsbestimmung aufgrund der gewählten Perspektive. In dieser Arbeit wird der Kommunikationsbegriff im Rahmen zweier theoretischer Modelle betrachtet: der Systemtheorie (Luhmann 1984) als Makroperspektive sowie dem interpretativen Paradigma (Mead 1973) als Mikroperspektive. [...]

Die Leistung der systemtheoretischen Theorierichtung beruht darauf, dass sie zunächst zwischen unterschiedlichen Systemtypen – dem Interaktions-, dem Organisations- sowie dem Gesellschaftssystem – unterscheidet (Luhmann 1991), denen Kommunikationen mit jeweils eigener Gesetzmäßigkeit zuzurechnen sind. Es gibt nicht schlichtweg *die* Kommunikation, sondern unterschiedliche Formen der Kommunikation, die auf unterschiedlichen Systemebenen mit je eigener Gesetzmäßigkeit und Operationsweise stattfinden. [...]

Zugleich lässt die Systemtheorie die Fragestellung nach den Wechselwirkungen zwischen den unterschiedlichen Kommunikationsebenen offen und ignoriert, dass durch den Organisationskontext vorgeschriebene Inhalte im Rahmen von Interaktionssystemen unterlaufen werden können. [...] Darüber hinausgehend ist kennzeichnend für den systemtheoretischen Ansatz, dass Kommunikation dem System zugerechnet wird und nicht den Akteuren (Willke 2000: 171). Die Akteursebene bleibt ausgeklammert, da Kommunikationsprozesse aus systemtheoretischer Sicht eine Eigenlogik besitzen, die nicht auf das Bewusstsein von Akteuren zu reduzieren ist. Die letzte Analyseeinheit ist damit aus systemtheoretischer Perspektive die Interaktionsebene. [...]

Dem Verständnis dieser Arbeit zufolge ist Kommunikation indessen ein sozialer Prozess, an dem Akteure mit unterschiedlichen Vorstellungen, Zielen und Interessen beteiligt sind. Die individuellen Informationsverarbeitungsstrategien beeinflussen entscheidend den Verlauf und Inhalt von Kommunikation [...]. Im Rahmen von Kommunikation werden Situationsdefinitionen ausgehandelt, die immer in Zusammenhang mit den Akteuren und ihren Kognitionen zu betrachten sind. Aus diesem Grunde ist [...] die Makroperspektive der Systemtheorie durch die Mikroperspektive [...] des interpretativen Paradigmas, das diese individuellen Informationsverarbeitungsstrategien berücksichtigt, zu ergänzen.

Das interpretative Paradigma, insbesondere der – von George Herbert Mead (1973) begründete und durch Herbert Blumer (1973) bekannt gewordene – Symbolische Interaktionismus, geht davon aus, dass Menschen im Rahmen sozialer Interaktionen einen gemeinsamen Sinn aufbauen und auf diese Weise die soziale Wirklichkeit konstruieren. Kommunikation erfolgt in Gestalt symbolischer Interaktion als soziale Handlung, die aus einem Interpretationsprozess hervorgeht, dem wiederum eine Kommunikation des Individuums mit sich selbst (der so genannte „innere Dialog" nach Mead 1973: 86) vorausgeht. Im Unterschied zur Systemtheorie werden Handlungen dem Individuum zugerechnet, das seine Umgebung wahrnimmt, ihr bestimmte Bedeutungen zuschreibt und auf Grundlage dieser Interpretationen den Handlungsverlauf entwickelt.

[...]

Im Rahmen von Kommunikationsprozessen konstruieren die Individuen ihre eigene Umwelt, die aus Objekten besteht. Diese Objekte gehen aus Prozessen symbolischer Interaktion hervor. Das Konzept Gruppenarbeit stellt beispielsweise ein abstraktes Objekt nach Blumer (1973) dar, dessen Bedeutung sich für die Organisation und ihre Mitglieder erst im Rahmen eines Reorganisationsprozesses erschließt. Kommunikation als Prozesse der Übertragung und Aushandlung von Sinn trägt dazu bei, dass die Organisationsmitglieder im Implementierungsprozess eine gemeinsame Verständigungsbasis über das Konzept Gruppenarbeit entwickeln, das damit Bestandteil der geteilten Lebenswelt wird. [...]

Insofern ist der Symbolische Interaktionismus zielführend für diese Arbeit, da er mit seinem akteurszentrierten Kommunikationsbegriff eine Erklärung für den voraussetzungsreichen Entwicklungsprozess von Gruppenarbeit bietet und verdeutlicht, dass die letztendlich praktizierte Konzeption von Gruppenarbeit das Produkt eines sozialen Konstruktionsprozesses ist.

Allerdings lässt der Symbolische Interaktionismus außen vor, dass sich auf der Ebene der Organisation eine gewisse Eigendynamik entwickelt und die Regeln und Strukturen der Organisation [...] in gewissen Grenzen ein „Eigenleben" führen. [...] Ordnung und Struktur der Organisation stellen jedoch nach den Grundsätzen des Symbolischen Interaktionismus lediglich Objekte dar, die sich im Rahmen von Interaktionsprozessen herausbilden. Die im Symbolischen Interaktionismus ignorierte Emergenz der organisatorischen Prozesse wird vor allem dann sichtbar, wenn ein bestimmter Akteur nicht mehr Mitglied des Systems ist, die Organisationen jedoch in der gleichen Art und Weise weiteroperiert.

Damit wird deutlich, dass erst das Zusammenspiel beider Herangehensweisen den Bezugsrahmen für die Entwicklung eines Kommunikationsverständnisses bildet, mit dessen Hilfe das Wechselverhältnis zwischen Kommunikation und Reorganisationen spezifiziert wird. [...]

[...] Die in dieser Arbeit herzustellende Verbindung eines soziologischen Kommunikationsverständnisses mit den Konzepten der Organisationsentwicklung soll dazu beitragen, den Einfluss von Organisationskommunikationen auf stattfindende Reorganisationsprozesse zu analysieren.

Kommentar der Verfasserin:
Das oben beschriebene Promotionsvorhaben ist letztendlich nicht in der ursprünglich angedachten und oben beschriebenen Form umgesetzt worden. Die Ursache dafür liegt darin begründet, dass die Auseinandersetzung mit einer Thematik einen Annäherungsprozess an einen Forschungsgegenstand beschreibt, der mit jedem Arbeitsschritt konkretere Formen annimmt und idealerweise in eine klare Fragestellung mündet. Da das Exposé zu einem sehr frühen Zeitpunkt im Arbeitsprozess, nämlich für eine Stipendienbewerbung, verfasst wurde, diente es im Rahmen dieses Prozesses vor allem dazu, die eigenen Gedanken zu strukturieren und einen inhaltlichen Fokus zu finden.

Der Vergleich der beiden Titel – jener des Exposés und jener der veröffentlichten Arbeit (siehe oben) – zeigt, dass das Thema „Kommunikationen in sich wandelnden Organisationen" wie geplant untersucht wurde. Jedoch hat sich in dem untersuchten Fallbeispiel gezeigt, dass nicht Organisationskommunikation im Allgemeinen, sondern insbesondere die Gerüchteküche für den Verlauf von Veränderungsprozessen relevant war. Infolgedessen wurde das eher „globalgalaktische" Thema Kommunikation eingeschränkt auf informelle Organisationskommunikation und die Frage nach der Funktion von Gerüchten in organisationalen Veränderungsprozessen untersucht.

Dr. Pamela Wehling hat von 2002 bis 2006 an der Ruhr-Universität Bochum promoviert. Ihre Dissertation erschien im Jahr 2007 unter dem Titel „Kommunikation in Organisationen. Das Gerücht im organisationalen Wandlungsprozess" im Deutschen Universitäts-Verlag. Sie ist als wissenschaftliche Mitarbeiterin am Institut für Arbeitswissenschaft der Ruhr-Universität Bochum tätig.

Grundsätzlich gilt: Bei empirisch wie theoretisch orientierten Arbeiten sind wir in aller Regel Zwerge auf den Schultern von Riesen[7] (die wiederum auf weiteren Schultern stehen). Daraus folgt mindestens Zweierlei: Erstens ist die Kenntnis der (wichtigsten Teile der) bestehenden Literatur unerlässlich und schützt auch hier

---

[7] Dass diese Riesen wie Riesen auf uns wirken, mag zugegebenermaßen zu einem Teil an Mythenbildung und zu einem anderen Teil schlicht daran liegen, dass in einer so jungen Disziplin wie der Soziologie vor einigen Dekaden weite Bereiche noch unbearbeitet waren.

vor vorschnellen Innovationsansprüchen. Zweitens ist ein realistisches Aspirationsniveau im Hinblick auf den Stellenwert der eigenen theoretischen Ausarbeitungen anzustreben. (Damit soll kein Höhenflugkandidat demotiviert werden, aber die Zahl der wirklich großen Würfe in einer Generation dürfte begrenzt sein, und wissenschaftlicher Fortschritt insgesamt besteht auch aus vielen kleineren und mittleren Schritten.)

Eng aufeinander abgestimmt sein sollten der Theorie- und der Methodenteil Ihres Exposés. Was für Letzteren in puncto Vorläufigkeit gilt (siehe unten), trifft in allerdings etwas abgeschwächtem Maße auch auf Ersteren zu, d.h. Ihre theoretische Ausrichtung muss zum Zeitpunkt der Exposéerstellung nicht schon abgeschlossen sein, Ihr Orientierungswissen aber etwas fortgeschrittener als im Hinblick auf die anzuwendenden Methoden.

Einschub: Von Thesen und Hypothesen

Empirisch arbeitende Soziologen leiten in der Regel aus theoretischen Argumentationslinien überprüfbare Hypothesen ab, an deren empirischem Test die weitere Forschungsarbeit am jeweiligen Vorhaben ausgerichtet wird. Selbstverständlich sollte dabei natürlich auch für Doktoranden sein, dass man diese Hypothesenprüfung unvoreingenommen vornimmt. Sollten Sie, wenn Sie ganz ehrlich mit sich selbst sind, aus welchen Gründen auch immer insgeheim eine Lieblingshypothese bzw. ein präferiertes Ergebnis eines Hypothesentests haben, dann sei es hier explizit gesagt, dass dies weder an Ihrem Vorgehen noch an der Interpretation Ihrer Ergebnisse irgendetwas ändern darf – höchstens sollten Sie erwägen, in diesem Fall mit noch größerer Sorgfalt und Wucht die Hypothese Gegenargumenten und vor allem ihr ggf. widersprechender Evidenz auszusetzen. Ob Sie im Exposé bereits konkrete Hypothesen nennen oder lediglich die Theorien, aus denen Sie diese abzuleiten gedenken, sollten Sie anhand Ihres Themas, des Standes der bisherigen wissenschaftlichen Debatte dazu und insbesondere Ihrer Vorarbeiten entscheiden und ggf. mit Ihrem eventuell ja schon feststehenden Betreuer abklären.

An manchen Instituten ist es indes jahrzehntelang eingespielte Praxis, der Doktorarbeit eine oder mehrere Thesen (nicht Hypothesen) voranzustellen, die dann im Weiteren verfochten wird bzw. werden. Als Doktorand können Sie sich einem solchen Schema sicher in vielen Kontexten kaum widersetzen, und wir würden Ihnen das auch nicht grundsätzlich anraten. Bei der Art und Weise, wie Sie dieses Schema ausfüllen, sollten Sie jedoch viel daran setzen, größtmögliche Unvoreingenommenheit zu beweisen, gerade auch mit dem Gedanken daran, wie Ihre Arbeit andernorts wahrgenommen wird.

Etwas anders sieht es bei reinen Theorie-Arbeiten (beispielsweise zu zeitge-
nössischen soziologischen Theorien) aus. Diese dürften oft in Thesen kulminie-
ren, die im Grunde fundierte Vorschläge sind, wie bestimmte Themen künftig zu
verstehen bzw. analytisch zu behandeln sind. Solche Arbeiten tragen naturgemäß
ein stärkeres Element des eigenen nicht-empirischen Abwägens oder auch lei-
denschaftlichen Argumentierens in sich.

Methodische Ausrichtung

„Die Gebildeten wissen es – vor allem aber wissen es die Ungebildeten zu ihrem Un-
glück nicht – dass Bildung in erster Linie eine Sache der *Orientierung* ist." (Bayard
2007: 29)

Was hat dieses vielleicht einzige ernstgemeinte Zitat aus dem ansonsten eher
humoristischen (wie langatmigen) Essay des französischen Literaturwissenschaft-
lers Pierre Bayard mit dem Titel „Wie man über Bücher spricht, die man nicht
gelesen hat" mit dem Methodenkapitel des Exposés zu Ihrer Doktorarbeit zu tun?
Nun, an keiner Stelle geht es so sehr um Ihr Orientierungswissen (im Gegensatz
zu gefestigten Fähigkeiten und Kenntnissen). Die Promotionsphase ist für fast
alle Doktoranden insbesondere im Hinblick auf Methodenfragen eine Zeit der
Weiterqualifikation. Und wie das bei Lernprozessen so ist, weiß man an deren
Anfang noch nicht so ganz genau, wohin sie einen führen. In Ihrem Exposé kann
es deshalb nicht darum gehen, die methodischen Fundamente und die darauf
aufbauenden einzelnen Methoden-Bausteine Ihrer Doktorarbeit schon bis ins
letzte Detail anzugeben. Vielmehr sollten Sie demonstrieren, dass Sie sich metho-
dologisch hinreichend orientiert haben, um die Reise anzutreten. Dies beinhaltet
Angaben zweierlei Art auf je zwei Ebenen: Methodologie meint zum einen
schlicht die Inventarliste des (sozial-)wissenschaftlichen Werkzeugkastens. Im
Exposé sollten Sie darstellen, welcher Werkzeuge Sie sich hieraus bedienen
möchten und wie versiert Sie im Umgang damit bislang sind. Sie sollten aber
auch angeben, wo sie sich weiterbilden möchten (siehe hierzu auch Kapitel 9)
und welche weiteren Werkzeuge Sie eventuell zusätzlich einsetzen könnten.
(Ihrem Orientierungswissen zu dieser Dimension auf die Sprünge helfen, können
Sie z.B. mit Hilfe von Überblicksdarstellungen zur Verfügung stehender Methoden bspw. bei Behnke et al. 2006, Box-Steffensmeier/Brady/Collier 2008 oder
Westle 2009.)

Ein Gespräch mit Bernhard Kittel[8]

Was sollten Doktoranden bei der methodologischen und methodischen Konzeption ihrer Arbeit beachten?
Als Erstes sollten sie sich vor Augen führen, dass Methoden immer eine dienende Funktion gegenüber der Fragestellung haben. Methoden sollten nie die Forschungsfrage determinieren. Idealerweise beginnt die Arbeit mit einem Puzzle oder mit dem Interesse an einem bestimmten Phänomen. Meist lässt sich dieses aus verschiedenen analytischen Perspektiven betrachten, und jede Perspektive impliziert ein anderes Verfahren. Die genaue Formulierung der Frage entscheidet darüber, welche Methode am geeignetsten sein wird. In den seltensten Fällen sind dies einfache, vorgefertigte Module, es ist eigentlich immer eine kreative Verknüpfung nötig. Darin liegt ja auch das Innovationspotenzial von Dissertationen.

So sieht die Realität Deines Erachtens aber nicht aus?
Nein. Meist erfolgt die Methodenwahl als eine Kombination aus der persönlichen Neigung, den bisher erlernten Naheverhältnissen zu bestimmten Arbeitsweisen, und dem, was Betreuer für richtig halten.

Muss die Ausrichtung nicht auch immer wieder angepasst werden?
Immer wieder kommt im Zuge der Bearbeitung ein neuer Aspekt dazu, der eine neue Perspektive eröffnet, die auf eine neue Weise angegangen werden kann. Das gefährlichste Vorgehen ist es, einen erlernten Baukasten einfach zu nutzen, weil man dann die Fragen auf die Methoden ausrichtet und nicht die Methoden auf die Fragen, oder man forscht an der eigentlichen Frage vorbei.

Könnte das auch an der weitverbreiteten methodologischen Unsicherheit liegen?
Ja, und an der mangelhaften bzw. oft einseitigen Methodenausbildung im Studium. Diese führt zu einem sich Klammern an Vorbilder, Empfehlungen und Kochrezepte. Das ist natürlich auch eine Frage der Betreuung. Der am stärksten vernachlässigte Bereich ist leider oft gerade hier, wo es am heikelsten ist. Dabei müssten Betreuer zunächst Möglichkeiten aufzeigen und zulassen, dann kritischer Sparringspartner sein und den Doktoranden bei dem unterstützen, was dieser mit seiner Arbeit will.

Die geringe Innovationsneigung ist auch ein Problem, das aus den Mechanismen der Forschungsfinanzierung erwächst: Nur ein sehr kleiner Prozentsatz der Doktoranden bearbeitet ja ein eigenes Projekt. In der Regel werben etablierte Professoren ja Mittel für Doktorandenstellen ein und müssen in ihren Anträgen noch etablierere Professoren überzeugen. Zudem werden diese Stellen dann häufig nach inhaltlicher

---

[8] Das Gespräch mit Bernhard Kittel führte Frieder Wolf am Rande der ECPR General Conference in Potsdam für den Promotionsratgeber Politikwissenschaft. Wir haben ihn als „halben Soziologen" gebeten, das Gespräch auch hier abdrucken zu dürfen.

Nähe der Vorkenntnisse zum Thema statt nach der Fähigkeit zum eigenständigen Forschen besetzt. Zusammen ergibt das einen kräftigen Bias zum Bekannten, ein ziemlich wirksames Innovationshemmnis.

Wird dieses Problem nicht dann relativiert, wenn man die Promotionsphase als zeitlich eng begrenzte ansieht, in der die Fähigkeit zum eigenständigen Forschen erworben und nachgewiesen wird, und dann bei denjenigen, die tatsächlich eine akademische Karriere anstreben, auf eine längere und selbständigere Postdoc-Phase setzt?

Ich halte die Promotionsphase für unheimlich prägend für das Danach. Nicht umsonst basieren die meisten naturwissenschaftlichen Nobelpreise auf Forschungen in der Promotionsphase. Sie ist auch nicht nur die Eintrittskarte in die akademische Welt, sie ist überdies eine Weichenstellung, gegen die man hinterher kaum noch ankommt, gerade auch weil sie die Erwartungen und Einschätzungen anderer an den jeweiligen Wissenschaftler formt. Ich selbst habe ja zweimal den Forschungsschwerpunkt gewechselt (von der politischen Theorie, in der ich meine Dissertation verfasst habe, zunächst zur makroquantitativ vergleichenden und nun zur experimentellen Politikwissenschaft), und das war mit ganz erheblichen Kosten verbunden.

Die Empfehlung, sehr gründlich darüber nachzudenken, was man eigentlich will, wäre allerdings auch wieder falsch, denn die Gelegenheit dazu stellt sich aufgrund der institutionellen Bedingungen oft gar nicht. Wünschenswert wäre hier die Schaffung von Freiräumen wie etwa an Einrichtungen wie amerikanischen Institutes for Advanced Studies[9], wo man in einem hochkompetitiven, aber zur interdisziplinären Zusammenarbeit anregenden Umfeld vergleichsweise lange, mit großzügiger Ressourcenausstattung und sehr frei an zunächst verrückt erscheinenden Ideen forschen kann.

Was würdest Du den Lesern unseres Ratgebers also abschließend mit auf den Weg geben wollen?

Mit Max Weber muss man sich bei der Wahl von Wissenschaft als Beruf bewusst machen, dass man ein größeres Maß an Denkfreiheit gegen ein begrenztes Einkommen tauscht. Und man muss sich auf lange Durststrecken einstellen. Wenn man sich einmal dafür entschieden hat, sollte man sich möglichst nicht davon abhalten lassen, spannend erscheinenden Fragen nachzugehen und sich auch mit Grundlagen ausgiebig zu befassen. Obwohl das leichter gesagt als getan ist, macht mich nichts trauriger, als wenn Studierende zur *ECPR Summer School* kommen und dort einzig und allein eine ganz bestimmte Technik erlernen wollen.

Grundsätzlich nehmen wir uns oft zu große Fragen vor, geben dann am Ende aber nur unbefriedigende Antworten. Es brächte die Disziplin mindestens so sehr vo-

---

[9] Siehe dazu: Kandel, Eric (2009). Auf der Suche nach dem Gedächtnis: Die Entstehung einer neuen Wissenschaft des Geistes, München: Goldmann.

ran, auf kleinere Fragen besser fundierte Antworten zu geben. Das verbreitete Imitationsverhalten tötet dagegen Innovationen.

Dr. Bernhard Kittel ist Professor für Methoden der Sozialwissenschaften an der Carl-von-Ossietzky-Universität Oldenburg und Academic Convenor der ECPR Summer School in Methods and Techniques in Ljubljana. Promoviert wurde er an der Universität Wien mit der Arbeit „Moderner Nationalismus. Zur Theorie politischer Integration" (erschienen 1995 im Wiener Universitätsverlag).

Methodologie in der zweiten, gewissermaßen höher gelegenen Wortbedeutung ist die Lehre von den Methoden (und den Einsatzbereichen, für die sie geeignet sind). Sie steht in engem Zusammenhang mit Fragen der Ontologie (Was ist?) und der Epistemologie (Wie und inwieweit können wir über das, was ist, Wissen erlangen?). Nicht wenige Doktoranden dürften sich während ihres Studiums darüber kaum den Kopf zerbrochen haben. Spätestens in der Promotionszeit sollten Sie aber auch in diesen Fragen Ihren persönlichen Standpunkt, um nicht zu sagen: Ihr Credo, entwickeln. (Drei neuere Bücher, die Ihnen dabei helfen könnten, sind Creswell 2009; della Porta/Keating 2008 und Moses/Knutsen 2007.) Auch die Aussagen darüber können zum Zeitpunkt der Abfassung des Exposés nur vorläufig sein, und auch hier ist neben der Demonstration von Orientierungswissen die richtige Mischung aus der Beschreibung Ihres gegenwärtigen Standpunkts und einer Skizze möglicher Weiterentwicklungen entscheidend.

Weil die methodische Ausrichtung zum Zeitpunkt der Exposéabfassung erst vorläufig sein kann, sollte hier auch Ihre Offenheit für Anregungen von Lesern Ihres Exposés besonders groß sein. Die *MS Promotion* ist ein Schiff, das während der Reise um- und ausgebaut wird. Manchem mag sie zu Beginn auch eher wie ein rasch zusammengezimmertes Floß erscheinen. Die Kunst wird mit der Zeit sein, eigenes Weiterdenken mit den Inputs und Anforderungen der wichtigsten Akteure im Umfeld (Betreuer, Gutachter, stipendienvergebende Organisationen etc.) zu harmonisieren beziehungsweise evtl. entstehende Widersprüche und Konflikte nicht in Blockaden enden zu lassen, sondern produktiv zu nutzen.

Die Weiterentwicklung des ursprünglichen Methodenarsenals kann dabei grundsätzlich (wie bereits in Kapitel 4 anhand der methodischen Ausrichtung des Betreuers ausgeführt) in zwei Richtungen erfolgen: Im Sinne einer Verfeinerung („refinement") des State of the art (Hat jemand einen neuen Schätzer entwickelt? Können Sie ein komplexeres Modell aus einer Nachbardisziplin adaptieren?), oder als Ergänzung um weitere Werkzeuge und Perspektiven (Stichwort Triangulation), die die Erkenntnisse aus den Analysen mit den bisher verwendeten korroborieren, komplementieren oder auch konterkarieren können. Letzteres stellt im Übrigen aus unserer Sicht ebenfalls einen Erkenntnisfortschritt dar und sollte gelassen und selbstbewusst kommuniziert werden.

Beispiel für das methodische Vorgehen in einer empirischen Arbeit (aus dem Exposé zum 2008 abgeschlossenen Promotionsprojekt von Herwig Reiter mit dem Titel „Dangerous transitions in the ‚New West' – youth, work, and unemployment in post-Soviet Lithuania.“):

For the study of crisis situations from the perspective of its subjective meaning for those affected, a biographical approach (Fischer-Rosenthal 1991) in combination with an open method like the narrative interview (in the tradition of Schütze 1983) seems to be appropriate. In the context of the analysis of transitional experiences the biographical approach is particularly capable of bridging the gap between micro and macro perspectives because it captures the process of negotiation between individual and social structure: „From the individual life histories we can learn about the coping strategies and negotiation processes between individuals and institutions as they contribute to continuity and discontinuity of biographies" (Heinz 1996, 54). Following Ragin's (1987) description of the case-oriented strategy, the approach will try to combine concept formation, interpretative analysis and descriptive and explorative causal analysis. The analysis of the interview material will consider Schütze's (1999; Riemann/Schütze 1991) concept of the 'trajectory' („Verlaufskurve") and it will be oriented towards the development of a typology (Kluge 1999, 2000; Gerhardt 1991, 2001). Embedded in a life course frame, the analysis of biographies of unemployed young people in transition after compulsory education should allow to reconstruct both the individuals' response to socio-economic opportunities and constraints as well as the (inter)subjective reflections not only upon individual pasts. The overall approach to the problem of youth unemployment is inspired by studies like Alheit (1994) and Nölke (1994).

As an aspect of combining ascending and descending elements in the methodological design of the study, as it is suggested for comparative transition research by Bynner/Chisholm (1998), the secondary analysis of unemployment data will be used to inform and pre-structure the qualitative sampling procedure. Though 'representativity' of the population concerned cannot be achieved an attempt will be made to provide a certain kind of 'representation' of relevant theoretically significant sub-populations. Depending on the availability and quality of youth unemployment data, the data analysis can be multivariate (e.g. cluster analysis). Beyond that, this step is crucial for the descriptive analysis of the problem of youth unemployment in the two countries.

In addition and especially in the sense of an exploration of the dimensions of the problem from the perspective of national experts as well as for getting access to specialised background information in Lithuania, experts in the field will be interviewed.

Kommentar des Verfassers:
Der methodisch-biographische Zugang wurde beibehalten, allerdings nicht unter Verwendung narrativer Interviews. Die muttersprachlichen Interviewerinnen wurden stattdessen in der Durchführung problemzentrierter Interviews (Witzel 1989) geschult. Obwohl die Interviewführung dadurch interaktiver wurde, blieben narrative Anteile erhalten, und die Einzelinterviews waren durch die Verwendung eines Leitfadens letztlich besser vergleichbar. Durch die vergleichende und typisierende Auswertung des gesamten Materials war es möglich, Mikrokausalitäten, die sich aus Einzelfallanalysen ergaben, in empirisch-begründete Klassifikationen und analytische Konzepte zu überführen. Der Schritt der numerischen Datenanalyse, welcher ursprünglich der Vorbereitung der qualitativen Stichprobe dienen sollte, wurde im Projektablauf nach hinten geschoben. Die Auswahl von Einzelfällen zur detaillierten biographischen Rekonstruktion wurde durch eine Clusteranalyse der 30 Interviews unterstützt.

Zur Dissertation von Herwig Reiter sowie zu seiner Person siehe weiter vorne in diesem Kapitel („Beispiel für eine Fragestellung").

Der Gliederungsentwurf

Des Weiteren sollte Ihr Exposé eine vorläufige Gliederung der zu verfassenden Doktorarbeit enthalten. Neben der anzustrebenden logischen Stringenz dieses Entwurfs, die mithelfen sollte, Leser Ihres Exposés von Ihrer konzeptionellen Kompetenz zu überzeugen, sollten Sie sich an mindestens drei weiteren Zielen orientieren: Erstens hilft eine Untergliederung in nicht zu große, aber auch nicht zu kleine Untereinheiten (von in der Regel wohl zwischen 5 und 20 Seiten) sehr dabei, den Schreibprozess zu strukturieren, sodass man sich nicht verzettelt, aber immer wieder kleine Erfolgserlebnisse in der Form zumindest im ersten Entwurf abgeschlossener Textteile hat. Zweitens lohnt es sich, bereits bei der Grundanlage Module einzuplanen, die sich ohne großen Umarbeitungsaufwand zur Veröffentlichung als Zeitschriftenartikel, Arbeitspapier oder Sammelbandbeitrag eignen (siehe hierzu auch Kapitel 11). Drittens schließlich ist es ratsam, zumindest in der inoffiziellen Fassung des Exposés für den Eigengebrauch (s.u.) (Unter-)Kapitel der Arbeit zu identifizieren, die sich im Notfall späterer großer Zeitnot auch streichen ließen, ohne damit einen Dominoeffekt auszulösen, der die Arbeit als Ganze gefährdet. Unter Umständen können Sie diese Teile natürlich auch schon im Exposé als optional bzw. auch als Ausblick oder als von exkursorischem Charakter kennzeichnen; es könnte allerdings sein, dass nicht alle Gutachter und Betreuer das in gleicher Weise goutieren.

Beispiel für einen Gliederungsentwurf (aus dem Exposé zum 2009 abgeschlossenen Promotionsprojekt von Jan Mewes mit dem Titel „Ungleiche Netzwerke – Vernetzte Ungleichheit: Persönliche Beziehungen im Kontext von Bildung und Status"):

1   Einleitung

2   Individuen und ihre soziale Beziehungen
2.1 Formelle und informelle, selektive und nicht-selektive soziale Beziehungen
2.3 Inhalte sozialer Beziehungen (Funktion, Erwartung)
2.3 Informelle Beziehungsgeflechte aus einer Perspektive sozialer Netzwerke
2.4 Determinanten sozialer Netzwerke (I)

3   Soziale Ungleichheit und soziale Beziehungen
3.1 Theorien und Konzepte sozialer Ungleichheit
3.2 Determinanten sozialer Netzwerke (II)
3.3 Räumliche Distanz, nationalstaatlicher Bedeutungsverlust und soziale Beziehungen (transnationale soziale Beziehungen)

4   Entwicklung der Hypothesen

5   Methode, Beschreibung der Daten

6   Ergebnisse
6.1 Strukturmerkmale sozialer Netzwerke in der deutschen Bevölkerung (Zahl der ties, Kontakthäufigkeit, Art der Kommunikation, räumliche Distanz) (deskriptiv)

6.2 Entwicklung von statistischen Modellen zur Schätzung schichtspezifischer Determinanten

6.3 Ergebnisse der verwendeten multivariaten Analysen

7 Zusammenfassung und Diskussion

Kommentar des Verfassers:
Rückblickend erwies sich die geplante Strukturierung der Dissertationskapitel als recht vorausschauend. Bis auf kleinere Abweichungen findet sich in der veröffentlichten Fassung meiner Arbeit immer noch das gleiche Grundmuster wie im Exposé wieder. Insbesondere bei den Kapiteln 4 bis 7 gibt es nahezu keine Abweichungen von der im Exposé dargestellten Struktur. Der Aspekt des nationalstaatlichen Bedeutungsverlusts (Kapitel 3.3) wurde hingegen in der eingereichten Arbeit weniger stark betont, als zunächst geplant. Auch in Bezug auf die Inhalte sozialer Beziehungen (Kapitel 2.2) habe ich, aufgrund mangelnder empirischer Daten, deutlich weniger geschrieben, als ursprünglich beabsichtigt. Auch wenn sich einige der oben genannten Unterkapitel in der veröffentlichen Fassung nicht mehr wiederfinden, so hat die im Exposé skizzierte Struktur doch entscheidend den Rahmen für die Diskussion innerhalb der einzelnen endgültigen Kapitel vorgegeben.

Dr. Jan Mewes hat von Herbst 2005 bis Sommer 2009 an der Universität Bremen promoviert. Seine im August 2009 verteidigte Dissertation trägt den Titel „Ungleiche Netzwerke – Vernetzte Ungleichheit: Persönliche Beziehungen im Kontext von Bildung und Status" und ist unter demselben Titel im März 2010 in der Reihe „Netzwerkforschung" im VS Verlag für Sozialwissenschaften erschienen. Heute ist er COFAS Marie Curie Fellow an der Universität Umeå in Schweden.

Mit Sicherheit können Sie auch bei Doktoranden Ihrer Fakultät Einblicke in Gliederungen thematisch vielleicht näher liegender Dissertationen erhalten oder in einer Bibliothek zahlreiche Doktorarbeiten (unterschiedlicher Überzeugungskraft bzw. Vorbildfunktion) finden, deren Aufbau Sie unter die Lupe nehmen können.

Stand der Vorarbeiten

Bei diesem Baustein eines Exposés gibt es vielleicht die größte Variationsbreite zwischen verschiedenen Doktoranden. Mancher hat schon seine Diplom- oder

Magisterarbeit zum Thema geschrieben oder sitzt schon ein halbes Jahr an seinem Thema, bevor er sich um eine Stelle oder ein Stipendium bewirbt oder zuweilen auch erst einen Betreuer sucht. Andere Kandidaten sehen sich durch exogen bestimmte Fristen gezwungen, in wenigen Wochen ein Exposé zu einem Bereich auszuarbeiten, der weitestgehend Neuland für sie ist. Für alle ist es von Bedeutung, hier keine falschen Tatsachen vorzuspiegeln, sondern auf ehrliche und belegbare Weise den erreichten Stand ins rechte Licht zu rücken. Setzen Sie die Leser Ihres Exposés darüber in Kenntnis, welche Quellen Sie bereits gelesen, welche Daten Sie bereits gesichtet, welche Passagen Sie bereits vorformuliert und ggf. welche Planungsschritte Sie bereits unternommen haben.

Bei einem vergleichsweise weit fortgeschrittenen Projekt steht vor allem die Differenzierung zwischen abgeschlossenen, in einem ersten Entwurf vorliegenden und noch zu erstellenden Textteilen im Vordergrund (und bei Letzteren tritt natürlich die Information über den Stand der Vorbereitungen hierfür hinzu). Sofern Sie auf frühere Arbeiten verweisen, sollten Sie auch spezifizieren, welche grundsätzlich zu übernehmenden Teile derselben an welchen Stellen bzw. in welchen Aspekten aus Ihrer Sicht einer Erweiterung und Vertiefung bedürfen. Sind Sie erst sehr kurz mit Ihrem Promotionsvorhaben zu Gange, stehen Sie womöglich eher vor der Frage, in welcher Hinsicht Sie überhaupt beanspruchen können, schon Vorarbeiten geleistet zu haben. Zwei Dinge sollten Sie dann vielleicht bedenken: Zum einen ist es grundsätzlich keine Schande, schon in einem frühen Stadium ein Exposé vorzulegen, und die Adressaten können in der Regel Ihre Vorbereitungszeit auch in Relation zu dem setzen, was sie an diesem Punkt erwarten können. Erwägenswert ist es beispielsweise vor der Einreichung eines Antrages, Betreuer oder Gutachter offen zu fragen, ob es dafür in deren Augen doch noch etwas zu früh ist bzw. ob die Erfolgschancen am nächsten Stichtag mit dann intensiverer Vorbereitung signifikant höher wären. Falls es für Ihre Selbstsicherheit besonders wichtig ist, schon etwas in der Hand zu haben, dann sollten sich aus den übrigen Teilen Ihres Exposés vielleicht am schnellsten erste Entwürfe zu Textbausteinen der Dissertation selbst generieren lassen, zum Beispiel indem Sie die Darstellung der theoretischen Grundlagen, der anzuwendenden Methoden oder des Forschungsstandes ausführlicher gestalten. Das kann zunächst durchaus geschehen, ohne substanziell Zusätzliches einzubauen, einfach durch weniger zugespitzte, dafür detailliertere Formulierungen, längere Zitate etc.

Andererseits hat es auch keinen Sinn, sich erst mit einer beinahe fertigen Dissertation aus dem Schneckenhaus zu wagen. Die Funktion eines Exposés, man kann es nicht oft genug betonen, ist es ja, ein Vorhaben zu skizzieren – und keinen großteils schon abgeschlossenen Prozess. Dass dieses Vorhaben kaum je exakt so umgesetzt werden kann (und auch sollte), wie ursprünglich gedacht, ergibt sich schon aus dem Weiterqualifikationscharakter der Promotionsphase.

Der Arbeitsplan

Wie Sie in den kommenden zwei bis drei Jahren – oder, je nach Finanzierungsperspektiven und persönlichem Planungshorizont, auch einem etwas längeren Zeitraum – das in den bisher angesprochenen Gliederungspunkten des Exposés skizzierte Vorhaben umsetzen möchten, sollte aus dem Arbeitsplan hervorgehen. Dazu empfiehlt es sich, Etappen von einem bis maximal drei Monaten den größeren und mittelgroßen Teilschritten auf Ihrem Weg zuzuordnen. Eine schöne graphische Darstellung findet sich im auf der nächsten Seite folgenden Beispiel. Allerdings sei aus Sicht der Autoren angemerkt, dass die meisten Promovierenden es vermutlich nicht schaffen, (fast) immer so diszipliniert an je nur einem Arbeitsschritt zu sitzen. Etwas häufigere und größere Überlappungen (etwa von Lektüre- und Dateneingabephasen) dürften in Ihrem Plan also durchaus enthalten sein, zumal die Gesamtproduktivität bei der Ermöglichung eines Wechsels zwischen Arbeitsformen bei vielen Doktoranden steigt (siehe hierzu auch Kapitel 7). Planen Sie nicht ohne Ambition, aber auch nicht realitätsfern, und bauen Sie immer wieder den einen oder anderen Monat als Puffer ein. Und vergessen Sie den wohlverdienten und zur Rekreation Ihrer Arbeitskraft unerlässlichen Jahresurlaub nicht! Urlaub systematisch verfallen zu lassen, ist weder besonders gesund noch besonders professionell.[10]

Beispiel für einen Arbeits- und Zeitplan (aus dem Exposé zum 2009 abgeschlossenen Promotionsprojekt von Jan Mewes mit dem Titel „Ungleiche Netzwerke – Vernetzte Ungleichheit: Persönliche Beziehungen im Kontext von Bildung und Status"):

Arbeitsschritt	Zyklus	Abgeschlossen bis?
Sichtung der einschlägigen Literatur, Entwicklung zentraler Forschungshypothesen	1. Jahr	bereits abgeschlossen

---

[10] Stipendiaten orientieren sich einfach am Jahresurlaub wissenschaftlicher Angestellter ihrer Altersgruppe, also an 26 bis 29 Tagen.

Sichtung und Vorbereitung des zu verwendenden Datenmaterials	1./2. Jahr	bis Februar 2007
Niederschrift der theoretischen Diskussion	2. Jahr	Ende September 2007
Durchführung der empirischen Analysen	2./3. Jahr	Ende Februar 2008
Niederschrift des empirischen Kapitels	3. Jahr	Ende Mai 2008
Überarbeitung der Dissertation/endgültige Niederschrift		Ende September 2008

Kommentar des Verfassers:

Die Finanzierung meiner Promotion, die zwischen Herbst 2005 und Sommer 2009 entstand, war über zwei verschiedene DFG-Projekte gesichert. Für die Beantragung der beiden Projekte war Professor Steffen Mau federführend, der auch mein Erstgutachter war. Eine erste Idee für ein Promotionsthema hatte ich nach etwa einem halben Jahr Projektarbeit verworfen; hierfür waren sowohl die unzureichende Datengrundlage als auch die mangelnde Abgrenzung zu anderen Disziplinen verantwortlich. Die zweite Idee, die ich dann auch in meiner Dissertation realisierte, entwickelte sich während der Arbeit an der ersten Projektpublikation für ein einschlägiges Journal.

Zunächst nutzte ich die an der Universität Bremen gegebene Möglichkeit, mich nach rund einem halben Jahr Tätigkeit als wissenschaftlicher Mitarbeiter für die Promotion anzumelden, *ohne* ein Proposal einzureichen. Für diese Anmeldung waren lediglich eine schriftliche Betreuungszusage meines Erstgutachters und die Angabe eines Arbeitstitels notwendig. Für die Erarbeitung des Exposés, welches ich nachzureichen hatte, habe ich dann noch einige weitere Monate, nämlich bis Januar 2007, gebraucht.

Der in meinem Exposé dargelegte Arbeits- und Zeitplan sah die Beendigung der schriftlichen Dissertationsleistung innerhalb von drei Jahren vor. Der angestrebte Beendigungszeitpunkt im September 2008 fiel zeitlich mit meinem Vertragsende zusammen.

Mein tatsächlicher Zeitplan wich vom geplanten Bearbeitungszeitraum um acht Monate ab: Ich reichte meine Arbeit Anfang Mai 2009 beim Promotionsausschuss ein. Ausschlaggebend für die Verzögerung war im Wesentlichen die Arbeitsbelastung durch das Drittmittelprojekt; zwar waren die zentralen Forschungstätigkeiten im letzten Projektjahr weitgehend abgeschlossen, doch erforderten die zuvor eingereichten und nun zu überarbeitenden Journalartikel weiterhin einen großen Teil meiner Aufmerksamkeit.

Zur Dissertation von Jan Mewes sowie zu seiner Person siehe weiter vorne in diesem Kapitel („Beispiel für einen Gliederungsentwurf").

Wer seine (Promotions-)Zeit besonders scharf im Blick behalten möchte, dem steht mit dem so genannten Balkenplan ein bewährtes Instrument des Projektmanagements zur Verfügung. Ein solcher Plan, der in der einschlägigen Literatur zuweilen auch als Gantt-Diagramm bezeichnet wird, lässt sich komfortabel mit Hilfe eines Tabellenkalkulationsprogramms – für „Handwerker" selbstverständlich auch mit Papier und Stiften – sowohl für die gesamte Promotion als auch für einzelne Etappen (z.B. die Feldphase) erstellen. Seine Grundstruktur sieht folgendermaßen aus:

Abbildung 5:   Aufbau und Struktur eines Balkenplans

Arbeitsschritt		Quartal							
		1/2012	2/2012	3/2012	4/2012	1/2013	2/2013	3/2013	4/2013
Aufgabe A	Soll								
	Ist								
Aufgabe B	Soll								
	Ist								
Aufgabe C	Soll								
	Ist								
Aufgabe D	Soll								
	Ist								

In der Vorspalte werden die verschiedenen Arbeitsschritte aufgeführt. Die Kopfzeile stellt die Zeitachse dar.[11] Jeder Aufgabe sind jeweils zwei Zeilen zugeordnet: (dunkelgraue) Balken in der Soll-Zeile visualisieren den Zeitraum, in dem eine Aufgabe wünschenswerterweise erledigt werden soll, sie werden also a priori abgetragen; (hellgraue) Balken in der Ist-Ziele werden a posteriori abgetragen, denn sie stehen für die tatsächliche Bearbeitungszeit, die bekanntlich von der geplanten abweichen kann. Sich zeitlich überschneidende, also parallel zu erledi-

---

[11] In obigem Beispiel haben wir hier Quartale gewählt, aber es versteht sich, dass im Prinzip auch jede andere kalendarische Zeiteinheit (z.B. Wochen oder Monate) gewählt werden kann.

gende Aufgaben, von denen es ja in jeder Dissertation einige gibt (z.B. Literatur-studium und Entwicklung eines Erhebungsinstruments), werden durch überlap-pende Balken dargestellt.

Es ist keineswegs zwingend, zwischen Soll und Ist zu differenzieren – Sie könnten also auch auf die zweite Vorspalte verzichten und lediglich implizit mit Soll-Zeilen arbeiten –, aber es dürfte Ihnen unmittelbar einleuchten, dass die Arbeit mit beiden Zeilen Ihnen noch mehr Kontrolle über Ihre Zeit bietet.[12]

Wichtig ist in jedem Fall die Wahl eines angemessenen Detaillierungsgrades: Je kleinschrittiger Sie bei der Darstellung der einzelnen Arbeitsschritte vorgehen, desto schwerer mag es werden, den Überblick zu behalten. Bündeln Sie die Auf-gaben hingegen zu stark, indem Sie beispielsweise nur noch zwischen „Lesen", „Daten erheben" und „Daten auswerten und Befunde niederschreiben" unter-scheiden, reduziert dies die Funktion des Balkenplans.

Ein Kollege, der in Indonesien Interviews mit lokalen Militärkommandeuren geführt hatte, wies uns nach Lektüre dieses Abschnitts völlig zu Recht darauf hin, dass Doktoranden, die Feldforschung betreiben wollen, diese tunlichst sehr früh und gründlich vorbereiten sollten. Auch ist dabei für eine halbwegs realistische Einschätzung des Zeitaufwands die Einholung von spezifischen Ratschlägen bei Experten für die jeweilige Region und Methode unabdingbar. Verbleibende Unsi-cherheiten etwa hinsichtlich der Ergiebigkeit, Dauer oder Finanzierung sowie die intendierten Strategien zum Umgang damit sollten idealerweise bereits im Expo-sé angesprochen werden.

Wir müssen außerdem gestehen, bislang vielleicht etwas zu sehr von der Si-tuation des hauptberuflich wissenschaftlich tätigen bzw. mit einem Stipendium ausgestatteten Doktoranden ausgegangen zu sein. Spätestens an dieser Stelle, an der es um die zeitliche Planung des Arbeitsprozesses geht, sind deshalb nochmals einige Sätze zur Lage derjenigen angezeigt, die ihre Dissertation zumindest zeit-weise oder gar zur Gänze neben einer anderen Berufstätigkeit oder einer Famili-enarbeitsphase schreiben. Hier ist zunächst eine realistische Einschätzung der Arbeitslast grundlegend, die dauerhaft (es geht hier um einen Marathon, nicht um einen Sprint) zu verkraften ist. Sodann sollten Sie Ihr naturgemäß auf einen länge-ren Bearbeitungszeitraum angelegtes Vorhaben nach Möglichkeit vor den Gefah-

---

[12] Am Beispiel von Abbildung 5 erkennen Sie ein nicht untypisches Szenario für eine Dissertati-onsphase: Mit Aufgabe A wurde – warum auch immer – später begonnen, als ursprünglich ge-plant, dafür erwies sich die veranschlagte Zeit (drei Quartale) als realistisch. Aufgabe B verlief nach Plan. Bei Aufgabe C sah es ähnlich aus wie bei Aufgabe A. Und mit Aufgabe D konnte früher begonnen werden, als vorgesehen, dafür wurde – hinterher ist man klüger – ein Quartal mehr Zeit benötigt. Ein derart ausdifferenzierter Balkenplan vermag Sie auch zu motivieren!

ren des Veraltens von Bestandteilen schützen[13] und den ineffizienten Bedarf für wiederholtes Einarbeiten in dieselben Teilthemenbereiche minimieren. Beides geht am besten, indem Sie den zu schreibenden Text in handhabbar kleine Untereinheiten aufteilen und sich darum bemühen, zwar kleinschrittig, aber dafür beständig solche Texthappen zu produzieren, die dann auch weitestgehend so stehen bleiben können. Für die nochmalige Überarbeitung des gesamten Textes am Ende sollten Sie trotzdem etwas mehr Zeit en bloc einplanen[14], sich aber von vorneherein vornehmen, mit gewissen (vielleicht nur von Ihnen als solchen empfundenen) Unzulänglichkeiten oder Ungleichzeitigkeiten auch zu leben. So Sie die Wahl haben, könnte für Sie auch eine kumulative Dissertation vorzuziehen sein. Doch auch diese Alternative ist nicht ohne Tücken, erfordern gut zu platzierende Einzelpapiere doch zumindest streckenweise durchaus recht intensives Arbeiten, intensiveres vielleicht als das beständige Stricken an einer Monographie.

Die Promotion ist mehr als eine Prüfung
von G. Günter Voß

Die folgenden acht Ratschläge gehen auf langjährige Erfahrungen zurück, die ich bei der Begleitung von vielen Soziologinnen und Soziologen nach ihrem Studium gemacht habe. Sie richten sich an Promovierende des Fachs, die mit ihrer Arbeit ein tiefergehendes inhaltliches Interesse verbinden. Wer nur einen Titel braucht oder möglichst schnell die nächste Karrierestufe erreichen will, sollte sich nicht angesprochen fühlen.

1.   Eine Promotion ist *keine „normale" Prüfung*, auch wenn man am Ende eine Note bekommt und es politische Interessen gibt, sie zu einem banalen Examensschritt zu degradieren. Kern einer Promotion ist eine sehr individuelle Forschungsleistung. Der damit meist verbundene aufwändige Arbeitsprozess (kaum jemand schafft es unter drei Jahren) bedeutet einen herausfordernden persönlichen Erfahrungs- und Entwicklungsweg. Das ist gut so, und unter dieser Prämisse sollte man das Vorhaben auch wahrnehmen und anlegen. Hinterher ist man jemand anderes geworden und hat Seiten von sich (auch problematische) erlebt, die man vorher so nicht kannte.

---

[13] Hier ist auch an geschickte Themenwahl zu denken. Vollkommen gelingen wird Ihnen das Verhindern des Veraltens von Textpassagen allerdings unter Umständen nie. Womöglich muss hier dann schlicht der eigene Anspruch etwas heruntergeschraubt und offensiv kommuniziert werden, etwa indem Sie beim Forschungsstand oder den analysierten Daten einen Stichtag setzen und explizit die Entwicklung danach als in Ihrer Arbeit nicht mehr beachtbar benennen.

[14] Wer mit seinem Arbeitgeber dafür eine Freistellung oder ein Sabbatical von einigen Wochen heraushandeln kann, wird sich damit sicher leichter tun. Fragen Sie doch zumindest frühzeitig einmal danach!

2. Wie jedes *Lebensprojekt* hat auch ein intensives Forschungsvorhaben meist sehr viel mit der eigenen Person zu tun. Es geht fast immer um Themenaspekte oder Perspektiven, die einem unmittelbar wichtig sind und dabei Momente der Persönlichkeit spiegeln. Oft wird man sich dessen aber erst hinterher bewusst. Generell gilt: Je näher man sich dabei selber kommt, je mehr man authentische Elemente des Selbst für die Arbeit mobilisiert und sich von seinem Thema berühren lässt, desto mehr Kräfte kann man freisetzen. Zugleich liegt darin aber auch eine Gefahr: Es kann sein, dass man zu viel will und sich überfordert, oder man leidet darunter, nicht alle Aspekte, die sich ergeben, abarbeiten zu können. Das bedeutet, dass man trotz vieler spannender Fragen lernen muss, sich zu beschränken, was manchmal schmerzhaft ist. Es kann auch sein, dass man problematische Momente der eigenen Person berührt, die man tiefergehend bearbeiten müsste. Die Dissertation ist dazu aber auf keinen Fall ein geeignetes Medium, denn Persönlichkeitsprobleme sollte man direkt – vielleicht sogar mit professioneller Hilfe – angehen, und nicht über den Umweg eines intellektuellen Projekts, das darunter nur leidet. Gleichwohl soll mit Max Weber betont werden, wie wichtig es für die wissenschaftliche Arbeit ist, dass man „den Daimon findet und ihm gehorcht, der seines Lebens Fäden hält" („Wissenschaft als Beruf"); moderner gesagt: dass man sich klar macht und dem mutig nachgeht, was einen „umtreibt". Es könnte lohnen, nachzulesen (z.B. bei Joachim Radkau), was das bei Weber war.

3. So sehr man dem Betreuer vertrauen sollte (wenn keine Vertrauensbasis entsteht, sollte man schnell jemanden anderen suchen), so wenig sollte man sich ein Forschungsziel „aufdrücken" lassen. Man suche immer sein ganz *persönliches Thema*, oder mit einem Ratschlag von Arlie Hochschild gesprochen: „Sing your own song". Nur das motiviert und macht stark. Man sei aber auch nicht naiv und renne blindlings einem Thema hinterher, das niemanden interessiert oder nicht in die Zeit passt (außer man hat einen langen historischen Atem), denn auch die Wissenschaft kennt Moden und Konjunkturen, die es einem manchmal nicht leicht machen. Trotzdem stimmt nach wie vor eine weitere Einsicht Max Webers: Wissenschaft benötigt als zentrale Ressource „Leidenschaft".

4. Wichtig ist es, einen *eigenen Rhythmus* zu finden und sich die *Zeit* zu lassen, die man persönlich für sein Projekt braucht, denn jede Lebenslage und jede Person (und jedes Thema) ist anders. Aber zugleich muss man verhindern, dass die Arbeit eine quälende „never ending story" wird. Denn irgendwann ist die persönliche Energie verbraucht und Webers Daimon könnte zu einem Dämon werden. Dann ist meist auch die „Luft" raus aus einem Thema, und sowohl der Betreuer als auch das persönliche Umfeld sind nur noch genervt. Man traue aber trotzdem keinem, der zu übermäßiger Eile und zu persönlich nicht verantwortbaren inhaltlichen Kompromissen zwingen will. Und man traue auch keinem Bolognaideologen oder Karrierecoach, der meint, nur der Titel sei wichtig, wie immer man ihn erworben habe. Nicht nur wenn man wissenschaftliche Standards verletzt hat, sondern auch krasse inhaltliche Abstriche hinterlassen langfristig ein mieses Gefühl, so dass man auf die erbrachte Leistung nicht stolz sein kann – und inhaltlicher Stolz ist (neben der Reputation, d.h. der Aner-

kennung durch das „Fach") eine unverzichtbare Motivations- und Kraftquelle. Kurz: Machen Sie „Ihr Ding" mit Leidenschaft, aber ziehen Sie es nüchtern durch.

5. Natürlich braucht man einen *Plan*. Aber ein Plan ist ein Plan, nicht mehr. Von Plänen darf (oder muss) man auch abweichen. Unterwegs wird man sich immer wieder neu entscheiden und umorientieren müssen. Dem Thema von Beginn an ein hartes Schema aufzuzwingen (so wie es die gelegentlich verlangten Arbeitspläne vorsehen) und dann durchzuprügeln, funktioniert fast nie. Trotzdem sollte man versuchen, so systematisch und strategisch wie möglich vorzugehen – gerade auch dann, wenn man sich mit seinem Thema weiterentwickelt. Das genaue Ziel des Projekts wird sich im Verlauf der Arbeiten mehrfach ändern, und es ist letztlich nie fertig bearbeitet. Nicht einmal am Ende ist oft völlig klar, was alles in einem Thema steckt – das erkennt man nicht selten erst Jahre später.

6. Die eigentliche *Schreibphase* am endgültigen Text ist meist relativ kurz (allein schon deswegen, weil man es nicht lang aushält); sie ist anstrengend und erfordert einen konzentrierten Rückzug – wie immer man das arrangiert. Aber man schiebe das Formulieren des Textes nicht zu lange vor sich her. In Versatzstücken zu schreiben, die man dann am Ende hofft, verbinden zu können, geht meist nicht gut aus. Irgendwann muss jeder mit einer mutigen Entscheidung sagen: „So, jetzt geht es wirklich los!" und dann sollte man von vorne beginnen und keine Unterbrechungen mehr zulassen. Und nicht vergessen: Genug Zeit vorsehen für mehrere Runden der Endbearbeitung. Kein Text ist auf den ersten Wurf fertig. Erst die Überarbeitungen bringen in der Regel die notwendige inhaltliche Klarheit und sprachliche Qualität. Und man darf sich dabei gerne von kritischen Lesern helfen lassen (den Dank im Vorwort nicht vergessen).

7. Eine Dissertation erfordert nicht zuletzt ein *stabiles Lebensarrangement*, auch mit Partnern, Familie und Freunden. Nur wer ein verständnisvolles soziales Umfeld hat, wird den Stress gesund durchstehen, und man sollte die Betreffenden darauf vorbereiten und ihnen nicht zu viel zumuten. Man schaffe sich ergonomisch gute Bedingungen, vor allem einen ungestörten Arbeitsplatz, mit allem, was man dazu braucht. Und nicht zuletzt plane man einen einigermaßen geregelten Tagesablauf mit festen Arbeits- und Ruhephasen! Das ist alles andere als banal.

8. Auch fachlich sollte man mit seinen Kontakten pfleglich umgehen und auf alle Fälle verhindern, völlig allein vor sich hinzuarbeiten. Eine Isolation - die man vielleicht kurzfristig für die akute Schreibphase braucht – kann sich langfristig fatal auswirken (eine große Gefahr bei Stipendien). Nur wenigen gelingt es nach mehrjähriger Klausur, mit einem derartigen Erfolgswerk aufzutauchen, dass die Profession mit einem Schlag hellhörig wird. Junge Wissenschaftlerinnen und Wissenschaftler brauchen gerade auch in der Promotionsphase *regelmäßigen Kontakt zur Scientific Community*, um Erfahrungen im Wissenschaftsgeschäft zu machen, Fachkollegen kennen zu lernen, Vertrauensbeziehungen zu Personen aufzubauen, die aktuell und dann später (vielleicht sogar ein Leben lang) unterstützen können usw. Oft werden daraus wichtige Freundschaften. Das Schreiben von Texten ist meist ein sehr einsames Geschäft –

die Arbeit als Wissenschaftler generell aber keineswegs. Wissenschaft ist immer ein auch soziales oder nicht selten sogar öffentliches Agieren (von der Teamarbeit in Projekten, über die „Publikationen" und Vorträge bis zu Medienkontakten und der Kooperation mit der gesellschaftlichen Praxis, von der wissenschaftlichen Lehre gar nicht zu reden). Und trotzdem: Forschung und die Arbeit als Wissenschaftler, etwa an einer Dissertation, muss man erst einmal *ganz persönlich mit sich selbst arrangieren*. Es gibt kaum einen Beruf, bei dem nicht nur *Arbeit und Leben*, sondern auch *Beruf und Persönlichkeit* eine derart intensive (und oft sehr aufreibende) Verbindung eingehen. Als Wissenschaftler muss man das nicht nur aushalten können, sondern mit Leidenschaft ausfüllen und einen persönlichen Weg finden, wie man damit umgeht.

Dr. G. Günter Voß hat eine Professur für Industrie- und Techniksoziologie an der Technischen Universität Chemnitz inne und wurde 1984 an der Universität München mit der Arbeit „Bewußtsein ohne Subjekt? Eine Kritik des industriesoziologischen Bewußtseinsbegriffs" promoviert. Diese Arbeit erschien mit gleichem Titel 1985 im Rainer Hampp Verlag.

Offene Fragen und Unwägbarkeiten

Aus unserer Sicht ist es ein Qualitätsmerkmal eines Exposés, wenn darin gerade auch zum jeweiligen Zeitpunkt noch offene Fragen und potenzielle Unwägbarkeiten sowie Ihre beabsichtigten Strategien zum Umgang damit zur Sprache kommen. (Es sei ehrlicherweise aber auch angemerkt, dass nicht notwendigerweise alle Adressaten Ihres Exposés dies genauso sehen. Im Detail ist der Inhalt dieses Gliederungspunktes daher eine Frage der persönlichen Risikoeinschätzung und -präferenz.)

Offene Fragen können etwa Methoden betreffen, die Sie möglicherweise ergänzend zum Einsatz bringen möchten, Feinjustierungen der Fallauswahl oder den Zeitbedarf für bestimmte Analyseformen. Unwägbarkeiten können beispielsweise beim Zugang zu Daten- und Archivmaterial oder Interviewpartnern für Expertengespräche bestehen.[15] Deuten Sie hier am besten verschiedene Szenarien (in der Reihenfolge Ihrer Präferenzen dafür) an, ohne sich zu sehr auf ein Vorgehen festzulegen, das sie am Ende möglicherweise nicht realisieren können.

---

[15] Alemann (2001: S. 12 der im Internet verfügbaren Datei) ist einer der ganz wenigen Ratgeber, die Fragen des Zugangs zum Forschungsmaterial in ihrer Bedeutung erfassen und ausführlich thematisieren.

Viele Adressaten für Exposés (sowohl stipendienvergebende Organisationen als auch potenzielle Betreuer) geben vor, welche persönlichen Angaben sie gerne von Ihnen hätten, und dann sollten Sie sich natürlich nach diesen Vorgaben richten. In allen anderen Fällen sollten Sie diejenigen Angaben machen, welche untermauern, dass gerade Sie für die Durchführung des fraglichen Promotionsvorhabens besonders geeignet sind. Die Liste dieser Gesichtspunkte beginnt mit akademischen Qualifikationen im engeren Sinne (also Abschlüssen und Noten), setzt sich mit akademischen Qualifikationen im weiteren Sinne fort (also etwa Methodenkenntnissen, Softwareschulungen, Tätigkeiten als Telefoninterviewer, Arbeitserfahrung als studentische und/oder wissenschaftliche Hilfskraft u.ä.) und führt über generellere Schlüsselqualifikationen (wie Sprachkenntnisse – besonders wichtig bei geplanten Fallstudien zu den betreffenden Ländern – oder Präsentations- und Schreibtechniken) ggf. bis hin zu (bitte eher dezent formulierten) Hinweisen auf für den Erfolg des Vorhabens förderliche Charaktereigenschaften (alles, was belegt, dass Sie Dinge zügig und zugleich gründlich zu Ende bringen).[16] Ob Sie darüber hinaus mitteilen möchten, dass Sie lieber ins Kino gehen, als Romane zu lesen oder lieber Tischtennis als Squash spielen, und ob Sie ein Foto beifügen oder nicht, ist zu allererst eine Frage des persönlichen Geschmacks. Sie dürfen aber davon ausgehen, dass viele (oder zumindest politisch korrekte) Leser des Exposés sich dafür eher nicht interessieren.

Womöglich doch zwei Paar Stiefel? Das Exposé für andere und die Agenda für mich

Der Umgang mit ungeklärten Fragen und (un-)absehbaren Komplikationen ist auch der Hauptgrund dafür, warum es sich bei aller Gemeinsamkeit zwischen

---

[16] Letztere Angaben sind allerdings nicht unproblematisch. Schon die Verfasser des vorliegenden Bandes konnten sich nicht darüber verständigen, ob sie nun in ein Exposé hineingehören oder nicht. Einer der beiden hat in seiner Tätigkeit in den Auswahlkommissionen verschiedener Stiftungen ganz unterschiedliche Erfahrungen gemacht, wie so etwas von anderen Gutachtern aufgenommen wurde. Manche sagen „Toll, der ist den Berlin-Marathon gelaufen, der schafft bestimmt auch zügig und systematisch eine Promotion", andere empfinden dieselbe Information als unangemessenes sich Brüsten mit sachfremden Erfolgen. Hier gibt es keine einheitlichen Erwartungen und Maßstäbe, und Sie sollten deshalb dabei so vorgehen, dass Sie sich selbst mit den Unterlagen am wohlsten fühlen.

den Textsorten dann am Ende doch lohnen könnte, zwei getrennte Dateien namens „Exposé" (für Außendarstellungszwecke) und „Konzeption" (als interne Agenda) anzulegen. In Letzterer können die oben genannten Problembereiche ausführlicher und ggf. ehrlicher dargestellt werden und die eigene relative Unsicherheit in Bezug auf die Lösungsstrategien klarer zum Ausdruck kommen. Außerdem kann hier schon vorab deutlicher die Priorität zwischen verschiedenen Gliederungsteilen der Dissertation festgelegt werden (à la „das exkursorische Kapitel 8 zu den Auswirkungen der Bildungsausgaben auf die PISA-Ergebnisse wirklich nur schreiben, wenn der sonstige Zeitplan bis März 2012 genau aufgeht").

Warnung: Zwei Dinge sollten allerdings nicht passieren – nämlich, erstens, dass man eine wachsende Diskrepanz zwischen der weiteren Außendarstellung z.B. in Zwischenberichten und Kolloquiumsvorträgen und dem tatsächlichen Stand des Vorhabens zulässt, die einen zwangsläufig irgendwann einholt, und, zweitens, dass man sich selbst durch die etwas optimistischere Variante belügt.[17]

---

[17] Eine andere, von einem der Autoren selbst praktizierte Form der Arbeit mit unterschiedlichen Agenden besteht darin, den eigenen Zeitplan etwas ambitionierter zu formulieren als die nach außen kommunizierte Agenda. Wer sich in diesem Fall lange an den eigenen Zeitplan hält, ist in der komfortablen Lage, auch nach einer weniger erfolgreichen Woche noch im extern gültigen Soll zu liegen.

Zum Weitersurfen

Ganz viel Wichtiges auf einen Blick:
    http://www.gesis.org/sowiport/
Forschungsdatenbank SOFIS:[18]
    http://www.gesis.org/unser-angebot/recherchieren/sofis/
Der wohl wichtigste Zitationsindex für die Soziologie (SSCI):[19]
    http://thomsonreuters.com/products_services/science/science_products/a-z/social_sciences_citation_index
Und eine Alternative zum SSCI:[20]
    http://www.harzing.com/pop.htm

Zum Weiterlesen

Alemann, Ulrich von (2001): Das Exposé. Ja, mach nur einen Plan…, in: Brenner, Sabine (Hrsg.): Promotionsratgeber für die Doktorandinnen und Doktoranden der Philosophischen Fakultät. Düsseldorf: Grupello Verlag, 24-40. Internetquelle (01.07.2011): http://www.phil-fak.uni-duesseldorf.de/fileadmin/Redaktion/Institute/Sozialwissenschaften/Politikwissenschaft/Dokumente/Alemann/01_expose2001.pdf

Bayard, Pierre (2007): Wie man über Bücher spricht, die man nicht gelesen hat. München: Kunstmann.

Behnke, Joachim/Gschwend, Thomas/Schindler, Delia/Schnapp, Kai-Uwe (Hrsg.) (2006): Methoden der Politikwissenschaft. Neuere quantitative und qualitative Analyseverfahren. Baden-Baden: Nomos.

Box-Steffensmeier, Janet M./Brady, Henry E./Collier, David (Hrsg.) (2008): The Oxford Handbook of Political Methodology. Oxford: Oxford University Press.

Creswell, John W. (2009³): Research Design. Qualitative, Quantitative, and Mixed Methods Approaches. Thousand Oaks: Sage.

della Porta, Donatella/Keating, Michael (Hrsg.) (2008): Approaches and Methodologies in the Social Sciences. A Pluralist Perspectice. Cambridge: University Press.

Gadamer, Hans-Georg (1990) [1960]: Wahrheit und Methode. Grundzüge einer philosophischen Hermeneutik, Band 1 der Gesammelten Werke. Tübingen: Mohr.

---

[18] SOFIS ist eine Datenbank, die ausführliche Beschreibungen von mehreren tausend laufenden und jüngst abgeschlossenen sozialwissenschaftlichen Forschungsprojekten enthält (Zugang zur Datenbank erhalten Sie z.B. über Universitätsbibliotheken). SOFIS ist ein äußerst nützliches Instrument zur Orientierung und Einordnung des eigenen Vorhabens in die Forschungslandschaft.

[19] Zugang ebenfalls über gut aufgestellte Instituts- oder Universitätsbibliotheken.

[20] Unter nicht wenigen Soziologen gilt Anne-Will Harzings auf Google Scholar basierendes *Publish or Perish* als bessere Alternative zum SSCI, denn deutsche Soziologen veröffentlichen immer noch vergleichsweise viel deutschsprachig und in Sammelbänden.

Ganghof, Steffen (2005): „Kausale Perspektiven in der vergleichenden Politikwissenschaft: X-zentrierte und Y-zentrierte Forschungsdesigns", in: Kropp, Sabine/Minkenberg, Michael (Hrsg.) 2005: Vergleichen in der Politikwissenschaft. Wiesbaden: VS Verlag für Sozialwissenschaften, 76-93.

Karmasin, Matthias/Ribing, Rainer (2009[4]): Die Gestaltung wissenschaftlicher Arbeiten: Ein Leitfaden für Seminararbeiten, Bachelor-, Master- und Magisterarbeiten, Diplomarbeiten und Dissertationen. Stuttgart: utb.

Moses, Jonathon W./Knutsen, Torbjørn L. (2007): Ways of Knowing. Competing Methodologies in Social and Political Research. Basingstoke: Palgrave Macmillan.

Reiter, Herwig (2009): „Die Arbeitslosen, der Staat und die Option der Abwanderung – zur Neubestimmung von Solidarität im ‚Neuen Westen' Europas aus der Sicht Jugendlicher", in: BIOS – Zeitschrift für Biographieforschung, Oral History und Lebensverlaufsanalysen, 22 (1), 32-56.

Reiter, Herwig (2010): Context, experience, expectation, and action — towards an empirically grounded, general model for analyzing biographical uncertainty [67 paragraphs], in: Forum Qualitative Sozialforschung / Forum: Qualitative Social Research, 11 (1), Art. 2, nbn-resolving.de/urn:nbn:de:0114-fqs100120.

Skinner, Quentin (2009): Visionen des Politischen. Frankfurt a.M.: Suhrkamp.

Westle, Bettina (Hrsg.) (2009): Methoden der Politikwissenschaft. Baden-Baden: Nomos.

7 Produktive und unproduktive Phasen

„Heute bin ich mit der Dissertation mal wieder gar nicht voran gekommen." Es gibt sie, diese Tage, an deren Ende man als Doktorand das Gefühl hat, sich dem großen Ziel keinen einzigen Millimeter angenähert zu haben. An anderen Tagen läuft es dagegen wie von selbst, die guten Gedanken sprudeln und die Finger flitzen über die Tastatur. Wie sind diese Unterschiede zu erklären? Wie lange dürfen unproduktive Phasen dauern und wann sind Pausen nötig? Welche Wege gibt es, um langanhaltende Stagnation zu vermeiden? Wie organisiert man den Arbeitsprozess am besten? Mit diesen Fragen beschäftigt sich dieses Kapitel. Ein (beruhigendes) Ergebnis vorneweg: Unproduktive Phasen sind ganz normal. Denn genauso wie ein Mittelstreckenläufer im Intervalltraining seinem Körper zwischen den Belastungsphasen regelmäßige Pausen gönnen muss, um einen Trainingseffekt zu erreichen, benötigt auch das Hirn eines Promovenden immer wieder Auszeiten, um danach auf geniale Ideen zu kommen.

Produktivität bei Doktoranden: Eine definitorische Annäherung

Der Begriff der Produktivität entstammt der Volkswirtschaftslehre und meint ganz allgemein das Verhältnis aus dem Ergebnis eines Produktionsprozesses (Output, z.B. Zahl der gefertigten Metallteile) zu den eingesetzten Produktionsfaktoren (Inputs, z.B. Arbeitszeit = Faktor Arbeit und Maschine = Faktor Kapital). Wendet man dieses Konzept auf die Promotion an, ergeben sich indes einige Interpretationsschwierigkeiten.

Promotionsstudenten denken, wenn sie von „unproduktiven Phasen" sprechen, in der Regel weniger an die mangelnde Leistungsfähigkeit ihres Computers (Faktor Kapital) als vielmehr an ihre eigene Leistungsfähigkeit (Faktor Arbeit). Für eine erste definitorische Annäherung an die Produktivität von Doktoranden der Soziologie ist es also sinnvoll, sich zunächst auf die Arbeitsproduktivität des Promovenden zu beschränken – am besten noch standardisiert auf die Zeit (zum

Beispiel pro Stunde) und den Faktor Kapital außen vor zu lassen.[1] Unproduktive Phasen sind danach jene Stunden, in denen man eigentlich an der Dissertation arbeiten will, aber nicht richtig vorankommt, im Internet surft, E-Mails beantwortet, dann wieder ein paar Zeilen Literatur liest und am Ende des Tages unbefriedigt nur einen Alibi-Absatz geschrieben hat, bei dem man sich bereits am Abend sicher ist, ihn am nächsten Morgen bei der Überarbeitung wieder zu löschen. Doch auch mit dieser Eingrenzung steht man bei der Bestimmung der Produktivität von Doktoranden der Soziologie vor Schwierigkeiten. Denn der Output von Promovenden, die an ihrem Dissertationsthema forschen, lässt sich nur schwer quantifizieren. Misst man beispielsweise die Zahl der pro Tag geschriebenen Seiten, so wären solche Phasen völlig unproduktiv, in denen man auf unzähligen DIN-A4-Blättern mit Bleistiftskizzen ein wundervolles Modell zur Erklärung unterschiedlicher Lebensstilpräferenzen konzipiert. Zudem stellen sich allzu häufig Überlegungen im Nachhinein als sehr wertvoll heraus, die an (auf den ersten Blick) völlig unproduktiven Tagen entstanden sind.

Diese kurze Diskussion zeigt: Produktivität von Doktoranden ist, im Gegensatz zur Produktivität im metallverarbeitenden Gewerbe, nur schwer greifbar zu machen. Produktiv kann Ihr Tag deshalb sein, weil Sie sich ein neues Modell überlegen, weil Sie Literatur lesen, weil Sie 20 Seiten schreiben, weil Sie erhobene Daten in Ihr Statistikprogramm eintippen, oder weil Sie in einer Diskussion mit Ihrem Kollegen aus dem Nachbarbüro eine gute Idee für Ihre Auswertung bekommen haben – oder im Grunde auch schon allein deshalb, weil Sie nach einigen Schleifen im hermeneutischen Zirkel auf höherem Niveau ratlos sind. Daher basiert die folgende Diskussion von produktiven und unproduktiven Phasen auf einem subjektiven Produktivitätsverständnis. Damit sei fürs Erste schlicht das eingangs beschriebene Gefühl von Doktoranden gemeint, an manchen Tagen „mit der Dissertation überhaupt nicht vorangekommen" zu sein. So eingegrenzt lassen sich einige Strategien identifizieren, mit denen Sie Ihre Produktivität in der Promotionsphase steigern können. Diese Strategien beziehen sich zum ersten auf die Arbeitsorganisation, zum zweiten auf den Forschungsprozess im Speziellen und zum dritten auf Ihre Work-Life-Balance. In dieser Reihenfolge werden die Aspekte der Produktivität in den folgenden Abschnitten diskutiert.

---

[1] In manchen Naturwissenschaften, in denen in der Forschung Großgeräte eine wichtige Rolle spielen, mag dies freilich völlig anders sein.

Zeit- und Strukturpläne

Um im Forschungsprozess gut voran zu kommen, ist eine effiziente Arbeitsorganisation entscheidend. Im Endeffekt sind Sie ein Projektmanager – und können sich deshalb zweier Instrumente bedienen, die in der Wirtschaft zur erfolgreichen Projektplanung eingesetzt werden: einem Projektstrukturplan und einem Projektablaufplan (vgl. hierzu und zum Folgenden Litke 2007: 89-92). Der Projektstrukturplan hat die Aufgabe, das Gesamtprojekt in Teilbereiche und die Teilbereiche in einzelne Arbeitspakete zu unterteilen. Er basiert auf der Konzeption der Arbeit (siehe Kapitel 6). Bei einer Doktorarbeit lässt sich zum Beispiel die Arbeit ausgehend vom Thema (etwa „Determinanten sozialer Ungleichheit in Europa") in einzelne Unterpunkte unterteilen, die dann bearbeitet werden können (Forschungsstand anlesen, statistische Methoden erlernen, Daten sammeln, quantitative Auswertung durchführen, Ergebnisse sammeln und interpretieren etc.). Diese Untergliederung eines Promotionsvorhabens kann man dann beispielsweise in einem Baumdiagramm abtragen, um sich ein Bild von der Struktur des Projektes zu machen. Für das oben erwähnte Beispiel könnte der – noch nicht vollständige – Projektstrukturplan wie in Abbildung 6 dargestellt aussehen.

Dass sich einzelne Arbeitspakete des Projektstrukturplans doppeln oder teilweise überschneiden, liegt in der Natur der Sache. So werden Sie sich als Promovend nicht nur einmal im Laufe der Promotionsphase Gedanken darüber machen, welche Analysemethode Sie anwenden. In der Grafik taucht dieser Punkt daher dreimal auf: Zunächst, wenn man sich im Zusammenhang mit wissenschaftstheoretischen Fragen einen grundsätzlichen methodischen Zugang zur Forschungsfrage überlegt; dann, wenn man im Rahmen der quantitativen Auswertung eine Analysemethode wählt, methodisch bis ins Detail durchdringt und anwendet; und schließlich im Zusammenhang mit der qualitativen Analyse der Fallstudien, die ebenfalls mit der Wahl einer passenden Auswertungsmethode einhergehen.

Abbildung 6: Beispiel eines Projektstrukturplans

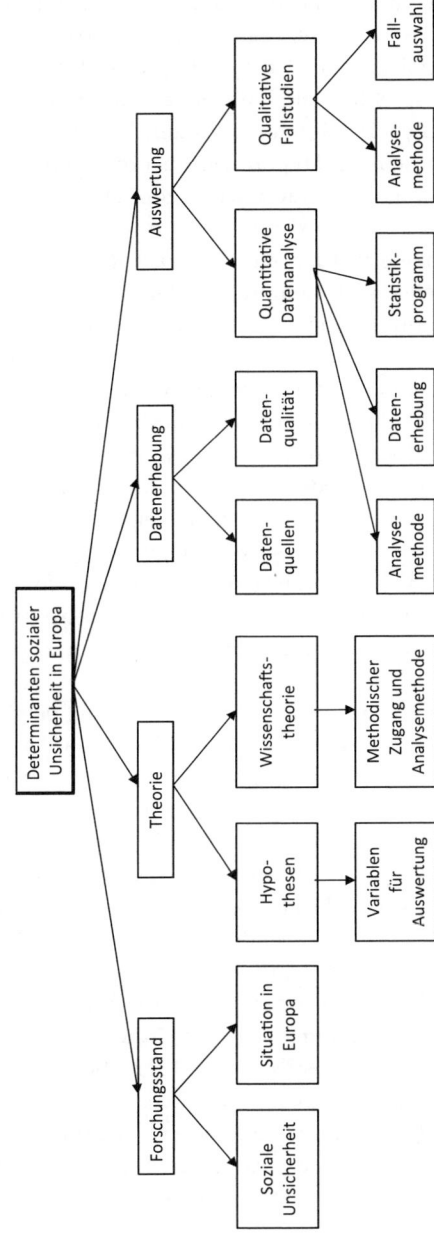

Bringt man die einzelnen Arbeitspakete, die man durch den Strukturplan gewonnen hat, noch in eine zeitliche Reihenfolge, ergibt sich ein Projektablaufplan. Wichtig dabei: Sie sollten die einzelnen Arbeitspakete logisch ordnen. So ergibt es im erwähnten Beispiel zum Beispiel keinen Sinn, bereits mit der quantitativen Auswertung der Daten zu beginnen, bevor man sich intensiv mit dem Forschungsstand beschäftigt und die zu testenden Hypothesen theoretisch hergeleitet hat. In einem Projektablaufplan können Sie zudem wichtige Zielmarken definieren. Anhand dieser Meilensteine legen Sie für sich fest, wann welche Arbeiten erledigt sein sollten. Einige Arbeitspakete werden auch doppelt im Ablaufplan auftauchen – allein schon deshalb, weil sie an mehreren Stellen im Forschungsprozess eine Rolle spielen (Dieser Ablaufplan kann dann in einen Arbeitsplan für das Exposé münden).

Nun denken Sie sich vielleicht: Was für ein Quatsch, so durchorganisiert kann eine Promotion ja gar nicht laufen! Unsere Antwort: Ja und Nein. Natürlich stimmt Ihr Einwand in gewisser Weise. Es geht in einem Forschungsprozess nicht nur linear nach vorne, sondern auch immer wieder rückwärts und in Kreisbewegungen. Und, wie bereits mehrmals erwähnt, gibt es auch keinen Königsweg zum Doktortitel. Dennoch ist es durchaus sinnvoll, sich den eigenen Forschungsprozess als Projekt in einem linearen Ablauf vorzustellen. So zwingen Sie sich, konkret zu werden, die einzelnen Teilbereiche des Forschungsprojekts zu durchdenken, einzelne Schritte zu definieren und zumindest einen groben Zeitplan aufzustellen.

Wie detailliert Zielmarken und Zeitpläne ausfallen, hängt stark von persönlichen Vorlieben und den Charaktereigenschaften des Doktoranden ab. So kann es für Promovenden, die einen Hang zum Hinausschieben unangenehmer Aufgaben haben (Stichwort Prokrastination; für eine nicht vollständig empfehlenswerte Verherrlichung derselben vgl. Passig/Lobo 2008), sehr sinnvoll sein, sich sogar Tagespläne mit konkreten Aufgaben und Zielen zu erstellen. Wer sich selbst als disziplinierten Arbeiter kennt, der kann sich mehr Flexibilität leisten und in längeren Zeiträumen planen: bis zum nächsten Wochenende oder bis zum nächsten Urlaub. Wenn Sie nicht recht wissen, wie Sie sich selbst einschätzen würden, dann denken Sie einfach an die Entstehung Ihrer Haus- oder Abschlussarbeiten zurück. Ein Beispiel: Waren Sie ein Typ, der in den Tagen vor dem Abgabedatum bis nachts um 2 Uhr gearbeitet hat, dann empfiehlt sich für die Promotionsphase in jedem Fall, mit Tages- oder zumindest Wochenplänen zu arbeiten.

Klar ist auch, dass Sie bei der Erstellung Ihres Zeitplans zu Beginn der Promotion noch nicht wissen können, welche konkreten Aufgaben nach zwei Jahren, drei Monaten und zwölf Tagen anstehen werden. Daher sollten Sie zunächst eine grobe Struktur festlegen und diese dann Zug um Zug verfeinern (siehe hierzu auch Kapitel 6). Überlegen Sie zunächst, wie viele Jahre Sie für Ihre gesamte Promotionsphase ansetzen würden und wie sich die einzelnen Arbeitsschritte auf die Jahre verteilen. Brechen Sie diese Schritte dann auf Monate herunter und, zumindest für die kommenden Monate, auch in Wochen. Wichtig in dieser Phase ist eine gnadenlose Ehrlichkeit mit sich selbst. Die redaktionelle Überarbeitung der Rohfassung Ihrer Doktorarbeit dauert gewiss nicht nur eine Woche. Den Forschungsstand zum Thema Bildungserfolg in benachteiligten sozialen Schichten durchdringen Sie auch nicht in nur 14 Tagen. Und wenn Sie neben der Promotion noch als wissenschaftlicher Mitarbeiter am Lehrstuhl arbeiten oder einen anderen (Neben-)Job haben: Planen Sie auch hier realistisch! Haben Sie abends nach einem harten Arbeitstag als Aushilfskraft in der Buchhaltung eines Großunternehmens wirklich noch die Energie, den interessanten Artikel aus der KZfSS zu lesen? Besonders kritisch sind Zeitpläne, wenn man auf andere Personen angewiesen ist. Sind Sie für die qualitative Analyse der Bildungsaspirationen von Kindern benachteiligter Schichten – um beim Thema zu bleiben – auf Interviews mit deren Eltern und Lehrern angewiesen, dann planen Sie am besten noch großzügiger. Nur so kommen Sie bei einer Absage eines Experten oder bei Terminverschiebungen nicht unter Druck. Ohnehin ist es ratsam, auch Pausen, freie Tage, Wochenenden und Urlaubstage einzubeziehen. Planen Sie den Freitagnachmittag doch grundsätzlich als Freizeit ein. Er dient dann als Puffer, wenn Sie weniger schnell als gewünscht vorankommen oder für ein Thema länger brauchen. Zusätzlich sollten Sie auch am Ende einen großen Puffer einbauen. Wer in drei Jahren fertig sein will und seine Deadlines erfahrungsgemäß nicht immer einhält, sollte vielleicht besser mit zweieinhalb Jahren planen.

Ein Zeitplan, der zu Beginn einer Promotionsphase entsteht, ändert sich in der Regel mehrmals während des Forschungsprozesses. Da findet man plötzlich noch einen interessanten Seitenaspekt, der dringend aufgenommen werden muss, und flugs ist eine Woche vergangen. Aber fragen Sie sich in solchen Situationen doch zunächst einmal, ob der Seitenaspekt wirklich so wichtig ist, und wenn ja, ob nicht ein anderer Teil der Arbeit dafür etwas kürzer ausfallen kann. Zwar ist der Zeitplan nicht heilig, aber je länger es Ihnen gelingt, zumindest die großen Linien Ihres Plans einzuhalten, umso stärker wird sein Gewicht für Ihr eigenes Arbeiten, umso eher werden Sie versuchen, die selbstgesteckten Vorgaben einzuhalten.

Wenn Sie nach dem Meilenstein-Prinzip arbeiten, dann sollten Sie sich belohnen, wenn Sie ein Ziel erreicht haben. Einer der Autoren dieses Werkes hat zum Beispiel seinen eigenen Zeitplan sehr gerne an Urlauben oder verlängerten Wochenenden ausgerichtet: „Diese Auswertung mache ich noch vor dem Skifahren fertig, mit dem Kapitel will ich unbedingt bis zum Sommerurlaub durch sein" – solche Zielvereinbarungen mit sich selbst können sehr gut funktionieren und steigern zuweilen die Produktivität ganz erheblich.

Eine andere Möglichkeit, sich selbst zur Einhaltung des Zeitplans zu zwingen[2], besteht darin, gewisse Zielmarken im Zeitplan mit Termindruck zu verknüpfen. Ein Beispiel: Planen Sie doch in jedem Semester nicht nur einen Vortrag im Doktorandenkolloquium Ihres Betreuers ein, sondern noch einen zusätzlichen Vortrag in einem anderen Kolloquium oder auf einer Konferenz. Versuchen Sie dann, in den einzelnen Veranstaltungen gewisse Teilaspekte ihrer Arbeit zu präsentieren, die Sie kurz zuvor fertiggestellt haben. Dieses Vorgehen hat zwei Vorteile: Zum einen sind die Ergebnisse noch frisch – Sie können gute Anregungen also noch wunderbar in Ihre Doktorarbeit einbauen. Und zum anderen disziplinieren Sie sich dadurch selbst, weil Sie der Kolloquiumstermin dazu verpflichtet, etwas Präsentables vorweisen zu können. Ähnlich wie Kolloquien können auch Konferenzen wirken. Scheuen Sie sich nicht, einen Teil Ihrer Dissertation auf einer Sektionstagung der DGS oder auf dem alle zwei Jahre stattfindenden DGS-Kongress vorzustellen (siehe auch Kapitel 8). In der Regel motivieren solche Termine nicht nur, sondern Sie setzen sich dadurch selbst unter Druck, bis zum Tag X einen bestimmten Abschnitt fertiggestellt zu haben.

Natürlich werden Sie während Ihrer Promotionsphase den selbstgesteckten Zeitplan nicht immer komplett einhalten können (s.o.). Und weniger produktive Phasen sind auch durchaus normal und völlig in Ordnung – unter einer Voraussetzung: Sie sollten nicht zum Dauerzustand werden. Die Promotionsphase ist ein Auf und Ab, auch bei der Produktivität. Wenn es also zwischendurch richtig gut vorangeht, können Sie sich an einer anderen Stelle im Arbeitsprozess auch eine geringere Produktivität leisten.

Arbeitsorganisation bei Doppelbelastung

Für Promovenden, die gleichzeitig Mitarbeiter an einem Lehrstuhl sind, gestaltet sich die Arbeitsorganisation natürlich schwieriger. Denn als wissenschaftlicher

---

[2] Zugegebenermaßen ist die Fähigkeit dazu, sich selbst zu etwas zu zwingen, auch in der sozialen Gruppe der Doktoranden ungleich verteilt. Manchem Naturell mag es näher liegen und ohne Langzeiteinbußen an Produktivität gelingen, Feng-Shui-inspiriert mit dem Fluss der Dinge zu gehen, also an einem Tag sieben Tassen grünen Tee mit Kollegen in der Cafeteria zu trinken und dafür in einer schlaflosen Vollmondnacht elf Seiten zu schreiben. Auch hier gibt es sehr unterschiedliche Wege zum Ziel. Mit anderen Worten: Sie sollten Ihre eigene ideale Arbeitsweise immer besser kennen lernen und gezielt anwenden, Gelegenheiten, sich selbst zu belügen, dagegen bewusst ausschlagen.

Mitarbeiter ist die Wahrscheinlichkeit deutlich höher, vom Vorgesetzten mit unvorhersehbaren Aufgaben eingedeckt zu werden: Von der Korrektur von Abschlussarbeiten über die Erstellung einer Power-Point-Präsentation bis zur Mitarbeit an einem Paper zu einem promotionsfremden Thema. Wenn Sie zu dieser Kategorie von Doktoranden gehören, sollten Sie noch größere Puffer in Ihrem Zeitplan einbauen. Gleichzeitig lohnt es sich auch, beim Doktorvater ein Problembewusstsein für die schwierige Situation aufzubauen. Weihen Sie den Lehrstuhlinhaber, der in der Regel gleichzeitig Ihr Betreuer ist, wenn möglich in Ihre eigene Zeitplanung ein. Erklären Sie ihm, wann Sie etwas mehr Luft für Lehrstuhlangelegenheiten haben, und wann Sie sich ganz ihrer Promotion widmen möchten. Vielleicht ist es auch ratsam, sich zwei Tage in der Woche ganz von Lehr- und Verwaltungsaufgaben zu befreien und dann – entweder im Uni-Büro oder zu Hause – ausschließlich an der Dissertation zu arbeiten. Machen Sie diese Tage unter den Kollegen (und, so akzeptiert, Ihrem Chef) als sakrosankt bekannt, und antworten Sie während dieser Zeit nur in größten Notfällen auf E-Mails, die nichts mit der Promotion zu tun haben. Dann wird sich am Institut und bei den Studenten schnell herumsprechen, dass Sie an diesen Wochentagen abtauchen.

Gleichzeitig haben Sie als wissenschaftlicher Mitarbeiter aber auch Vorteile. Einfache Arbeiten wie das Kopieren von Literatur oder die Übertragung von Auswertungsergebnissen in eine Tabelle können Sie unter Umständen an studentische Hilfskräfte delegieren. Wenn Sie mit einem Textabschnitt nicht zufrieden sind und eine Hilfskraft im Nebenfach Germanistik studiert, haben Sie ggf. schon einen ersten Korrekturleser. Solche Vorteile sollten Sie zum Ausgleich für Mehrbelastungen an anderer Stelle nutzen – dann sparen Sie sich Zeit und Nerven.

Besonders diffizil ist die Arbeitsorganisation bei Doktoranden, die nebenher einem anderen Job nachgehen. Doch auch für solche Promotionsstudenten gelten dieselben allgemeinen Hinweise: Machen Sie sich einen Zeitplan, überlegen Sie, wann Sie welche Aufgaben erledigen können und seien Sie ehrlich zu sich selbst. Sicherlich sinnvoll ist es, mit dem Arbeitgeber zumindest für die Abschlussphase der Promotion eine spezielle Regelung zur Arbeitszeitverkürzung zu vereinbaren: Vier Tage Arbeit im Beruf und einen Tag an der Promotion, so könnte eine Lösung aussehen, die Ihnen mehr Zeit für die Forschung oder zumindest die Niederschrift der Ergebnisse lässt. Viele Arbeitgeber lassen sich auf flexible Regelungen ein – zumindest wenn sie an der Weiterqualifikation ihres Mitarbeiters interessiert sind, und daran, Sie baldmöglichst wieder mit ganzer Energie im Betrieb zu haben. Ein Versuch ist die Anfrage in der Personalabteilung oder beim Chef auf jeden Fall wert (siehe auch Kapitel 6).

Über die Kunst, gelassen zu bleiben, ohne zu verzweifeln.
Standardanmerkungen eines Promovierten
von Sebastian M. Büttner

Es ist gar nicht so leicht, über die eigenen produktiven und unproduktiven Phasen während der Promotion nachzudenken, ohne die einschlägigen Phrasen und Gemeinplätze zu bemühen, die bei mir selbst zumeist für Unbehagen sorgten. Aber ist es nicht so: Das Leben besteht eben nicht nur aus produktiven Phasen; es gibt auch die unproduktiven Tage, an denen Dinge einfach nicht so laufen wie geplant. Wissen wir nicht alle: Aus einer unproduktiven Phase kann manchmal auch ganz unverhofft ein neuer Schub an Kreativität und Schaffenskraft hervorgehen.

Dies gilt natürlich auch und ganz besonders für ein so langfristiges Projekt wie eine Promotion. Und es heißt, dass gerade ein solches Unterfangen einen langen Atem, Geduld und eine große Portion Gelassenheit und Frustrationstoleranz erfordert. Doch was, wenn die Unzufriedenheit über die eigene Langsamkeit und Unproduktivität wächst und die (anfänglich) leisen Zweifel am eigenen Tun und Schaffen immer lauter werden? Dann helfen erfahrungsgemäß viele Einsichten und Weisheiten – ebenso wie die gut gemeinten Ratschläge von Freunden, Betreuern und Promotionsratgebern: „denke auch an Pausen und schalt' auch mal ab", oder: „wichtig ist, dass man sich nicht zu viel vornimmt, aber jeden Tag dran bleibt" – zumeist auch nicht viel weiter. Spätestens dann, so meine Beobachtung, kommen viele Promovierende während ihrer Promotion an einen Punkt, an dem sie den Sinn und den Erfolg ihres Tuns grundlegend in Frage stellen.

Es mag Menschen geben, denen unproduktive Phasen oder die vielzitierte Angst vor dem weißen Blatt (oder für heute angemessener: dem blinkenden Cursor) eher fremd sind. Dieser Eindruck drängt sich nicht zuletzt in einem Fach wie der Soziologie auf, in dem sich gerade die herausragendsten und erfolgreichsten Geister stets den Rang um die längste Werkausgabe in den Bibliotheksregalen streitig machen. Doch gerade dann hilft es vielleicht, sich in unzufriedenen und unproduktiven Phasen immer wieder klar zu machen, dass jede professionelle Autorin/jeder professionelle Autor Phasen hat, in denen das Schreiben zur Last wird und auch ein Weber oder ein Luhmann nicht immer gleich produktiv waren. Von Weber wissen wir gar, dass er trotz (oder gerade wegen?) seiner unglaublichen Produktivität immer wieder an immensen Selbstzweifeln und längeren Phasen der absoluten körperlichen Erschöpfung litt. Über Luhmann sind zwar kaum Geschichten über existenzielle Lebenskrisen und große Gemütsschwanken bekannt. Dafür ranken sich umso mehr Mythen und Legenden um sein ausgeklügeltes und ausuferndes Exzerpiersystem und seinen sagenumwobenen Zettelkasten. Und er selbst trug kokett zur eigenen Mythenbildung bei, indem er erklärte, dass sich seine Theorie und seine Bücher mit Hilfe des Zettelkastens im Grunde selbst schreiben würden.

Nun ja, angesichts solcher Koketterien und Legenden hilft häufig wohl auch der Blick auf die „großen" Vorbilder nicht viel weiter. Im Gegenteil: Mystisch aufgeladene

Geschichten über existenzielle Krisen als Motor der Produktivität – oder, wie im Falle Luhmanns, bis zur Perfektion getrimmte Arbeits- und Schreibroutinen – wirken auf viele eher abschreckend und zusätzlich lähmend. Aber wir können daran zumindest sehen, dass es auch unter den herausragendsten Autorinnen und Autoren keinen Königsweg und nicht das *eine* Erfolg versprechende Rezept gibt. Manche müssen früh morgens am Schreibtisch sitzen, andere können vor neun Uhr überhaupt nicht richtig denken, geschweige denn schreiben. Manche brauchen einen absolut aufgeräumten und blank geputzten Schreibtisch, andere fühlen sich nur im wohl gehüteten Chaos prächtig. Im Grunde muss wohl jede(r) – und ich weiß, dass ich mich damit wieder auf die Ebene der Gemeinplätze begebe – mit etwas Geduld, Mut und leider wohl auch Disziplin ihren/seinen eigenen Weg finden und dabei auch den ein oder anderen Irrweg in Kauf nehmen. Denn das Besondere an einer Promotion ist, dass es sich bei diesem Vorhaben eben nicht um das fünfte Buch oder den zehnten Aufsatz oder das siebte Forschungsprojekt handelt, sondern in der Regel um die erste eigenständige wissenschaftliche Arbeit. Und das ist erst einmal Arbeit und Anstrengung genug. Sollen doch die Webers und die Luhmanns dieser Welt schreiben, so viel sie wollen!

Dr. Sebastian M. Büttner promovierte zwischen 2005 und 2009 als Stipendiat der Heinrich Böll Stiftung und in der Schlussphase auch mit Inanspruchnahme eines kommerziellen Studienkredits an der Bremen International Graduate School of Social Sciences (BIGSSS). Seine Promotion ist 2011 unter dem Titel „Mobilizing Regions, Mobilizing Europe: Expert knowledge and scientific planning in European regional development" bei Routledge erschienen. Er ist seit April 2010 als wissenschaftlicher Mitarbeiter am Institut für Soziologie der Universität Erlangen-Nürnberg im Bereich Allgemeine Soziologie und Kultursoziologie tätig.

Produktivität im eigentlichen Forschungsprozess

Wenn Sie eine klare Struktur Ihrer Dissertation im Kopf (oder besser noch auf Papier) haben und ein Zeitplan feststeht, sind die Voraussetzungen für eine hohe Produktivität bestens. Doch auch die inhaltliche Arbeit, der Forschungsprozess an sich, lässt sich so organisieren, dass man möglichst gut voran kommt.

Den eigenen Arbeitsrhythmus finden

Dass Menschen einen unterschiedlichen Biorhythmus haben, ist wissenschaftlich erwiesen. Die Schlafforschung unterscheidet zwischen Lerchen – also Menschen, die morgens ihr Leistungshoch haben – und Eulen – Menschen, die abends und nachts in Topform sind, morgens dagegen nur schwer in die Gänge kommen (Meier-Knoll 1995). Im Gegensatz zu Schichtarbeitern in der Fabrik haben Sie als

Doktorand in der Regel das Privileg, Ihre Arbeitszeit relativ flexibel zu gestalten. Wenn Sie diesen Vorteil ausnutzen, steigern Sie Ihre eigene Produktivität. Ein Beispiel aus dem Bereich der quantitativen Sozialforschung und dem Erfahrungsschatz eines der Autoren: Wenn Sie aus den Regressionstabellen Ihres Stata-Outputs nur stupide Zahlenreihen in Word-Tabellen übertragen müssen, so wäre diese Arbeit wie geschaffen für Ihr persönliches kreatives Tief. Die Interpretation Ihrer Ergebnisse sollten Sie, wenn Sie ein Lerchen-Typ sind, stattdessen lieber gleich morgens zwischen 8 und 10 Uhr angehen, weil Sie dann Ihr höchstes Leistungsniveau erreichen. Dies bedeutet im Umkehrschluss aber auch, dass Sie in Ihrem Zeitplan nicht nur eine Tätigkeit für einen Tag reservieren sollten. Vorsätze wie „Heute schreibe ich nur am Theoriekapitel" lassen sich meist nur schwer erfüllen. Nehmen Sie stattdessen in Ihre Zeitpläne auch Arbeiten auf, die Sie in Ihre persönlichen Tief-Phasen stecken können.

Natürlich kann nicht jeder Doktorand völlig frei über seine Arbeitszeit verfügen. Viele sind fest an einen Lehrstuhl angegliedert und haben ein eigenes Büro am Institut für Soziologie. Doch auch in diesen Fällen gibt es Wege, auf seinen eigenen Biorhythmus zu achten. Niemand hat etwas dagegen, wenn Sie nach dem Mittagessen das Büro von innen abschließen, sich für 20 Minuten auf den Boden legen und einen Mittagsschlaf einlegen. Klar, Sie sollten das vorher mit ihrem Doktorvater und den Kollegen abklären. Vielleicht ernten Sie auch ein müdes Lächeln von dem Kollegen, der morgens um sieben kommt und abends um 22 Uhr das Licht seiner Schreibtischlampe ausknipst. Sehen Sie großzügig darüber weg – am Ende einer Promotion zählt immer noch die Qualität der Doktorarbeit und nicht die Zahl der Arbeitsstunden. Oder verweisen Sie auf (den späten) Immanuel Kant – dessen Produktivität sicher auch bei Ihrem arbeitsamen Kollegen unangezweifelt sein dürfte. Über den Philosophen ist folgender Bericht überliefert: „Er ging jeden Nachmittag hin, fand Green in einem Lehnstuhle schlafen, setzte sich neben ihn, hing seinen Gedanken nach und schlief auch ein. Dann kam Bankdirektor Rufmann und tat ein gleiches, bis endlich Motherby zu einer bestimmten Zeit in das Zimmer trat und die Gesellschaft weckte, die sich dann bis 7 Uhr mit den gespanntesten Gesprächen unterhielt" (Jachmann 1804: 162).

Produktive Pausen

„From a medical point of view, for the majority a midday break of 45-60 minutes is sufficient for recovery from fatigue, provided that breaks of 10-15 minutes exist in the morning and afternoon for rest and light refreshments" (Grandjean 1969: 82). Mediziner und Arbeitswissenschaftler wissen seit vielen Jahren, dass Pausen für ein gesundes und produktives Arbeiten unverzichtbar sind. In einer aktuellen

Analyse kommt Tucker zum Schluss, dass insbesondere über die gesamte Arbeitszeit verteilte kurze Pausen wichtig sind, um die Konzentrationsfähigkeit wieder zu steigern (Tucker 2003). Einige Studien aus der Arbeitswissenschaft berichten sogar, dass die Gesamtproduktion eines Arbeiters steigt, wenn er mehr Pausen macht: In einer kürzeren Gesamtarbeitszeit produziert er mehr (Ong 1990).

Fazit: Pause machen ist keine Schande!

Die arbeitswissenschaftlichen Untersuchungen zeigen zudem, wie und wann Pausen am erholsamsten wirken. Demnach ist der Erholungseffekt dann am besten, wenn der Betroffene selbst entscheidet, wann er eine Pause einlegt. Voraussetzung: Er muss seine Müdigkeit selbst richtig einschätzen können (Tucker 2003). Wenn Ihnen also nach dem dritten Fachartikel über unterschiedliche Formen prekärer Beschäftigung in den Niederlanden der Kopf brummt, zögern Sie nicht, sich den Kopf bei einem kleinen Spaziergang zum nächsten Bäcker auszulüften oder die bestellten Bücher von der Bibliothek abzuholen. Dabei wird Ihnen sicher vieles klarer. Und: Aktive Pausen (also: Bewegung) steigern bei geistiger Arbeit den Erholungswert einer Pause ebenfalls – vorausgesetzt Sie finden danach zügig den Weg zurück an Ihren Schreibtisch (Allmer 1996).[3]

Konzentration und Ablenkung

Das Internet hat das Forscherleben gründlich verändert. Musste man früher noch wochenlang auf einen Zeitschriftenartikel warten, den man per Fernleihe aus Kiel zugeschickt bekam, so klickt man sich heute durch die Elektronische Zeitschriftenbibliothek und lädt sich das Dokument als PDF auf den Rechner. Gleichzeitig birgt das Internet aber auch Gefahren. Spiegel Online oder Sueddeutsche.de bieten immer interessante Informationen, und nichts ist (bzw. vielleicht war) schöner, als am Live-Ticker bei der Tour de France mitzufiebern. Wer sich jedoch leicht ablenken lässt, für den kann der dauernde Zugang zum weltweiten Netz zum Problem werden. Erwischen Sie sich dabei, jede fünf Minuten die Neuigkeiten von Spiegel Online anzuklicken oder täglich zwölf Diskussionsbeiträge auf einem Ringer-Forum zu schreiben, dann sollten Sie sich eine Strategie gegen die eigene Neugier bzw. Ablenkbarkeit überlegen. Sonst unterbrechen Sie sich immer wieder selbst bei der Arbeit, verlieren die Konzentration und werden unproduktiv. Eine Lösungsmöglichkeit ist es, sich morgens oder nach der Mittagspause eine halbe Stunde Privatsurfen zu erlauben und danach den Internet-Browser nur

---

[3] Dass Pausen auch aus medizinischer Sicht bei Bildschirmarbeit ungemein wichtig sind, sei an dieser Stelle nur am Rande erwähnt. Sie führen zu signifikant geringeren Nacken-, Rücken-, und Augenbeschwerden (Galinsky et al. 2000).

noch zu wissenschaftlichen Zwecken zu verwenden. Wenn Sie das nicht schaffen: Ziehen Sie einfach das Lan-Kabel aus dem Computer, wenn Sie gerade keine Literatur recherchieren müssen.[4] Und wenn die Tour-Etappe auf den Aubisque ansteht, dann ist es für manchen radsportbegeisterten Doktoranden wahrscheinlich am produktivsten, einen freien Tag einzuplanen, auszuschlafen, die gesamte Etappe zu Hause am Bildschirm zu verfolgen und die Dissertation einfach mal Dissertation sein zu lassen. Am nächsten Tag starten Sie dann mit neuen Kräften und ausgeschlafen in den Tag.

Schreiben

Ob das weiße Blatt Papier oder das jungfräuliche Word-Dokument – während einer Promotionsphase steht man immer wieder vor der Herausforderung, ein neues Kapitel, Unterkapitel oder einen neuen Abschnitt zu beginnen. Für manche Doktoranden ist das alles kein Problem. Sie schreiben gern und viel und legen einfach los. Andere rätseln hingegen minutenlang über das passende Wort, den besten Satzbeginn oder die richtige Formulierung. Da es eine Vielzahl von Autoren gibt, die über die Techniken des wissenschaftlichen Schreibens und den Umgang mit Schreibblockaden bereits umfangreiche Ratgeber verfasst haben (vgl. die Literaturempfehlungen am Ende dieses Kapitels), beschränken wir uns an dieser Stelle auf einige Tipps und Lehren, die wir aus unserer eigenen Promotionszeit mitgenommen oder in unserem Umfeld erlebt haben.

Unerlässlich ist es sicherlich, sich vor Beginn des Schreibprozesses Gedanken darüber zu machen, welche Überlegungen in den zu schreibenden Text einfließen sollen. Manchen Wissenschaftlern helfen umfangreiche Mind-Maps dabei, ihre Gedanken zu strukturieren. Dabei schreibt man das Hauptthema eines Kapitels ins Zentrum und die verbundenen Themen darum herum. In einem zweiten Schritt kann man dann aus dem (meist chaotisch anmutenden) Mind-Map eine hierarchische Gliederung des Kapitels ableiten (vgl. exemplarisch Buzan/Buzan 2005). Andere Forscher schreiben die wichtigsten Punkte, die in einem Kapitel angesprochen werden sollen, stichwortartig untereinander und strukturieren den Text entsprechend. Literaturverweise können dann ebenfalls in diese Grobstruktur einfließen. Für welchen Weg Sie sich auch entscheiden – die Strukturierung erleichtert Ihnen das Schreiben und stellt sicher, dass Sie keinen wichtigen Aspekt vergessen.

---

[4] Es gibt sogar Fälle, in denen Doktoranden ausdrücklich darum bitten, keinen Internetzugang im Büro zu haben. Für die Recherche und zum Mailen müssen diese dann zwar in den PC-Pool oder die UB, aber dafür ist die Internetsucht am Arbeitsplatz im Zaum gehalten.

Wenn die Grobstruktur einmal steht, ist es wichtig, mit dem Schreiben zu beginnen (siehe den Gastbeitrag von Anna Henkel). Im Schreibprozess selbst gibt es verschiedene Wege zum Glück. Mancher schnelle Schreiber hat keine Mühe, drauflos zu formulieren, tut sich aber enorm schwer dabei, einmal Hingeschriebenes zu kürzen oder zu verdichten. Für diese Schreibtypen lauern Probleme nicht in der Textproduktion selbst, sondern in der Selbstbeschränkung, bei aller Freude am Formulieren noch das große Ganze im Blick zu behalten: die Fragestellung des spezifischen Abschnitts und dessen Rolle im Gesamtkonzept der Arbeit. Wenn Sie sich als solchen Schnellschreiber kennen – und diese Selbsterfahrung haben Sie in der Regel spätestens bei der Erstellung Ihrer Abschlussarbeit gemacht – dann sollten Sie sich dazu zwingen, nicht nur um des Schreibens Willen Seiten zu produzieren, sondern diese auch in eine sinnfällige Ordnung einzufügen. Nur wenig ist schlimmer, als sich in einen Seitenaspekt zu verrennen, dazu Dutzende Seiten zu schreiben und dabei die Fragestellung aus den Augen zu verlieren. Die notwendige Kürzungsarbeit bei der Überarbeitung ist nicht nur aufwändig, sondern auch schmerzhaft – schließlich hatte man ja Zeit und Muße in diesen Abschnitt investiert. Fragen Sie sich also immer wieder: Weshalb schreibe ich diesen Abschnitt? Auf welche Frage antworte ich damit? Welche Rolle spielt der gerade produzierte Text im Gesamtkonzept der Arbeit? Und wenn Sie einen ersten Rohentwurf haben, lassen Sie den Text am besten eine Nacht liegen und gehen am nächsten Tag mit frischem Geist und klarem Überblick über Ihre Ziele an die Überarbeitung.

Der Gegenentwurf zum Schnellschreiber ist der Übervorsichtige. Wenn Sie vor jedem Begriff darüber nachdenken, ob er in dieser speziellen Textkonstellation angemessen ist, und mit jedem mühsam formulierten Satz gleich wieder unglücklich sind, gehören Sie wohl zu diesem Typus. Für Sie gibt es in diesem Fall nur einen Rat: Augen zu und durch! Der erste Satz kann krumm und schief sein – egal! Hauptsache ist, Sie legen los. Natürlich sollten Sie nicht völlig blind losschreiben. Versuchen Sie stattdessen, als Einstieg zum Beispiel dem Leser die logische Reihenfolge der einzelnen Gliederungspunkte deutlich zu machen. Sie führen Ihre Leser dadurch und spinnen für den eigenen Schreibprozess einen roten Faden. Dann reiht sich Gedanke an Gedanke, und Sie legen Ihre Abschnitte nach einem wohlüberlegten Bauplan an. Wenn Sie so vorgehen, kommen Sie in einen Schreibprozess, der viel produktiver ist, als stundenlang vor dem weißen Blatt Papier auf die geniale Formulierung für den ersten Satz zu warten.

Manche Übervorsichtige neigen auch (wie manche Schnellschreiber) dazu, einmal formulierte Sätze nur ungern wieder umzubauen oder Begriffe zu ersetzen. Wenn Sie für die Überarbeitung einer Seite mehr als eine halbe Stunde brauchen – verschieben Sie den ganzen Feinschliff ans Ende Ihrer Promotionsphase. Am besten Sie geben dann einzelne Teile auch Ihren Kollegen zum Korrekturlesen – vorzugsweise solchen, die weniger zimperlich mit Ihren Formulierungen umgehen, als Sie selbst. Klar ist aber auch: Wenn Sie diesen Weg wählen, sollten Sie mindestens drei Monate für die verschiedenen Überarbeitungsrunden am Ende der Promotionszeit einplanen.

Ein weiterer Hinweis aus unserer persönlichen Erfahrung: Verschieben Sie Layout und Formatierung Ihrer Arbeit auf das Ende des Schreibprozesses.[5] Gerade bei quantitativen Arbeiten, bei denen mit Abbildungen und Tabellen gearbeitet wird, ist es nicht sinnvoll, sich in frühen Stadien mit Formatierungsarbeiten aufzuhalten. Nutzen Sie doch einfach eine Ihrer persönlichen Tief-Phasen im Forschungsprozess dafür, in ihrem Textverarbeitungsprogramm eine einfache Formatvorlage für Ihre Tabellen zu erstellen. Mit wenigen Klicks haben Sie dann in der Regel die Tabellen zumindest halbwegs sauber formatiert – der Feinschliff kommt später, spätestens wenn der Verlag Ihnen seine Präferenzen für die Layoutgestaltung übermittelt. Im Schreibprozess halten solche Kleinigkeiten nur auf und Sie verlieren den guten Gedanken oder die gute Formulierung, die Sie gerade im Kopf haben.

Die Work-Life-Balance

Jeder Doktorand hat – wie jeder Mensch – seinen eigenen, persönlichen Lebensentwurf. Deshalb ist es sehr schwierig, in einem Ratgeber für angehende promovierte Soziologen allgemeine Tipps zu einer optimalen Work-Life-Balance zu formulieren. Sicher ist nur: Eine Promotionsphase, in der das Privatleben zu kurz kommt und die Dissertation zum einzigen Lebensinhalt wird, führt früher oder später zu Problemen (siehe auch Kapitel 10). Nicht nur der (aktuelle oder potenzielle) Lebenspartner braucht Zuwendung und Zeit, sondern auch die Freunde, die Eltern und nicht zuletzt der eigene Körper und Geist.

Natürlich könnte eine Doktorarbeit immer noch ein wenig ausführlicher, noch detailreicher, noch pointierter und besser formuliert sein. Die tägliche Arbeit geht nie automatisch zu Ende. Doch sie darf nicht zur dauerhaften Belastung auch außerhalb der Arbeitszeit werden – denn dann leidet nicht zuletzt auch die Produktivität. Wenn Sie eines Morgens Ihren Computer anschalten und keinerlei

---

[5] Für ein Zitierprogramm (z.B. Endnote, Citavi, JabREf) sollten Sie sich aus Effizienzgründen allerdings früh entscheiden und es dann konsequent nutzen.

Lust in sich spüren, das Kapitel zum Forschungsstand der Determinanten schulischen Erfolgs von Kindern aus „Hartz IV"-Familien weiterzuschreiben – machen Sie sich keinen Kopf, das ist normal und kommt immer wieder vor. Wird dieses Gefühl jedoch zum Dauerzustand, bahnt sich möglicherweise ein ernsthaftes Problem an. Dann sollten Sie sich überlegen, ob Sie ausreichend Ausgleich zu Ihrer wissenschaftlichen Tätigkeit haben oder ob die Promotion immer mehr von Ihrer Lebenszeit und -energie auffrisst. Wann waren Sie das letzte Mal genüsslich einkaufen? Warum steht die Gitarre nur in der Ecke? Wie wäre es mit einem Besuch im Schwimmbad mit Sauna und Massage? Was halten Sie von einem Wochenende mit Ihrer besseren Hälfte in Weimar? Gönnen Sie sich diese Auszeiten! Sie sind notwendig, damit Sie auftanken können – geistig wie körperlich. Und wenn Sie Gefahr laufen, nur noch für die Arbeit zu leben, dann müssen Sie sich zu diesen Erholungsphasen regelrecht zwingen. Das geht ganz einfach: Kaufen Sie sich ein Saison-Abonnement fürs Theater oder, wenn Ihnen das näher liegt, für die Spiele Ihres Fußballklubs. Schließen Sie sich einem Sportverein mit festen Trainingszeiten an. Gehen Sie ins Uni-Orchester oder in den Uni-Chor. Diese Ausgleichszeiten zur Arbeit sind immens wichtig, um den eigenen Geist und den Körper im Gleichgewicht zu halten. Außerdem steigern sie, ähnlich wie Pausen während der Arbeitszeit, die Produktivität (s.o.).

Zwei mehr oder weniger frei erfundene Extrembeispiele zur Illustration: Doktorand A sitzt eine Woche lang von 7 bis 22 Uhr im Büro und schreibt an seiner Dissertation. Am Montag kommt er noch gut voran, geht aber erst spät, weil er den guten Flow nutzen möchte. Am Dienstag läuft nichts zusammen, er bläst den geplanten abendlichen Kinobesuch ab und versucht, sich stattdessen auf den Text zu konzentrieren. Mit mäßigem Erfolg. Dabei denkt er eigentlich die ganze Zeit darüber nach, dass er mit der Absage seine gute Freundin enttäuscht hat. Am Mittwoch und Donnerstag sinkt die Produktivität weiter, Übermüdung und schlechte Laune stellen sich ein: „Ich sitze jeden Abend bis 22 Uhr am Rechner und komme trotzdem nicht voran." Und am Freitag ist unser Doktorand unglücklich, weil die gute Freundin auf seine SMS wegen des geplanten Kneipenbesuchs am Samstag schnippisch zurückgesimst hat, sie habe ja am Dienstag Zeit gehabt, jetzt aber am Samstag schon etwas anderes vor. Also verbringt er auch den Samstag im Büro, lässt sich aber von den Spieltagsanalysen auf kicker-online ablenken und versucht, das wiederum zu kompensieren, indem er am Sonntagnachmittag erneut ins Büro geht. Dort trifft er die zwei oder drei Mitarbeiter mit demselben Problem, und weil ja Sonntag ist, holt man erstmal Kaffee und Kuchen. Von der am Wochenende im Büro verbrachten Zeit (nicht aber von der Verbummelung derselben) erzählt er dann lautstark in der Mittagspause am folgenden Montag, damit auch alle wissen, wie fleißig er ist.

Nun zur Alternative, dem Doktoranden B: Er macht abends in der Regel um 18 Uhr Schluss. Zwar lief es am Dienstagvormittag mit der Dissertation nicht blendend, aber der Kinobesuch am Dienstag mit anschließendem Bier bringt ihn auf andere Gedanken und ist ein voller Erfolg (vielleicht wird aus ihm und seiner guten Freundin ja doch noch ein Paar?). Am Mittwoch läuft es vor lauter Euphorie mit der Dissertation so gut wie lange nicht mehr. Am Donnerstag bricht unser Doktorand zwar mit seiner eisernen Regel, legt einen längeren Arbeitsabend ein und liest noch einen Text um 20 Uhr auf dem Sofa. Denn morgens hatte ihn ein Artikel aus dem aktuellen Rolling Stone lange von der Dissertation abgehalten. „Okay, eine Ausnahme", sagt er sich. Und am Freitag freut sich Doktorand B auf das Wochenende, setzt sich selbst unter Zeitdruck, weil er das Kapitel noch fertig schreiben will, gerät in eine Schreibwut und klappt um 17 Uhr zufrieden seinen Laptop zu. Klar, der Text muss nochmal überarbeitet werden, aber nun steht er erstmal da. Ein gutes Gefühl.

Für welchen Weg würden Sie sich entscheiden? Und wer ist mit der Dissertation früher fertig? Eben.

Zum Weitersurfen

Schreibtrainer der Uni Duisburg:
   http://www.uni-due.de/schreibwerkstatt/trainer/
„Dissertation Calculator" zur Erstellung eines Zeitplans für die Promotionsphase:
   http://www.lib.umn.edu/help/disscalc/
Online-Mindmapping-Tool zum Brainstormen und Strukturieren:
   http://www.bubbl.us/

Zum Weiterlesen

Allmer, Henning (1996): Erholung und Gesundheit. Göttingen u.a.: Hogrefe.

Buzan, Tony/Buzan, Barry (2005): Das Mind-Map-Buch. Die beste Methode zur Steigerung Ihres geistigen Potenzials. München: mvg.

Engel, Stefan/Preißner, Andreas (2001[4]): Promotionsratgeber. München/Wien: Oldenbourg.

Esselborn-Krumbiegel, Helga (2008): Von der Idee zum Text. Stuttgart: Schöningh.

Fiedler, Werner/Hebecker, Eike/Maschke, Manuela (Hrsg.) (2006): Geschichten aus 1001 Promotion. Ein Promotionslesebuch. Bad Heilbrunn: Julius Klinkhardt.

Galinsky, Traci/Swanson, Naomi/Sauter, Steven/Hurrell, Joseph/Schleifer, Lawrence (2000): „A field study of supplementary rest breaks for data-entry operators", in: Ergonomics 43:5, 622-638.

Girgensohn, Katrin (Hrsg.) (2010): Kompetent zum Doktortitel. Konzepte zur Förderung Promovierender. Wiesbaden: VS Verlag für Sozialwissenschaften.

Grandjean, Etienne (1969): Fitting the Task to the Man: An Ergonomic Approach. London: Taylor & Francis.

Gunzenhäuser, Randi/Haas, Erika (2006[2]): Promovieren mit Plan. Ihr individueller Weg: von der Themensuche zum Doktortitel. Stuttgart: UTB.

Jachmann, Reinhold Bernhard (1968): Immanuel Kant geschildert in Briefen an einen Freund. Anastat. Nachdr. d. Ausgabe Königsberg 1804. Brüssel: Culture et Civilsation.

Keseling, Gisbert (2004): Die Einsamkeit des Schreibers. Wiesbaden: VS.

Knigge-Illner, Helga (2009[2]): Der Weg zum Doktortitel. Strategien für die erfolgreiche Promotion. Frankfurt a.M./New York: Campus.

Kornmeier, Martin (2009): Wissenschaftliches Schreiben leicht gemacht. Bern u.a.: Haupt.

Litke, Hans-Dieter (2007): Projektmanagement. München: Hanser.

Meier-Knoll, Alfred (1995): Zeitstrukturen des Lebens. München: C.H. Beck.

Messing, Barbara/Huber, Klaus-Peter (2007[3]): Die Doktorarbeit: Vom Start zum Ziel. Leit(d)faden für Promotionswillige. Berlin u.a.: Springer.

Meuser, Thomas (2002[2]): Promo-Viren. Zur Behandlung promotionaler Infekte und chronischer Doktoritis. Wiesbaden: Gabler.

Münch, Ingo von (2006[3]): Promotion. Tübingen: Mohr Siebeck.

Nünning, Ansgar/Sommer, Roy (Hrsg.) (2007): Handbuch Promotion. Forschung – Förderung – Finanzierung. Stuttgart/Weimar: J.B. Metzler.

Ong, Choon Nam (1990): „Ergonomic intervention for better health and productivity: two case studies", in: Sauter, Steven/Dainoff, Marvin/Smith, Michael (Hrsg.): Promoting Health and Productivity in the Computerized Office. London: Taylor&Francis, 17-27.

Passig, Kathrin/Lobo, Stefan (2008): Dinge geregelt kriegen – ohne einen Funken Selbstdisziplin. Berlin: Rowohlt.

Patzak, Gerold/Rattay, Günter (2008): Projektmanagement. Wien: Linde.

Plümper, Thomas (2003): Effizient Schreiben. München/Wien: Oldenbourg.

Stock, Steffen/Schneider, Patricia/Peper, Elisabeth/Molitor, Eva (Hrsg.) (2009[2]): Erfolgreich promovieren. Ein Ratgeber von Promovierten für Promovierende. Berlin/Heidelberg: Springer.

Tucker, Philip (2003): „The impact of rest breaks upon accident risk, fatigue and performance: a review", in: Work & Stress 17:2, 123-137.

Wolfsberger, Judith (2010[3]): Frei geschrieben. Mut, Freiheit und Strategie für wissenschaftliche Abschlussarbeiten. Weimar: Böhlau.

8 Feedback einholen

Raus aus dem stillen Kämmerlein!
von Stefanie Walter

Häufig wird mit einer Promotion die Vorstellung von jahrelanger Arbeit im stillen Kämmerlein verbunden. Das Gegenteil war bei mir der Fall, und aufgrund meiner positiven Erfahrungen würde ich allen Doktorierenden raten, ebenfalls aus ihrem Kämmerlein hervorzukommen. Eine gute Dissertation entsteht durch laufende Interaktion mit dem Doktorvater bzw. -mutter, mit anderen Doktorierenden und mit der wissenschaftlichen Fachwelt. Das bedeutet: Rausgehen, sich und die eigene Arbeit exponieren und lernen, mit Kritik umzugehen – und zwar von Anfang an.

Wer bereits bei der Themensuche und im Frühstadium der Arbeit das Gespräch mit anderen Doktorierenden oder Wissenschaftlern sucht, zwingt sich einerseits, seine Fragestellung und das Thema zu konkretisieren und bekommt andererseits die Möglichkeit, frühzeitig Anregungen aufzunehmen und mögliche Klippen zu umschiffen. Sobald die Arbeit erste Formen angenommen hat, kann diese in einem etwas größeren Rahmen vorgestellt werden. Um dem Ganzen den Schrecken zu nehmen, bietet es sich an, die ersten Präsentationen in institutseigenen Kolloquien oder auf einer Graduiertenkonferenz zu halten. Ziel ist es dabei, möglichst frühzeitig Feedback zur eigenen Arbeit zu bekommen. Wer beizeiten die kritischen Punkte und Stolpersteine sieht, kann diese meist problemlos aus dem Weg räumen, während fundamentale Kritikpunkte an einer fast fertigen Arbeit ein ebenso fundamentales Problem für den Doktoranden darstellen.

Für mich hatte es mehrere positive Effekte, dass ich meine Arbeit seit ihrer Entstehung immer wieder in unterschiedlichen Foren und vor unterschiedlichem Publikum vorstellen konnte. Zum Ersten konnte ich die Arbeit in einigen Punkten entscheidend verbessern. Zum Zweiten bekam ich neben der Sichtweise meines Betreuers neue Sichtweisen zu meiner Arbeit zu hören. Und schließlich habe ich gelernt, mit Kritik an meiner Arbeit umzugehen – eine unerlässliche Fähigkeit im Wissenschaftsbetrieb. Dazu gehört erstens, Kritik ernst zu nehmen und dazu zu verwenden, die Arbeit zu verbessern, zweitens, die Kritik nicht persönlich zu nehmen, und drittens, ungerechtfertigte Kritik auch unaufgeregt und charmant zurückweisen zu können. Wer dies in einem geschützten Rahmen lernen kann, dem wird es später viel leichter fallen, auch auf einer großen Konferenz die öffentliche Diskussion über die eigene Forschung nicht zu scheuen. Denn dies ist der nächste Schritt: Sobald die Arbeit soweit fortgeschritten ist, dass man darüber ein Konferenzpapier schreiben kann, ist es an der Zeit, Feedback vom (internationalen) Fachpublikum einzuholen. Wenigstens einmal während der Promotionszeit sollte die Arbeit auf einer großen Fachkonferenz vorgestellt werden. Neben einem Test, wie gut die eigene Arbeit im internationalen Vergleich „da steht", bieten solche Konferenzen Einblicke in den Wissenschaftsbetrieb und die Möglichkeit zum Netzwerken. Um das Kontaktknüpfen zu erleichtern, hilft es dabei, sich bereits vorher einen Satz zurechtzulegen, der die Fragestellung der Dissertation kurz, knapp und in einer allgemein verständlichen Sprache zusammenfasst.

All dies bedeutet natürlich nicht, dass man die Interaktion mit dem Betreuer vernachlässigen sollte. Im Gegenteil, scheuen Sie sich nicht, Ihren Betreuer um Feedback zu Ihrem Konzept oder zu Teilen der Arbeit zu bitten. Was aber tun, wenn der eigene Betreuer nur Experte für Teile der Doktorarbeit ist, bei anderen Teilen aber wenig weiterhelfen kann? In meinem Fall beispielsweise konnte mein Doktorvater mir viele wertvolle Tipps geben, war aber kein Experte auf dem speziellen Gebiet der Währungspolitik, über die ich promovierte. Ich suchte daher in Absprache mit ihm einen Zweitgutachter, einen amerikanischen Ökonomen, der genau dieses Gebiet abdecken konnte und meine Arbeit durch gezielte Fragen und Kritik sehr viel weiter brachte, als ich es alleine gekonnt hätte. Er ermöglichte es mir auch, mehrere Monate als *visiting scholar* an seiner Universität in Kalifornien zu arbeiten, so dass ich viele neue Impulse aufnehmen und neue Kontakte knüpfen konnte. Auch hier hat sich das „Rausgehen" für mich sehr gelohnt.

Während eine Promotion natürlich immer einsame Phasen beinhaltet, in denen man einfach am Schreibtisch sitzen und sich durch Probleme durchbeißen muss, muss (und sollte) die Promotion an sich also keine einsame Sache sein. Konferenzen geben die Möglichkeit, mit anderen Wissenschaftlern, die sich mit verwandten Themen beschäftigen, in Kontakt zu treten. Zudem gibt es an jedem Institut viele Nachwuchswissenschaftler, die in einer ganz ähnlichen Situation stecken und die daher viele wertvolle Tipps geben können – oder zumindest als „Leidensgenossen" die schwierigeren Phasen der Promotion versüßen. Wenn ich auf meine Promotionszeit zurückschaue, sehe ich eine anstrengende, lernintensive, interaktive, manchmal frustrierende, aber insgesamt schöne und befriedigende Zeit. Genau das wünsche ich jedem Doktoranden.

Dr. Stefanie Walter ist Juniorprofessorin für Internationale und Vergleichende Politische Ökonomie an der Universität Heidelberg. Promoviert wurde sie 2007 an der ETH Zürich kumulativ zum Thema „Explaining Policy Responses to Speculative Attacks On Exchange Rates. The Political Economy of Currency Crises."

Wir haben dieses Kapitel unorthodoxerweise direkt mit einem Gastbeitrag begonnen, weil Stefanie Walter darin eine besonders wichtige Botschaft so klar formuliert: Es ist während einer Promotionsphase unerlässlich (oder zumindest können wir uns keine Doktorarbeit vorstellen, die dadurch nicht besser würde), sich von einem sehr frühen Stadium an kontinuierlich und systematisch Feedback einzuholen. Andere nehmen Ihre Arbeit schlicht aus anderen Blickwinkeln oder mit anders (oft einfach besser) geschultem Auge wahr als Sie selbst. Diese Fremdwahrnehmung Ihres Vorhabens brauchen Sie sich selbstverständlich nie zur Gänze zu eigen zu machen, aber sine ira et studio betrachtet dürften die meisten Rückmeldungen wertvolle Anregungen enthalten.

Worum es uns in diesem Kapitel hauptsächlich geht, sind institutionalisierte Formen des Austausches. Darüber hinaus bietet es sich natürlich an, weitere individuelle und informelle Feedback-Mechanismen zu nutzen: Warum nicht am Nachbarlehrstuhl oder an der Nachbaruni fragen, ob man einen Kolloquiumsvortrag halten darf? Warum nicht jungen (oder auch älteren) Wissenschaftlern, die man aus der Literatur zum Thema kennt, einzelne Kapitel mit der Bitte um Kommentierung zusenden? Warum nicht mit anderen Doktoranden ein mehr oder weniger festes Austauschforum über festgefahrene Lehrstuhl- oder Fachbereichsgrenzen hinweg etablieren? Was Ihren Schreibstil und die Klarheit von Argumentationssträngen angeht, sind gerade auch fachfremde Leser geeignete Adressaten für zwischenzeitliche Fassungen Ihrer Arbeit. Ihrer Kreativität sollten auch hier keine Schranken gesetzt sein.[1]

Ein klassischer institutionalisierter Weg, seine Arbeit dem Fachpublikum vorzustellen (und sich nebenbei über aktuelle Entwicklungen in einem spezifischen Themenfeld zu informieren), besteht darin, eine wissenschaftliche Konferenz zu besuchen. Dazu bieten sich – national – insbesondere die alle zwei Jahre im Herbst stattfindenden Kongresse der Deutschen Gesellschaft für Soziologie (DGS) sowie die häufiger stattfindenden Tagungen der (derzeit 33) verschiedenen Sektionen der DGS an.[2]

Die Soziologiekongresse der DGS stellen das große Rendez-vous (fast) aller deutschen Soziologen dar und reichen über einen Zeitraum von einer Woche. Zwar stehen sie jeweils unter einem mehr oder weniger breiten thematischen Leitmotiv (z.B. „Transnationale Vergesellschaftungen" im Fall des Jubiläumskongresses 2010 in Frankfurt a.M.), de facto sind dort aber Vorträge aus so gut wie

---

[1] Nebenbei bemerkt ist neben dem Annehmen bzw. Verarbeiten von Feedback auch das Geben von präzisen und möglichst konstruktiven Rückmeldungen etwas, das man während der Promotionsphase (besser) lernen kann.
[2] Eine Sonderform – gewissermaßen ein Format zwischen DGS-Kongress und DGS-Sektionstagung – stellte die 1. DGS-Regionalkonferenz zum Thema „Strukturwandel zu Metropolen?" dar, die im September 2009 im Ruhrgebiet stattfand und von etwa 330 Teilnehmern besucht wurde.

allen „Bindestrich-Soziologien" zu hören. Das Programm der Soziologiekongresse umfasst verschiedene Veranstaltungstypen, z.B. Plenarveranstaltungen, Veranstaltungen der Sektionen und Arbeitsgemeinschaften, Ad-hoc-Gruppen, „Author meets Critics", Poster Sessions, Abendveranstaltungen. Eine Teilnahme am Soziologiekongress ist aus mindestens drei Gründen dringend zu empfehlen: Erstens können Sie dort, sofern Sie selbst einen Vortrag halten, Rückmeldungen zur vorgestellten eigenen Forschungsarbeit bekommen – wie auf allen Konferenzen. Bedeutender aber sind die weiteren beiden Gründe: Zweitens nämlich sind die Soziologiekongresse die ideale Gelegenheit, Namen, die Sie aus der Literatur oft schon lange kennen, mit Gesichtern in Verbindung zu bringen. Und drittens können Sie an kaum einem anderen Ort die eigene Arbeit so umfassend in Bezug zu der anderer Soziologen setzen: „Wow, so würde ich auch gerne vortragen können", „Na, der kocht aber auch nur mit Wasser…" oder „Das hätte ich aber besser gekonnt" sind typische, je nach Temperament offen geäußerte oder nur innerlich empfundene Reaktionen, aus denen man sich ein Mosaik der soziologischen Landschaft zusammensetzen kann.

Zwischen den Kongressen veranstalten die DGS bzw. ihre Sektionen und Arbeitsgruppen diverse im Regelfall ein bis zwei Tage dauernde themenspezifische Tagungen (z.B. die Frühjahrstagung 2011 der Sektion Jugendsoziologie in Darmstadt zum Thema „Methoden der Jugendforschung"), die ebenfalls sehr zu empfehlen und in Bezug auf die Qualität und Tiefe von Diskussion und Feedback vermutlich noch höher einzuordnen sind als die großen DGS-Kongresse. Sinnvoll erscheint uns der Ratschlag, dass Sie entsprechend dem thematischen Schwerpunkt Ihrer Dissertation ein bis zwei DGS-Sektionen auswählen, diese gewissermaßen zu Ihren „Heimatsektionen" machen und deren Tagungen regelmäßig besuchen – durchaus auch einmal nicht vortragend. Eher als im Ausland stattfindende Veranstaltungen (siehe unten) sollten Sie sich diese gelegentlichen Reisen im Inland sowohl zeitlich als auch finanziell leisten können. Auf diese Weise lernen Sie die Szenerie und Atmosphäre auf wissenschaftlichen Tagungen kennen; Sie lernen, Fragen zu stellen, Smalltalk zu praktizieren – und werden langsam zu einem Gesicht.

In beiden Fällen, dem DGS-Kongress und den DGS-Sektionsveranstaltungen, können Sie sich auf einen „Call for Papers" hin mit einem Abstract um einen Vortrag bewerben; die entsprechenden Aufrufe entnehmen Sie den Internetpräsenzen der DGS und ihrer Sektionen sowie zahlreichen Mailinglisten, die Sie ohnehin abonnieren sollten, um stets auf dem Laufenden zu sein. Möglicherweise stehen die Chancen, mit einer Vortragsangebot zu einer laufenden Arbeit, also „Work in Progress", angenommen zu werden, im Rahmen der DGS-Sektionstagungen etwas höher als bei den (größeren) Soziologiekongressen – andererseits lohnt es sich, auch bei Letztgenannten genau auf die thematisch für Sie in Frage kommende Ausschreibung zu achten, denn zuweilen werden auch Beiträge aus dem Kontext laufender Forschungsprojekte ausdrücklich zur Vortragsbewerbung aufgefordert. Insbesondere bei den (thematisch enger gefassten) Sektionstagungen der DGS ist es von großem Vorteil, wenn Sie sich im Vorfeld der Veranstaltung die Abstracts und/oder Papers, die die Grundlage der vor Ort gehaltenen Vorträge darstellen, über die Internetpräsenz der jeweiligen Sektion downloaden und durchlesen (sofern dies angeboten wird), um an den Diskussionen gut vorbereitet und aktiv teilnehmen zu können.

Noch internationaler geht es auf den mehrtägigen Konferenzen der European Sociological Association (ESA) und der International Sociological Association (ISA) zu. Konferenzen der ESA finden alle zwei Jahre, Konferenzen der ISA alle vier Jahre statt. Im Prinzip sind sie ähnlich organisiert wie das nationale Pendant, der Soziologiekongress der DGS; auch sie sind jeweils einem übergeordneten Thema gewidmet (z.B. der nächste ESA-Kongress 2011 in Genf zum Thema „Social Relations in Turbulent Times" oder der nächste ISA-Kongress 2014 in Yokohama/Japan zum Thema „Facing an Unequal World: Challenges for Global Sociology"). Falls Sie sich mit dem Gedanken tragen, an einer diesen internationalen Konferenzen teilzunehmen, sollten Sie sich frühzeitig nicht nur um das eventuelle Einreichen von Vortragsangeboten, sondern auch um die Anmeldung, Reiseplanung und – vor allem – um die Finanzierung kümmern (siehe hierzu Kapitel 5).[3]

Hinzuzufügen ist, dass es neben den hier genannten (sehr etablierten) Veranstaltungen noch eine Vielzahl weiterer nationaler und internationaler Veranstaltungen gibt, die von sehr unterschiedlichen Institutionen – oftmals in unregelmäßigen Abständen und stark themenspezifisch – angeboten werden. Diese hier aufzulisten, wäre in Anbetracht ihrer großen (unüberschaubaren) Anzahl unmöglich und würde den Rahmen unseres Ratgebers deutlich sprengen. Umso mehr empfiehlt es sich, wie bereits erwähnt, sich auf möglichst alle für Sie einschlägigen Mailinglisten setzen zu lassen – denn (nur) so bleiben Sie jederzeit gut darüber informiert, was auf dem für Sie relevanten Forschungsgebiet läuft.

---

[3] Alle organisatorisch relevanten Details finden Sie auf den Internetpräsenzen der jeweiligen Kongresse.

Der richtige Ort – die richtigen Kontakte – das richtige Thema
von Andrea Maurer

Nach einer kaufmännischen Berufsausbildung und Zweitem Bildungsweg habe ich Anfang der 1980er Jahre mein Wunschstudium der Wirtschafts- und Sozialwissenschaften mit dem Schwerpunkt Soziologie aufgenommen. Ich wollte damals einfach wissen, wie „Gesellschaft" funktioniert und war fest davon überzeugt, dass Gesellschaft „irgendetwas" mit Wirtschaft zu tun hat. Die offiziellen Studieninhalte waren am Anfang enttäuschend. Dafür habe ich aber viele andere Ideen verwirklichen können: Mitarbeit in der Studentenvertretung, selbstorganisierte Seminare, Aufbau einer wissenschaftlichen Vortragsreihe, eine Hiwi-Tätigkeit in einem empirischen Projekt usw. Nachdem ich das Studium sehr zügig absolviert hatte, „gönnte" ich mir dann ganz bewusst fast ein Jahr für die Diplomarbeit zu einem absoluten, völlig unpraktischen Wunschthema: dem Arbeitsbegriff bei Marx, Weber, Arendt.

Wie viele in den 1980er Jahren wollte ich ja „eigentlich" auch keine Karriere machen und vermutete ohnehin, dass SoziologInnen allgemein und ich insbesondere letztendlich Taxi fahren bzw. in meinem konkreten Fall kellnern würden. Das war indes eine doppelt falsche Einschätzung, denn einerseits war da dann plötzlich der Wunsch, wissenschaftlich weiterarbeiten zu wollen und damit verbunden die Notwendigkeit, sich eine Existenzgrundlage zu schaffen, und andererseits trat etwas ein, was ich nie für möglich gehalten hätte, ein „Prof" (mein späterer Doktorvater), bei dem ich zweimal ein Referat gehalten hatte und der mich aus der Studierendenvertretung kannte, schlug mir vor zu promovieren. Ich erhielt dann wirklich viel und breite Unterstützung (eine schnelle Korrektur der Diplomarbeit, zwei Fördergutachten, Beratung und Vermittlung von Kontakten) bei der Beantragung eines Promotionsstipendiums, das ich dann auch für mich „überraschend" für drei Jahre bewilligt bekam. Es war der vielfache, große Zuspruch, der mir im wahrsten Sinne des Wortes dann Flügel verlieh, so dass ich eine Konzeption entwickeln, den Stipendienantrag schriftlich ausarbeiten und vor einer Auswahlkommission überzeugend darlegen konnte. Im Nachhinein habe ich dann erfahren, dass es meine Begeisterung für das Thema – ich hatte mich aus dem Diplomarbeitsthema heraus dafür entschieden, die zeitliche Strukturierung von Arbeit zum Gegenstand der Promotion zu machen – und die Aktivitäten rund ums Studium gewesen waren, welche die positive Entscheidung bewirkten.

Für mich begann mit dem Promotionsstipendium eine tolle Lebens- und Arbeitsphase, die mit viel Autonomie verbunden war, weil sich niemand „institutionell" für mich und meine Arbeit interessierte, was den großen Vorteil hatte, dass auch niemand etwas von mir wollte. Der Nachteil davon war, dass ich auch nicht in die formale Struktur der Universität bzw. eines Instituts oder Lehrstuhls eingebunden war. Dies konnte ich gut durch einige hervorragende soziale Netze ausgleichen: einen Diskussionskreis von Doktorandinnen, einem langjährigen Studienkreis zur „Kunstsoziologie" und vor allem durch die inoffiziellen Theorie-Oberseminare meines späteren

Habil-Betreuers; der war es auch, der die zweite wichtige Weichenstellung: den Verbleib an der Uni nach Abschluss der Promotion, gestützt hat.

Rückblickend meine ich, dass für mich die Vorteile einer kleinen Universität mit ihren „persönlichen" Kontakten vorteilhaft waren und dass mich mein inhaltliches Interesse am Zusammenhang von Gesellschaft und Wirtschaft sehr oft und oftmals unbemerkt sicher geleitet hat. Nach der Promotion wurde dann auch noch wichtig, dass sich meine inhaltlichen Themen sehr gut mit der institutionalisierten Struktur unseres Faches verbinden ließen (worauf mich im Übrigen auch mal ein „älterer Kollege" aus der Industriesoziologie hingewiesen hat). Bei mir hat die Arbeits-Zeit-Thematik den „Link" zur Sektion Arbeits- und Industriesoziologie, das Interesse am Er- und Aufklären gesellschaftlicher Phänomene den zur Theoriesektion und die Verbindung von Wirtschaft und Gesellschaft den zu Arbeitskreisen und Sektionen im Feld der „Wirtschaftssoziologie" bzw. des „new institutionalism" herstellen helfen; aber all das habe ich in den 1980er Jahren nicht gewusst.

Dr. Andrea Maurer hat eine Professur für Organisationssoziologie an der Universität der Bundeswehr München inne und wurde 1991 an der Universität Augsburg mit der Arbeit „Das Zeitgerüst der Arbeitswelt" promoviert. Diese Arbeit erschien 1992 bei der Edition Sigma unter dem Titel „Alles eine Frage der Zeit? Die Zweckrationalisierung von Arbeitszeit und Lebenszeit".

Nun fragen Sie sich vielleicht, ob das denn wirklich so sinnvoll ist, als kleiner und noch weitgehend namenloser Promovend an einem soziologischen Institut in Deutschland in die weite Welt zu ziehen und sich den gierigen Löwen unter den Top-Wissenschaftlern zum Fraß vorzuwerfen. Unsere Meinung dazu ist ganz eindeutig: Ja, trauen Sie sich! Erstens hat jeder Verständnis dafür, dass Sie als Nachwuchswissenschaftler noch nicht alle Tücken des Faches kennen. Zweitens sind die allermeisten großen und mittelgroßen Namen der Soziologie keine hinterhältigen Bösewichte, die nichts lieber tun, als Ihr mit viel Liebe gezimmertes Paper in der Luft zu zerreißen. Im Gegenteil: Professoren freuen sich in der Regel über neue Gesichter und sind häufig bereit, sich mit Ihnen auch nach der Veranstaltung (insbesondere wenn es sich um einen quasi-familiären Workshop handelt) nochmals zusammen zu setzen und Ihre Forschungsideen zu besprechen. Und wenn Sie dann bei der Diskussion Ihres Artikels doch richtig Gegenwind kriegen sollten: Nehmen Sie es als Training! Schließlich wartet noch eine Abschlussprüfung auf Sie – sei es Rigorosum, Disputation oder eine Mischung aus beidem –, bei der es ebenfalls streckenweise hoch her gehen kann und Sie in der Lage sein sollten, professionelle Gelassenheit im Umgang mit heftigeren Infragestellungen zu demonstrieren (siehe das abschließende Kapitel). Und: Nehmen Sie es als Auszeichnung! Kritik zeigt immer auch, dass Sie und Ihre Forschungen in der wissenschaftlichen Community ernst genommen werden.

Nochmals: Neben den oben genannten „Konferenzklassikern" gibt es zahlreiche Tagungen und Netzwerke speziell für Nachwuchswissenschaftler, die für den Einstieg besonders gut geeignet sind (und ggf. auch schon mit früheren Abschlussarbeiten genutzt werden können).

Ein Bereich, der an vielen Universitäten in den vergangenen Jahren im Rahmen der Curricularisierung der Promotionsstudiengänge ausgebaut wurde, betrifft die Zusammenarbeit zwischen Fachbereichen, Fakultäten und Instituten. Interdisziplinäre Workshops werden mittlerweile häufig angeboten – sei es als Zusatzangebot oder im normalen Vorlesungs- und Seminarumfeld. Auch wenn es ohne Zweifel einer gewissen mentalen Umstellung bedarf, um mit Politikwissenschaftlern oder Ethnologen über soziologische Probleme zu diskutieren – der Blick auf das eigene Forschungsproblem aus einer ganz anderen Warte ist durch nichts zu ersetzen. Mehr noch: Auf diese Weise entstehen häufig Innovationen und neue Forschungszugänge. Warum sollte man in einer zeitsoziologischen Dissertation eigentlich keine von der Sprachwissenschaft abgeguckte Metaphernanalyse (Forschungsteilfrage: „Welche Metaphern werden im Zusammenhang mit unserem Verständnis von Zeit gewählt?") in Betracht ziehen? Warum sollte man Lebensstile nicht mithilfe physikalischer Modelle zur Analyse von Beziehungen zwischen Atomen untersuchen? Auf solche Ideen kommen Soziologen nur selten, wenn Sie in ihrem eigenen Saft schmoren. In interdisziplinären Seminaren wird man jedoch systemtisch mit derartigen Fragen konfrontiert. Auf den ersten Blick scheinen sie meist absurd, auf den zweiten Blick dann jedoch häufig überlegenswert, und auf den dritten Blick machen sie zuweilen die besondere Innovation einer Doktorarbeit aus.

Des Weiteren gibt es natürlich noch die Möglichkeit, Teile der Dissertation während des Schreibprozesses zu einem Zeitschriftenartikel umzubauen und bei einem begutachteten wissenschaftlichen Journal einzureichen (siehe hierzu auch Kapitel 11). Feedback erhalten Sie, nach Aufnahme in das Begutachtungsverfahren, durch das Peer-Review-Verfahren – Ihr Manuskript geht also, nach Entscheidung der Redaktion über die grundsätzliche Annahme, anonymisiert an zwei Gutachter. Aus den Gutachten der Reviewer können Sie dann in der Regel wertvolle Hinweise für die eigene Arbeit ableiten. Natürlich gibt es im Hinblick auf die Qualität der Gutachten erhebliche Unterschiede: Mancher macht sich die Mühe, selbst Fußnoten genau zu inspizieren; ein anderer gibt nur allgemeine Kommentare zur Ausrichtung des Papers; und schließlich muss man auch mit ungerechtfertigter Kritik rechnen – etwa, wenn der Gutachter einen bestimmten

Winkelzug Ihrer Argumentation nur unvollständig gelesen hat oder eine ausgefeilte statistische Methode schlicht nicht versteht. Dennoch: Aus jedem Gutachten lassen sich wichtige Informationen für Ihre Arbeit ziehen. Gehen Sie die Gutachten Punkt für Punkt durch und prüfen Sie, ob ein Einwand so weit geht, dass er auch auf Ihre Dissertation durchschlägt. Wenn Sie solche Kritikpunkte finden, sollten Sie die entsprechenden Stellen in Ihrer Doktorarbeit überarbeiten. Je fundamentaler die Einwände, umso mehr Umbauten dürften notwendig sein. Wenn die Überarbeitung der Dissertation jedoch nicht mehr oder nur mit unverhältnismäßigem Aufwand möglich ist, können Sie sich unter Umständen auch dafür entscheiden, an der neuralgischen Stelle nur darauf hinzuweisen, dass man auch anderer Meinung sein kann. Sie sollten aber in diesem Fall damit rechnen, dass der Kritikpunkt der Gutachter auch in der Disputation zur Sprache kommen wird. Zumindest sind Sie aber dann darauf vorbereitet.

Schließlich könnte sich auch ein gelegentlicher Ausflug an die Schnittstelle von Wissenschaft und nicht-fachlichem, jedoch interessiertem Publikum lohnen, denn möglicherweise sind Sie (auch) vom Wunsch erfüllt, gesellschaftsrelevante Forschung zu betreiben und – was für Soziologen nicht untypisch wäre – zur Aufklärung der Gesellschaft beizutragen; eine reine „Elfenbeinturmforschung" finden Sie daher wenig attraktiv. Wir möchten Ihnen empfehlen, dass es sich dabei um gelegentliche Ausflüge handeln sollte – denn Interviews zu Ihrem Forschungsthema (und mag es noch so gesellschaftsrelevant sein) oder Vorträge vor nicht-fachlichem Publikum (und mögen Sie noch so viel positive Resonanz erhalten) ersetzen *nicht* den beherzten Gang in Ihre Scientific Community. Zudem gilt es, bei derartigen Ausflügen eine Reihe von strategischen und taktischen Aspekten zu beachten, auf die Trepte et al. (2008) eingehen.[4]

---

[4] Unserer Autorin beispielsweise wurde im Anschluss an ihre zeitsoziologische Promotion eine dpa-Meldung abgerungen, die sinngemäß so lautete: „Zeitsoziologin fand heraus: Zeitstress ist ein Mythos!" Fortan wurde sie immer wieder für Interviews und Vorträge angefragt – und zwar als diejenige, die endlich den Beschleunigungsdiskurs à la Rosa (2005) relativiert. Dass diese Pressemitteilung eine grobe (und unzulässige) Simplifizierung ihrer Forschungsergebnisse darstellte, ärgerte sie sehr, und es brauchte einige Zeit (!), bis sie diesen schrägen Eindruck wieder einigermaßen geraderücken konnte.

Zum Weitersurfen

Homepage der DGS:
   http://www.soziologie.de
Homepage der ESA:
   http://www.europeansociology.org/
Homepage der ISA:
   http://www.isa-sociology.org/

Zum Weiterlesen

Fengler, Jörg (2009): Feedback geben: Strategien und Übungen. Weinheim: Beltz.
Nida-Rümelin, Julian (Hrsg.) (2006): Wunschmaschine Wissenschaft. Von der Lust und dem Nutzen des Forschens. Hamburg: edition Körber-Stiftung.
Rosa, Hartmut (2005): Beschleunigung. Die Veränderung der Zeitstrukturen in der Moderne. Frankfurt a.M.: Suhrkamp.
Trepte, Sabine/Burkhardt, Steffen/Weidner, Wiebke (2008): Wissenschaft in den Medien präsentieren. Ein Ratgeber für die Scientific Community. Frankfurt a.M./New York: Campus.

9 Weiterbildung und Methodenschulung

Ob Sommerkurse, Methodenschulungen oder Konferenzen – die Promotionsphase bietet mannigfaltige Möglichkeiten für Doktoranden, sich weiterzubilden und zusätzliche Fähigkeiten und Fertigkeiten zu erlernen. Dies ist eine große Chance, denn im späteren Berufsleben – sei es in der Wissenschaft oder außerhalb – sind solche Kompetenzen ein großes Plus.

Das Ziel dieses Kapitels ist es, einen Überblick über die vielfältigen Qualifikationsmöglichkeiten zu geben, die sich während der Promotionsphase ergeben. Grundsätzlich lassen sich zwei Möglichkeiten der Weiterbildung unterscheiden: Zum einen sind dies Schulungen, bei denen Sie als Promovend Fähigkeiten erlernen, die Ihnen konkret in der Promotionsphase weiterhelfen bzw. für eine Karriere in der Soziologie förderlich sind. Hierzu zählen insbesondere Methodenschulungen. Zum anderen gibt es auch Veranstaltungen, die Ihnen allgemeinere Kompetenzen vermitteln. Diese meist mit dem Schlagwort „Schlüsselqualifikationen" überschriebenen Fähigkeiten nützen Ihnen zwar auch schon während Ihrer Promotionszeit; sie führen aber in der Regel über das spezifische Feld von Wissenschaft und Forschung hinaus und lassen sich ganz allgemein im späteren Berufsleben anwenden.

Entsprechend dieser inhaltlichen Zweiteilung der Qualifikationsmöglichkeiten ist dieses Kapitel strukturiert. Es gibt zunächst einen Überblick über forschungsspezifische Qualifikationsmöglichkeiten und diskutiert dann, welche sonstigen allgemeinen Gelegenheiten zur Weiterbildung existieren.

Forschungsspezifische Weiterbildung

Methodenschulung

Auch wenn die Erstellung einer Abschlussarbeit bereits mit wissenschaftlichem Arbeiten verbunden ist: Die Forschung am Thema der Promotion geht über diese ersten wissenschaftlichen Arbeiten weit hinaus. Dies bedeutet für viele Promovenden, sich intensiver als bisher mit Methodenfragen auseinander zu setzen (vgl. Kapitel 6). Wer etwa im Bereich der Ungleichheitssoziologie forscht und in der Abschlussarbeit noch mit einfachen Korrelationen von Indikatoren oder mit Querschnittsregressionen gearbeitet hat, von dem wird in der Dissertation häufig der Einsatz von elaborierteren Analysetechniken verlangt – etwa von gepoolten Zeitreihenanalysen, nicht-linearen Verfahren oder Mehrebenenanalysen. Ähnliches gilt für qualitative Forscher, die sich in der qualitativen Inhaltsanalyse oder Spielarten der Diskursanalyse weiterbilden sollten. Eine Reflexion der eingesetzten Methoden und eine gewisse Versiertheit bei deren Anwendung sind Voraussetzungen für eine gelungene Doktorarbeit.

Nun stehen viele Doktoranden, die den Methodenteil ihrer Studienabschlussarbeit noch mit Literatur aus den Einführungswerken bestritten haben, vor einer scheinbar schier unüberwindbaren Hürde und stellen sich folgende Frage: Wie kann ich mir innerhalb kurzer Zeit die notwendigen methodischen Kenntnisse aneignen? Unsere Antwort mag Ihnen zunächst befremdlich oder wie eine Zumutung erscheinen: Denn unseres Erachtens ist das in diesem Moment gar nicht Ihr wichtigstes Problem bzw. der erste Punkt auf Ihrer Agenda. Vielmehr sollten Sie sich in einem ersten Schritt Gedanken über Ihre methodologischen Grundpositionen machen. Dazu sollten Sie sich zunächst Orientierungswissen über die Grundannahmen hinter unterschiedlichen methodischen Zugängen verschaffen und für sich persönlich das jeweilige Für und Wider sowie die daraus folgenden Vor- und Nachteile abwägen (siehe auch Kapitel 6). In dieser Phase sollten Sie sich auch fragen, ob es zur Lösung Ihres Forschungsproblems sinnvoll sein könnte, unterschiedliche Methoden zu kombinieren (Triangulation), oder ob es eine einzelne Methode gibt, die sich besonders gut für die Analyse eignet.

In einem zweiten Schritt können Sie dann auf Basis dieser Richtungsentscheidung tiefer in einzelne Verfahren einsteigen, sich Detailkenntnis von einzelnen Verfahren erarbeiten und sich darüber Gedanken machen, wie Sie Ihr Wissen und Ihre Fertigkeiten weiter verfeinern. Hierbei besteht eine Schwierigkeit darin, dass weiterführende und vertiefende Seminare zur quantitativen Inhaltsanalyse, Diskursanalyse oder Spieltheorie an deutschen Universitäten häufig nicht zum Standard-Angebot gehören. Wie ist die Weiterbildung in Methodenfragen außerhalb des Promotionsstudiums an der Heimuniversität also möglich?

Der einfachste Weg, um zum profunden Methodenkenner zu werden, besteht darin, sich einen Kompaktkurs in der entsprechenden Methode zu verabreichen. Für Sozialwissenschaftler eignen sich zwei Summer Schools ganz besonders für diesen Zweck: zum einen die *Essex Summer School in Social Science Data Analysis* an der Universität von Essex in der Nähe der südenglischen Stadt Colchester; zum anderen die *Summer School in Methods and Techniques* des European Consortium of Political Research (ECPR) an der Universität der slowenischen Hauptstadt Ljubljana.

Zunächst nach England: *Die Essex Summer School in Social Science Data Analysis* existiert seit mehr als 40 Jahren und ist eine Großveranstaltung mit rund 300 Teilnehmern in den ersten zweiwöchigen *sessions* und rund 150 Teilnehmern in der dritten zweiwöchigen *session*. Studierende, Doktoranden und Forscher aus unterschiedlichen Bereichen der Sozialwissenschaften sitzen gemeinsam in Kursen auf dem entlegenen Campus in Colchester und brüten über methodischen Problemen. Die klassischen Kurse dauern zwei Wochen, manche Seminare jedoch auch nur eine Woche. Insgesamt läuft die Summer School sechs Wochen lang (drei *sessions* à zwei Wochen). Inhaltlich bietet die Essex Summer School ein sehr breites Themenspektrum. Quantitative Forscher finden alles von Einführungskursen wie der „Introduction to Regression"[1] bis hin zu Seminaren, die sich mit Strukturgleichungsmodellen befassen. Und wer qualitativ arbeitet, kommt ebenfalls auf seine Kosten – etwa bei Seminaren zu Interviewtechniken, zur Diskursanalyse oder Beobachtungsmethoden (teilnehmend und nicht-teilnehmend). Die Dozenten der Seminare sind Spezialisten für die jeweiligen Methoden. Sie werden meistens von *Teaching Assistents* begleitet, die praktische Anwendungsübungen zu den einzelnen Methoden anleiten – etwa mithilfe von Softwareprogrammen am Computer. Wer sich noch mit der entsprechenden Software für seine Analysemethode vertraut machen muss, kann sich in Essex auch in die entsprechenden Einführungskurse einschreiben. In der Regel bietet die Summer School Einführungen in STATA, R, SEM oder MPlus an.[2] Und wer sein Mathematik-Wissen auffrischen will, kann den (bei Belegung eines weiteren kostenpflichtigen Seminars kostenfreien) Kurs „Mathematics for Social Scientists" belegen, der morgens früh angeboten wird und deshalb nicht mit den anderen Seminaren kollidiert.

Seit einigen Jahren haben die Sommerkurse in Essex eine Konkurrenzveranstaltung: Die *ECPR Summer School in Methods and Techniques* in Ljubljana. Der formale Unterschied zur Methodenschulung in Essex besteht darin, dass die Summer School in Ljubljana nur zwei Wochen lang läuft. Aufgrund der kürzeren Dauer der Sommeruniversität in Slowenien ist die Auswahl an Kursen kleiner, wobei Seminare zu zentralen sozialwissenschaftlichen Methoden wie multiple Regressionsanalyse, Spieltheorie oder Experteninterviews in der Regel angeboten werden. Die Seminare dauern entweder eine oder zwei Wochen. Wer ein einwöchiges Seminar

---

[1] Nur dafür lohnt sich der Aufwand eher nicht.

[2] Es kann sicher auch nicht schaden, wenn Sie einen entsprechenden Einführungskurs schon vor der Abreise am Rechenzentrum Ihrer Heimatuniversität belegen.

belegt, kann sich in der zweiten Woche in einen anderen Kurs einschreiben. Zudem haben die Teilnehmer in den Tagen vor dem Beginn des eigentlichen Programms die Möglichkeit, ein Blockseminar zur Einführung in statistische Softwarepakete (SPSS, R) oder einen Auffrischungskurs zur Mathematik und Inferenzstatistik zu belegen. Ähnlich wie bei der Essex Summer School sind die Seminare in Ljubljana sehr praxisorientiert ausgelegt: Es werden nicht nur theoretische Fragen der Methode diskutiert, sondern man analysiert selbst Datensätze am Computer oder wendet die erlernten Fähigkeiten anderweitig sofort an.

Grundsätzlich gilt also: Beide Sommeruniversitäten bieten hervorragende Möglichkeiten, um sich methodisch für die Promotion fit zu machen. Darüber hinaus kann man, wenn man auf den Methoden-Geschmack gekommen ist, durch mehrmaligen Besuch der Essex Summer School ein „Diploma in Social Science Data Analysis" oder, darauf aufbauend, einen Master erwerben.[3] In Ljubljana gibt es ECTS-Punkte für die Seminarteilnahme, wobei die Zahl der Punkte davon abhängt, wie viele Leistungen man während des Kurses erbringt.

Klar ist: Der Besuch der sommerlichen Methodenausbildung ist sowohl in Essex wie auch in Ljubljana eine sehr arbeitsintensive Zeit. Die Teilnahme ist unbedingt zu empfehlen, wenn man sich in kurzer Zeit mit einer neuen Methode vertraut machen oder alte Kenntnisse auffrischen will. Ohne eine inhaltliche Vorbereitung auf die Summer Schools und weiteres, eigenständiges wie ggf. angeleitetes Nachdenken über methodologische und methodische Fragen ist der Nutzen für die Promotionsphase jedoch nur begrenzt (siehe auch den Gastbeitrag von Bernhard Kittel). Und wer hofft, neben dem Studium in den Sommerferien noch ein wenig Urlaub in Südengland zu machen, wird ebenfalls von Essex enttäuscht sein. Außer einem gelegentlichen Pub-Besuch im nächsten Dorf Wivenhoe bietet die Uni den Charme von Sichtbeton und Studentenwohnheim. Zudem warten abends Hausaufgaben. Ähnliches gilt für Ljubljana, auch wenn dort die Auswahl an netten Bars und Restaurants ungleich höher ist als in der englischen Provinz. Gleichzeitig hat die geringe Ablenkung aber auch ihre Vorteile: Denn die freien Stunden eignen sich hervorragend, um mit anderen Promovierenden die Probleme der aktuellen Forschungsarbeit zu diskutieren – und dabei geht es meist um weit mehr als nur um Methodenfragen.

Der Besuch der Summer Schools ist natürlich mit Kosten verbunden. Neben Anreise und Unterkunft müssen die Teilnehmer auch die Kosten für die Seminare finanzieren. Und die Kursgebühren haben es – für das übliche Budget von Dokto-

---

[3] Dazu reicht jedoch nicht, wie sonst, die Teilnahme an den Methodenseminaren aus. Zusätzlich muss man auch Klausuren bzw. eine Hausarbeit schreiben.

randen – durchaus in sich: Im Sommer 2011 haben Uni-Angehörige für einen zweiwöchigen Kurs in Essex 900 britische Pfund (rund 1.060 Euro) zu zahlen, in Ljubljana sind es 590 Euro (bzw. 840 Euro für Teilnehmer von Hochschulen, die nicht ECPR-Mitglieder sind). Dazu kommen – wie bereits erwähnt – Anreise und Unterkunft, wobei verschiedene Unterbringungsmöglichkeiten (in unterschiedlichen Preislagen) zur Verfügung stehen.

Aber keine Sorge: In der Regel ist es bei frühzeitiger Bewerbung möglich, Kurzstipendien für solche Methodenausbildungen einzuwerben. Die erste Adresse hierfür ist das Akademische Auslandsamt/International Office Ihrer Hochschule: Der Deutsche Akademische Austausch Dienst (DAAD) stellt den deutschen Hochschulen seit 2011 Mittel zur Förderung von kürzeren Auslandsaufenthalten im Rahmen des Programms „PROMOS" („Programm zur Steigerung der Mobilität von deutschen Studierenden") zur Verfügung.[4] Überdies gibt es vielleicht ja auch in Ihrem Forschungsprojekt, an Ihrem Lehrstuhl oder Ihrem Institut einen Topf, den Sie für Weiterbildungsmaßnahmen anzapfen können.

Neben der großen Summer School in Ljubljana finden unter dem Dach der ECPR noch einige kürzere Methodenschulungen statt, so zum Beispiel die *ECPR Winter School in Methods and Techniques*, die im Februar 2012 erstmals in Famagusta an der Ostküste Nordzyperns stattfinden wird. Bei der *Quantilille* handelt es sich dabei um eine französischsprachige Sommeruniversität, die im nordfranzösischen Lille stattfindet. Die angebotenen Kurse variieren jedes Jahr thematisch. In 2010 fanden zum Beispiel zwei Seminare statt: das erste befasste sich mit der quantitativen Analyse von biografischen Daten, das zweite mit (quantitativen) Mehrebenenanalysen. Außerdem kann man sich in den Semesterferien im Frühjahr in Kurzlehrgängen in Köln und in Oxford ebenfalls mit aktuellem Methodenwissen eindecken. Das Kölner „Spring Seminar" der GESIS[5] bietet Methoden-

---

[4] Bei der konkreten Ausgestaltung dieses Programms, das sich grundsätzlich auch an Promotionsstudierende richtet, sind die Hochschulen frei; dieses Ausgestaltungsfreiheit kann dazu führen, dass nicht alle Fördervarianten, auf die wir an dieser Stelle ohnehin nicht eingehen können, an Ihrer Hochschule angeboten werden. Es lohnt sich daher in jedem Fall, das Akademische Auslandsamt/International Office frühzeitig aufzusuchen, denn die Bewerbungs- und Bewilligungsverfahren benötigen bekanntlich Zeit. Die Deutsche Forschungsgemeinschaft (DFG) fördert eine Teilnahme „an wissenschaftlichen und technischen Kurzlehrgängen im In- und Ausland" sowie die „Teilnahme an wissenschaftlichen Ferienkursen/Sommerschulen" seit 2009 leider nur noch für bereits Promovierte.

[5] GESIS bietet zudem das ganze Jahr über – zumeist in Mannheim – zahlreiche Kurzworkshops an. Diese vermitteln ein weites Spektrum an (mehrheitlich quantitativen, vereinzelt aber auch qualitativen) Methoden und bieten eine datennahe, methodenorientierte interdisziplinäre Ausbildung im Bereich der Survey Methodology (siehe Linktipp am Ende des Kapitels).

schulungen zu einem Oberthema an – im Frühjahr 2011 etwa zu „Latent Structures in Multidimensional Tables – Models and Visualization". Unter dieser Überschrift finden dann drei einwöchige Kurse mit unterschiedlichen Referenten und verschiedenen thematischen Schwerpunkten statt. Die Kursgebühr betrug 2011 für eine Woche 240 Euro – (Promotions-)Studenten ohne Festanstellung zahlten ein Drittel weniger. Inhaltlich wechseln sich in den Kursen Vorlesungen mit praktischen Übungen am Computer ab – ähnlich wie in anderen Methodenschulungen. Ebenfalls im Frühjahr treffen sich in Mittelengland Sozialwissenschaftler zur Methodenausbildung. Die *Spring School in Oxford* setzt sich aus verschiedenen Kurzschulungen zusammen und befasst sich immer mit einem konkreten Thema aus dem Bereich der quantitativ-statistischen Datenanalyse. Die Teilnahmegebühr betrug in 2011 für Uni-Angehörige 610 brit. Pfund (rd. 720 Euro). Einführungen in die Anwendung von statistischen Software-Paketen sieht das Programm ebenfalls vor.[6]

Sollte Ihnen das bis hierher vorgestellte Angebot an Methodenkursen stark quantitativ geprägt erscheinen, so mag dies auch darauf zurückführbar sein, dass quantitative Erhebungs- und Auswertungsverfahren (immer noch) den Mainstream soziologischer Forschung abbilden. Neben einer Reihe von Kursen zu qualitativen Verfahren im Rahmen der *Essex Summer School in Social Science Data Analysis* (siehe oben) bietet sich hierzulande vor allem ein Besuch des 2011 zum 7. Mal stattfindenden zweitägigen „Berliner Methodentreffen Qualitative Forschung" an. Es wird vom Institut für Qualitative Forschung in der Internationalen Akademie an der FU Berlin ausgerichtet und ist eine gemeinsame Veranstaltung des „Forum Qualitative Sozialforschung", des Fachbereichs Erziehungswissenschaft und Psychologie und des Centers für Digitale Systeme der FU Berlin in Kooperation mit der Hans-Böckler-Stiftung und GESIS Mannheim. Mit Beratung, Diskussion und Information richtet sich diese Veranstaltung, die mit rund 450 Teilnehmern (nach eigener Darstellung auf der Veranstaltungswebseite) die größte Jahresveranstaltung zu qualitativen Forschungsmethoden im deutschsprachigen Raum ist, insbesondere an Nachwuchsforscher, die in ihren Qualifikationsarbeiten qualitativ arbeiten.

---

[6] Natürlich gibt es unüberschaubar viele weitere Angebote. Etwas spezieller, aber vorbildlich Brücken bauend z.B. die *Empirical Implications of Theoretical Models (EITM) Summer School*, die 2011 zum dritten Mal in Mannheim stattfindet. Noch internationaler als auf den ECPR-Schulungen geht es im *Summer Program in Quantitative Methods of Social Research* des Inter-University Consortium for Political and Social Research (ICPSR) zu, das jährlich an der University of Michigan (Ann Arbor) stattfindet.

Diese Übersicht über die wichtigsten Methodenkurse zeigt: Wenn Sie als angehender Doktorand glauben, dass Ihre methodischen Kenntnisse so lückenhaft sind, dass sie für die Untersuchung Ihrer Forschungsfrage ein schwerwiegendes Problem darstellen – lassen Sie sich nicht entmutigen! Wenn Sie sich im Selbststudium einen ersten Überblick verschafft haben, gibt es eine ganze Reihe von Möglichkeiten, um sich mithilfe von Intensivkursen methodisch auf den neuesten Stand zu bringen (und, wenn man dort etwas nach rechts und links schaut, auch den Horizont erheblich zu erweitern). Oftmals wissen Sie dann nicht nur so gut Bescheid, dass Sie den Methodenteil der Dissertation mit gutem Gewissen schreiben können, sondern Sie werden von Ihrem Doktorvater womöglich schnell als Methodenexperte angesehen und entsprechend eingesetzt.

Eine Frage grundsätzlicher Art stellt sich jedoch noch: Zu welchem Zeitpunkt im Forschungsprozess ist der Besuch einer (und: welcher) Methodenschulung zu empfehlen? Im Prinzip gibt es darauf keine eindeutige Antwort – denn mehr über Methoden zu erfahren, ist immer sinnvoll. Betrachtet man die Frage jedoch unter der Vorgabe, einen möglichst effizienten Weg zur Dissertation zu beschreiten, glauben wir, dass die Teilnahme an einer Summer School an zwei Stellen im Promotionsprozess eher ungünstig ist: ganz am Anfang des Promotionsvorhabens, wenn man noch keinerlei Orientierung über die Herangehensweise an das Forschungsproblem hat, sowie ganz am Ende der Promotionsphase, wenn man sich (zumindest implizit) schon für eine Methode entschieden hat und die Auswertung bereits größtenteils gelaufen ist. Im Umkehrschluss bedeutet dies: Fahren Sie am besten dann nach Essex oder Ljubljana, Köln oder Oxford, wenn Sie wissen, wohin Sie mit Ihrer Arbeit wollen und welche Methode Sie benötigen, um zum Ziel zu kommen. Optimal ist es, wenn man beim Besuch der Methodenkurse bereits einen eigenen Datensatz zur Verfügung hat. Dann haben Sie den großen Vorteil, die während der Summer School erarbeiteten Fähigkeiten abends an den eigenen Daten umsetzen zu können. Sprich: Sie erlernen nicht nur eine Methode, sondern Sie kommen gleichzeitig ganz konkret mit der Dissertation voran.

Promovieren Sie über den disziplinären „Tellerrand" hinweg!
von Elmar Schlüter

Es stimmt schon: Themenwahl und Konzeption Ihrer Doktorarbeit sollten Sie vor allem mit Blick auf die eigene Fachdisziplin vornehmen. Wer hier punktet, heißt es, hat beim Wettbewerb um Stellen und Stipendien noch immer die besseren Karten.

Aber das ist nur die halbe Wahrheit. Denn viel zu häufig wird übersehen, dass es sich lohnt, das eigene Promotionsthema bewusst *auch* aus den Blickwinkeln von Nachbardisziplinen zu bearbeiten. Dabei gibt es seit langem klare empirische Hinweise, dass wissenschaftliches Zusammenarbeiten, also über konventionelle Fächergrenzen hinweg, die Chancen auf einen innovativen Erkenntnisgewinn erheblich steigern kann. Und genau dies, so meine Anregung, sollten all diejenigen nutzen, deren wissenschaftliche Neugier über den „Tellerrand" der soziologischen Heimatdisziplin hinausreicht.

Sicher: Auf dem Weg zur Promotion gibt es neben knapper werdenden Zeitbudgets und unsicheren beruflichen Zukunftsaussichten schon genug Hürden. Auch haben wohl nur wenige Nachwuchswissenschaftlerinnen und -wissenschaftler bereits während ihres grundständigen Studiums ausreichend Gelegenheit erhalten, interdisziplinäre Fertigkeiten systematisch einzuüben. Dennoch können sich Expeditionen in fachfremdes Neuland als bereichernde Strategie für die eigene Promotion erweisen.

Mein persönliches Fallbeispiel soll deshalb zum Nachahmen anstiften. Promoviert habe ich an der Justus Liebig-Universität Gießen im DFG-Graduiertenkolleg „Gruppenbezogene Menschenfeindlichkeit" – übrigens ein Kontext, in dem bereits der organisatorische Rahmen Promovierende aus sehr verschiedenen Sozialwissenschaften zusammenführte. Zusammen mit Johannes Ullrich und Oliver Christ, zwei Kollegiaten aus der Sozialpsychologie, diskutierte ich zunächst immer wieder über die Bedeutung von Bedrohungswahrnehmungen und sozialen Identifikationsprozessen für die Entstehung ethnischer Grenzziehungen. Allerdings blieb es nicht lange bei diesen theoretischen Trockenübungen. Im Gegenteil: Unsere Überlegungen erschienen uns so tragfähig, dass wir – nach Abstimmung mit unseren Promotionsbetreuern – hierzu eine eigene empirische Studie durchführten. Die Ergebnisse stützten nicht nur unsere Annahmen, sondern wir konnten die Arbeit zudem noch während unserer Promotion in einer Fachzeitschrift veröffentlichen.[7]

Sicher, diese Publikation war aus naheliegenden Gründen mehr als nur ein willkommener Nebeneffekt. Und gibt es noch andere Erfahrungen, warum sich der Schritt über die Grenzen der eigenen Disziplin gelohnt hat? – Ja! Zwei Aspekte möchte ich besonders hervorheben: Zum einen lernte ich eine ganze Reihe moderner Theorien der sozialpsychologischen Vorurteilsforschung kennen und anzuwenden. Dabei

---

[7] Ullrich, Johannes/Christ, Oliver/Schlüter, Elmar (2006): Merging on Mayday: Subgroup and superordinate identification as joint moderators of threat effects in the context of European Union's expansion. *European Journal of Social Psychology, 36*, 857-876.

war es immer auch die Anschlussfähigkeit an soziologische Denk- und Herangehensweisen, die mich bei Ansätzen wie dem „Common Ingroup Identity Model" oder dem „Ingroup Projection Model" besonders faszinierte. Zum anderen konnte ich grundlegend neue methodische Erfahrungen sammeln. Vor allem die Vorteile der aktiven Modellierung datengenerierender Prozesse überzeugten mich ziemlich schnell – und führten zu meiner Vorliebe für experimentelle Forschungsdesigns.

Und vielleicht stimmen Sie ja zu: Erfahrungen und Erkenntnisgewinne dieser Art sind es wert, die theoretischen und methodischen „Scheuklappen" des eigenen Fachs abzulegen. Versuchen Sie es selbst – am besten während Ihrer Promotion!

Dr. Elmar Schlüter ist seit 2011 Juniorprofessor für Soziologie an der Universität zu Köln. Er promovierte 2007 an der Justus Liebig-Universität Gießen im Rahmen des DFG-Graduiertenkollegs „Gruppenbezogene Menschenfeindlichkeit" mit einer kumulativen Dissertation. Zentrale Themen seiner Forschung sind interethnische Beziehungen, gesellschaftliche Wirkungen von Massenkommunikation und quantitative Methoden zur Analyse von Mehrebenen- und Längsschnittdaten.

Weiterbildung im eigenen Forschungsbereich

Neben den Methodenschulungen der unterschiedlichen sozialwissenschaftlichen Organisationen ist es für Doktoranden sehr sinnvoll, sich im eigenen Forschungsfeld weiterzubilden. Feedback zum eigenen Forschungsprozess (oder zu ersten Ergebnissen), Diskussionen mit anderen Forschern, die über ähnlichen Problemen brüten, oder Schulungsseminare bei einer Koryphäe im eigenen Themenbereich sind in der Regel sehr hilfreich.[8] Sie bekommen auf solchen Veranstaltungen nicht nur den „Ober-Guru" im Bereich der Forschungen zu Südostasien persönlich zu Gesicht, sondern Sie können ihn in der Kaffeepause mit etwas Glück in ein Gespräch verwickeln und mit einer Frage konfrontieren, die Ihnen gerade auf den Nägeln brennt. Daneben haben Sie in der Regel die Möglichkeit, sich mit anderen Nachwuchsforschern auszutauschen. Aus solchen Diskussionen entspringen oft die besten Ideen für ein Dissertationsprojekt oder eine andere Herangehensweise an ein Problem. Denn Forscher aus einem ähnlichen Themenfeld kennen sich mit Ihrem Forschungsproblem in der Regel gut aus, ohne – wie Sie selbst – über beide Ohren im empirischen Material zu stecken. Ein solcher gut geschulter Blick von außen ist durch nichts zu ersetzen!

Wo treffen Sie diese Leute? Eine hervorragende Möglichkeit besteht im Besuch einer Sommeruniversität (oft auch als Summer School bezeichnet), wie sie in

---

[8] Solche Möglichkeiten ergeben sich beispielsweise, wenn Ihr Institut Wissenschaftler von anderen Universitäten zu Gastvorträgen, Workshops oder Kolloquien einlädt.

den vergangenen Jahren in zunehmender Anzahl von verschiedenen Veranstaltern im In- und Ausland angeboten werden. Hierzu exemplarisch zwei Beispiele, auf deren reichhaltiges Programm wir an dieser Stelle nicht eingehen können, das jedoch den jeweiligen Veranstaltungswebseiten (siehe unten) zu entnehmen ist: Im Juli 2011 findet die von der *Berlin Graduate School of Social Sciences* (BGSS) der Humboldt-Universität und dem WZB veranstaltete zweiwöchige (englischsprachige) *Berlin Summer School in Social Sciences – Linking Theory and Empirical Research* statt. Im selben Monat findet auch die einwöchige (deutschsprachige) *Marie Jahoda-Summer School of Sociology Vienna* statt, die dem Thema „Wirtschaft – Märkte – Organisation: Die Kultur der modernen Ökonomie" gewidmet ist. In beiden Fällen ist die aktive Beteiligung von Doktoranden in Form von Vorstellungen ihrer laufenden Forschungsarbeiten möglich. Und in beiden Fällen wird – was durchaus nicht die Regel ist – keine Teilnahmegebühr verlangt, d.h. Sie müssen lediglich für die Kosten für Anreise und Unterkunft/Verpflegung aufkommen. Allerdings: Wenn Sie sich zum Besuch einer solchen Sommeruniversität entschließen, müssen Sie sich (rechtzeitig) mit umfangreichen Unterlagen (CV, Motivationsschreiben, Dissertationsexposé) bewerben.

Wie erfahren Sie von derartigen Veranstaltungen? Einmal mehr verweisen wir Sie (auch) hierzu auf die zahlreichen Mailinglisten, die mittlerweile zu nahezu jedem Forschungs(teil)gebiet existieren. Fragen Sie im Zweifelsfall Ihre Kollegen und Mitpromovenden, welche Mailinglisten diese abonniert haben – und achten Sie auch auf Veranstaltungsflyer, die häufig vor zentralen Stellen Ihres Instituts (oder auch an anderen Stellen) ausliegen; für die meisten Veranstaltungen dieser Art wird (zum Glück) auch heute noch vergleichsweise „altmodisch" geworben. Hier lohnt sich also ein generell aufmerksamer Blick auf universitärem Gelände!

Sofern es kein für Sie passendes bereits bestehendes Angebot gibt, lohnt es sich vielleicht, darüber nachzudenken, wie Sie dieses selbst einrichten könnten. Vielleicht gibt es an Ihrer Fakultät oder an Ihrem Institut durchaus Mittel, um einen Experten für zwei bis drei Tage einzuladen, und es fehlen lediglich Anstöße? Sprechen Sie die Entscheidungsträger an, und machen Sie ihnen Vorschläge! Ebenfalls denkbar wäre es, sich einem Granden der für Sie relevanten Teildisziplin für einen individuell gestalteten Gastaufenthalt anzudienen. Achten Sie in diesem Fall besonders auf die konkrete Klärung der jeweiligen Vorstellungen aller Beteiligten, nicht dass sie nachher einfach 2.000 Kilometer von zuhause alleine in einem Ihnen fremden Büro sitzen.

Die vielerorts zu beobachtende aktuelle Umgestaltung des Promotionsstudiums hat meist auch zum Ziel, neben einer stärkeren Strukturierung und Interdisziplinarität der Doktorandenausbildung den berufsvorbereitenden Charakter der Promotionsphase zu stärken. Die Frage, inwieweit die Reformen diesen Anspruch erfüllen, soll nicht Thema dieses Abschnitts sein. Fest steht aber, dass sich die Möglichkeiten zur Weiterbildung für Promovierende in den vergangenen Jahren an vielen Universitäten vergrößert haben. So gibt es mittlerweile universitäre Abteilungen für Kernkompetenzen, Schlüsselqualifikationen oder berufsvorbereitende Schulungen, die in der Regel auch Kurse für Doktoranden anbieten. Der Themenvielfalt sind dabei kaum Grenzen gesetzt. Die Seminare reichen vom Thema „Rückenschonendes Arbeiten" über „Wissenschaftliches Schreiben" bis hin zu „Mein persönlicher Führungsstil", Rhetorik- und Sprachkurse oder Seminare über Projektmanagement oder Präsentationstechniken sind ebenfalls Klassiker. Auch wenn Sie für diese Veranstaltungen Zeit aufwenden, die nicht direkt mit der Arbeit an Ihrer Dissertation in Verbindung steht – nutzen Sie einige dieser Angebote! Tipps von einem Experten zu Ihrer Vortragstechnik und zu Ihrem Sprechrhythmus bekommen Sie so günstig und fundiert nur selten wieder. Und wenn Sie später in Ihrem Berufsleben nicht in der Wissenschaft bleiben wollen, kommt ein zusätzliches Zertifikat über ein Seminar zum Projektmanagement in der Bewerbungsmappe bei Ihrem zukünftigen Arbeitgeber sicherlich gut an.[9]

Wenn Sie auch nach Abschluss der Promotion eine Karriere an der Universität oder in angrenzenden Berufsfeldern im Blick haben, eignet sich auch der Erwerb von Kompetenzen in der Lehre.[10] In einigen Bundesländern – etwa in Nordrhein-Westfalen oder Baden-Württemberg – gibt es die Möglichkeit, sich auf dem

---

[9] An dieser Stelle können wir das Thema der Schlüsselkompetenzen natürlich nur anreißen. Wenn Sie sich weiter informieren wollen, empfiehlt sich die Lektüre entsprechender Ratgeber. Eine (naturgemäß unvollständige) Liste finden Sie am Ende des Kapitels. Als Beispiel für die Vielzahl der angebotenen Kurse aus dem Bereich der Schlüsselkompetenzen eignet sich etwa der Blick auf die Seite der Universität Potsdam.

[10] Sofern Sie als (üblicherweise „halber") wissenschaftlicher Mitarbeiter an einem Lehrstuhl beschäftigt sind und auf diese Weise Ihre Promotion finanzieren, sind Sie im Regelfall ohnehin arbeitsvertraglich dazu verpflichtet, Lehrveranstaltungen im Umfang von 2 bis 4 Semesterwochenstunden anzubieten. In diesem Fall erwerben Sie beinahe bei- oder zwangsläufig Lehrerfahrungen – Kompetenzen, die Ihnen bei Bewerbungen um spätere Post-Doc-Stellen (und erst recht um Professuren) zugute kommen werden.

Gebiet der Hochschuldidaktik weiterzubilden. Wer die Module des Fortbildungsprogramms absolviert, erhält am Ende ein Zertifikat. Der Erwerb des Zertifikats ist in jedem Fall zu empfehlen. Allerdings sollten Sie sich als Doktorand fragen, wann der richtige Zeitpunkt für den Besuch dieser Weiterbildungsveranstaltungen ist – auch und gerade weil Sie für einige der Module solcher Programme eigene Lehrveranstaltungen anbieten müssen und diese zusätzliche Vor- und Nachbereitungszeit in Anspruch nehmen. Es kann also durchaus auch sinnvoll sein, die Fortbildung in der Lehre anzugehen, aber Teile auf die Zeit nach der Promotion zu verschieben.

Zum Weitersurfen

Essex Summer School:
  http://www.essex.ac.uk/methods/
Ljubljana Summer School:
  http://www.ecprnet.eu/methods_schools/summerschools/Ljubljana/default.asp
Quantilille:
  http://quantilille.free.fr/
Köln Spring Seminar:
  http://www.gesis.org/veranstaltungen/gesis-spring-seminar/
GESIS-Workshops (in Deutschland):
  http://www.gesis.org/veranstaltungen/gesis-workshops/
Oxford Spring School:
  http://springschool.politics.ox.ac.uk/archive/index.asp
EITM Europe summer school Mannheim:
  http://eitm.sowi.uni-mannheim.de
ICPSR Summer Program in Quantitative Methods of Social Research:
  http://www.icpsr.umich.edu/icpsrweb/sumprog/
Berliner Methodentreffen Qualitative Forschung:
  http://www.qualitative-forschung.de/methodentreffen/
Berlin Summer School in Social Sciences – Linking Theory and Empirical Research:
  http://www.berlinsummerschool.de/
Marie Jahoda-Summer School of Sociology Vienna:
  http://www.soz.univie.ac.at/forschung/summer-school-2011

Schlüsselkompetenzen: Angebot der Universität Potsdam:
  http://www.uni-potsdam.de/studiumplus/

Weiterbildung in der Lehre:
  http://kathmandu.hdz.uni-dortmund.de/netzwerk-nrw/index.php?id=15 (NRW)
  http://www.hdz-bawue.de/ (Baden-Württemberg)

Zum Weiterlesen[11]

Interne Fortbildung und Beratung (IFB) der Ruhr-Universität Bochum (2010): Wissen, was
  zählt. Ideen für die Lehre. Bestellbar zum Preis von € 12,50 (per Rechnung) unter
  http://www.uv.ruhr-uni-bochum.de/ifb/buch/index.html.

---

[11] Zur Vorbereitung auf Methodenschulungen sollte selbstverständlich auch je spezifische Literatur gelesen werden; zur gröberen wie allgemeineren methodologischen Orientierung siehe auch
die Literaturangaben zu Kapitel 6.

Lang, Rudolf W. (2000): Schlüsselqualifikationen. München: DTV-Beck.

Lochmann, Gerhard/Ponschab, Reiner/Schweizer, Adrian/Soudry, Rouven (Hrsg.) (2008): Schlüsselqualifikationen. Köln: Otto Schmidt.

Stender-Monhemius, Kerstin (2006): Schlüsselqualifikationen. dtv: München.

10 Zum Umgang mit Konflikten

Der Umgang mit Konflikten ist vermutlich der Problembereich, der am stärksten auch mit der eigenen Persönlichkeit sowie dem jeweiligen sozialen Kontext zusammenhängt, und für den Ratschläge deshalb nur als besonders zurückhaltende Angebote formuliert werden können. Dies soll hier in der Form geschehen, dass zunächst mögliche Konfliktlagen skizziert werden, in die Promovierende typischerweise geraten können (Sie sind nicht der Einzige!), um dann Strategien zum Umgang damit zu diskutieren, die die Betreffenden durchdenken könnten, bevor sie sich an die eigentliche Problembearbeitung machen. Zunächst ist dabei an Konflikte mit dem Betreuer der Dissertation gedacht, zum Ende des Kapitels werden aber auch drei andere Konfliktarten angesprochen: Konflikte mit Kollegen bzw. anderen Doktoranden; Schwierigkeiten, die im privaten Bereich auftreten; und schließlich Konflikte mit sich selbst.

An zwei Stellen streuen wir in unsere Ausführungen Exkurse ein, die sich an die Betreuer von Doktorarbeiten bzw. an das private Umfeld von Doktoranden richten. Falls Sie sich bzw. Ihr Gegenüber darin wiederfinden, geben Sie die entsprechenden Ratschläge doch einfach weiter.

Konfliktlagen zwischen Doktoranden und Betreuern

Arbeitsüberlastung mit promotionsfernen Aufgaben

Arbeiten, die nichts oder nur sehr am Rande mit dem Promotionsvorhaben zu tun haben, gehören zum Alltag vieler Doktoranden, die eine Stelle inne haben. Auch Stipendiaten werden dafür immer wieder eingespannt. Dazu können die Lehre und Aufgaben in Ihrem Umfeld ebenso wie Verwaltungstätigkeiten, EDV-Spanndienste, die Vorformulierung von Gutachten und das Zuarbeiten zu Publikationen des Betreuers gehören. Ein bestimmtes Maß an Erfahrungen in diesen Bereichen zu sammeln, ist sicherlich unabhängig vom weiteren Karriereziel durchaus nützlich (und für eine akademische Karriere vielleicht sogar wünschenswert). Doch wenn über einen längeren Zeitraum die Dissertation kaum noch voran getrieben werden kann, sollte man sich schon fragen: Läuft hier nicht etwas grundsätzlich falsch, muss nicht die Belastung mit promotionsfernen Aufgaben reduziert werden?

Fragen des geistigen Eigentums[1]

In der Soziologie wohl seltener als in anderen Disziplinen, aber doch nicht unbekannt sind Fälle, in denen die Forschungsleistungen von Doktoranden in Publikationen von Betreuern einfließen, ohne angemessen gewürdigt zu werden. Für die Erstellung der einen oder anderen Datentabelle oder Grafik mag der Dank in einer Fußnote oder dem Vorwort genügen. Wo aber ganze Textpassagen vorformuliert werden (oder sprachlich erst lesbar gemacht; auch das gibt es), da gehört der Name des Zuarbeiters in die Liste der Autoren.[2] Zuweilen mag ein faires Austauschverhältnis bestehen, wenn etwa der Betreuer bei anderen Publikationen zurücksteckt oder zur Konzeption der Dissertation (etwa durch die Formulierung eines Projektantrags, auf dem die Promotionsstelle beruht) erheblich beigetragen hat. Wird ein Doktorand aber als Ghost Writer ausgenutzt, ist das kein Zustand, der als unabänderlich akzeptiert werden muss.

Mangelnde Ansprechbarkeit / unzureichendes Feedback

Manche Professoren sind auch für ihre eigenen Mitarbeiter nur sehr schwer zu sprechen, und wenn dann endlich doch, dann wirken Sie unkonzentriert oder mit der Materie – also dem Promotionsvorhaben, das zu betreuen sie doch zugesagt haben – nicht wirklich vertraut. Von anderen (zuweilen auch von denselben) sind nur unter größten Mühen und nach langem Warten Rückmeldungen zu Zwischenprodukten (oder gar der ganzen Doktorarbeit selbst[3]) zu bekommen. Das kann zu nicht unerheblicher Frustration auf Seiten der Promovenden führen, weil sie sich mehr und mehr als orientierungslos allein gelassene Einzelkämpfer sehen.

---

[1] Karl Theodor Freiherr zu Guttenberg und allen anderen jüngst enttarnten Plagiatoren widmen wir an dieser Stelle, was sie verdienen: eine Fußnote. Der Diebstahl geistigen Eigentums ist kein „Fehler", der einem „passiert", sondern ein wissenschaftlicher wie moralischer Offenbarungseid. Selbstverständlich also ist Folgendes nicht nur unser Rat, sondern ein Basisgebot: Schreiben Sie Ihre Arbeit selbst, und belegen Sie präzise. (Bei Unsicherheiten bezüglich Ihrer Zitationspraxis vgl. Jele 2012).

[2] Eine zuweilen beobachtbare Unsitte ist in diesem Zusammenhang die „mit"-Konstruktion, bei der im Inhaltsverzeichnis bei einem Kapitel dann in Klammern „mit X Y" steht. Eine diffuse Angabe, und zudem praktisch nicht zitabel.

[3] Mancherorts ist es ja üblich, dass vor der formalen Abgabe die Dissertation als Ganze von den Doktoreltern einmal vorkorrigiert und von den Doktoranden dann noch einmal überarbeitet wird.

Fehlende Gestaltungsspielräume

Aber auch das Gegenteil kann Konflikte auslösen: Es gibt Doktoreltern, die sehr spezifische Erwartungen an das Vorgehen von Promovenden haben und diesen kaum eigenständige Gestaltungsspielräume lassen. Diese Situation kann insbesondere dann auftreten, wenn die Themen sehr nahe an ihren Interessensschwerpunkten liegen oder wenn ihnen eine bestimmte theoretische Ausrichtung oder ein bestimmtes methodisches Vorgehen als das einzig richtige erscheint. Haben Sie nicht das Gefühl, dass die Dissertation Ihre eigene Arbeit ist? Können Sie Akzente nicht setzen, die Ihnen wichtig sind? Dann liegt hier eventuell ganz erhebliches Konfliktpotenzial, das baldmöglichst entschärft werden sollte.

Verzögerungstaktiken

Ihr Betreuer nimmt regen Anteil an Ihrer Dissertation. Er ist ansprechbar, unterstützt Sie, und Sie bekommen so umfangreiches wie detailliertes Feedback. Bloß: Eigentlich war die Arbeit ja schon vor zwei Jahren fertig, aber irgendwie hat er immer wieder neue Ideen, die zwar vielleicht als Vorschläge formuliert, aber von Ihnen als Aufträge verstanden werden. Haben Sie den Eindruck, dass Ihr Doktorvater Sie damit ausbremst, etwa weil er Sie als Helfer oder auch nur als Gesprächspartner noch nicht verlieren möchte? Vielleicht ist es dann an der Zeit, sich abzunabeln.

Menschliches

Und dann ist da noch, wie an jedem Arbeitsplatz mit Abhängigkeitsverhältnissen, das weite Feld menschlicher Absonderlichkeiten und Abgründe. Auch unterhalb der Schwelle arbeits- bzw. strafrechtlich relevanter Übergriffe, für die tatsächlich nur der Gang zu Instanzen wie den Gleichstellungsbeauftragten oder zur Polizei angeraten werden kann, gibt es hier so manches, was den Promotionsalltag erschweren kann. Möchte Ihr Betreuer, dass Sie ihn zum Flughafen fahren, bei seinem privaten Umzug helfen oder bei seiner Geburtstagsfeier die Kinderbetreuung übernehmen? Erzählt Ihre Betreuerin beim Mittagessen weit mehr aus ihrem Beziehungsleben, als Sie wissen möchten? Damit kann man sich arrangieren, aber vielleicht möchten Sie sich auch etwas stärker abgrenzen.

Lösungsstrategien

- Direkt ansprechen?

Die erste Konfliktbearbeitungsstrategie, die wir in fast allen Fällen empfehlen würden, ist die direkte Ansprache des Problems im bilateralen Gespräch. Dafür gilt es, den geeigneten Rahmen zu schaffen, also besser nicht zwischen Tür und

Angel mit Anliegen oder Wünschen herauszuplatzen, sondern eigens einen Termin zu vereinbaren. Sodann empfiehlt es sich, zur Klärung der eigenen Gedanken und Gefühle etwas Zeit zwischen der Realisierung des Problems und der Ansprache verstreichen zu lassen. Überlegenswert ist auch, die eigene Wahrnehmung zunächst mit einer Vertrauensperson innerhalb oder außerhalb der Wissenschaft zu diskutieren.

Idealerweise gehen Sie dann in das Gespräch mit Ihrem Betreuer mit klar formulierten Ich-Botschaften (z.B.: „Herr XY, ich bin zur Zeit nicht ganz zufrieden mit der Betreuung meiner Doktorarbeit. Ich wünsche mir ein regelmäßigeres und klareres Feedback.") und konkreten Lösungsvorschlägen, die Sie Ihrem Betreuer gegenüber überdies schmackhaft machen (z.B.: „Es wäre schön, wenn Sie einmal im Semester einen Zwischenbericht von mir lesen und dann mit mir besprechen könnten. Das würde mir bei der weiteren Arbeit sehr helfen und diese bestimmt zielführender machen. Ich denke auch, dass sich dadurch der Betreuungsaufwand für Sie gar nicht so sehr erhöhen würde, da wir so Folgeprobleme minimieren könnten."). Hoffentlich kommen Sie dann schnell auf einen gemeinsamen Nenner und können Irritationen ausräumen.

Mit zwei Dingen sollten Sie bei der Anwendung dieser Strategie allerdings rechnen. Erstens damit, dass Ihr Betreuer mit Gegenvorwürfen bzw. Kritik an Ihrem Arbeits- oder Kommunikationsverhalten reagiert. Auf diesen Fall sollten Sie sich gedanklich vorbereiten und auf die wahrscheinlichsten Ansatzpunkte dafür schon eine sachliche Reaktion parat haben. Sind Sie davon überrascht, gestehen Sie am besten ein, darüber nachdenken zu müssen, und bitten Sie um einen weiteren Gesprächstermin. Im Übrigen kann es auch durchaus sein, dass Professoren etwas brauchen, um dann doch noch auf Sie zuzugehen. So kann etwa ein Betreuer, der Ihnen bei Klagen über zu hohe Arbeitsbelastung eine „ötv-Mentalität" vorwirft, etwas später en passant in ein anderes Gespräch einfließen lassen, dass er Ihre starke Präferenz für das Voranbringen Ihrer Forschungsarbeit respektiert.

Zweitens sollten Sie grundsätzlich dafür offen sein, dass Ihr Betreuer vielleicht doch im Recht ist. Halten Sie seine Gegenrede für plausibel und hat es bei einem zweiten Blick auf die Angelegenheit einfach nur dieser Erläuterung bedurft, dann lassen Sie ihn das wissen. Schließlich befinden Sie sich in einer Lernphase, und der Betreuer verfügt über einen nicht unerheblichen Erfahrungsvorsprung.

- Ombudsperson(en) suchen?

Es mag aber auch Fälle geben, in denen die Konfliktkonstellation so schwierig ist, der Respekt oder die Angst so groß oder das Betreuungsverhältnis so belastet, dass Sie vor einer direkten Ansprache zurückschrecken. Dann könnte es hilfreich sein, eine oder auch mehrere Person(en) Ihres Vertrauens um eine diplomatische Mission in dieser Sache zu bitten. Das können institutionalisierte Beauftragte für bestimmte Problembereiche (etwa Gleichstellung, Mobbing oder Sucht) sein, die es an den meisten Universitäten gibt, aber auch ältere Nachwuchswissenschaftler oder andere Professoren an Ihrem Institut, zu denen Sie selbst mit Ihrem Problem lieber gehen. Von diesen können Sie sich – und das kann fast so wichtig sein wie ihre (hoffentlich) schlichtende Wirkung auf den Konflikt – auch eine weitere Meinung zu Ihrer eigenen Wahrnehmung des Konflikts oder Ratschläge zum weiteren Vorgehen erhoffen. Rechnen Sie dabei allerdings auch mit Loyalitäts-konflikten auf Seiten Ihrer Ansprechpartner.

- Mediation anstoßen?

Bei persistenten Konflikten und in Situationen, die für alle Beteiligten ausweglos wirken, kann es ratsam sein, ein formales oder zumindest informelles Mediationsverfahren anzustrengen. Dazu bedarf es allerdings der Bereitschaft aller oder zumindest der wichtigsten Beteiligten sowie der notwendigen zeitlichen und oft auch finanziellen Ressourcen. Vermutlich bleibt es deshalb im Hinblick auf Promotionen ein seltener Ausnahmefall, der aber dafür gerade in besonders schwerwiegenden oder ausweglos erscheinenden und daher hochgradig belastenden Fällen Abhilfe schaffen kann. Sollten Sie ein Mediationsverfahren anstoßen wollen, ist es besonders wichtig, sich selbst vorab ausführlich über mögliche Anbieter und Verläufe derselben zu informieren (siehe Link- und Publikationsliste am Ende des Kapitels), konkrete Vorschläge zu machen und den anderen Beteiligten genügend Bedenkzeit einzuräumen.

- Oder doch einfach Aussitzen?

Oder möchten Sie den Konflikt doch lieber aussitzen, weil Ihnen keiner der vorgenannten Vorschläge angenehm oder auch nur gangbar erscheint? Vermutlich haben Sie diese Strategie des stillen Erduldens schon eine ganze Weile angewandt, und in einigen Fällen erledigen sich Konflikte ja auch tatsächlich von selbst. Ihren Doktorhut dürften Sie auch bei der Wahl dieser Option eines Tages aufsetzen dürfen. Ob der in dieser Hinsicht passive Weg dorthin aber leichter ist oder ob eine offensive (oder zumindest proaktive) Konfliktbearbeitung Sie nicht doch schneller zu einem besseren Abschluss bringt, das können am Ende nur Sie selbst abwägen.

Exkurs 1: Doktorarbeiten betreuen – was Promovierende erwarten (können sollten)

Der vorliegende Ratgeber ist, das sei hier nochmals betont, von Nachwuchswissenschaftlern für Nachwuchswissenschaftler konzipiert. Die Autoren können sich daher nicht anmaßen, die Betreuer-Perspektive einzunehmen oder sich auch nur vollständig in diese einzufühlen, und sie wollen dies auch gar nicht beanspruchen. Aus eigener Erfahrung und aus vielen Gesprächen mit zahlreichen weiteren Doktoranden möchten wir an dieser Stelle dennoch einige Anregungen für die Betreuer von Dissertationen formulieren.

Die Vielzahl von beruflichen Zwängen, in denen der typische Doktorvater gefangen ist, macht Verlässlichkeit sicher oft schwer, aber sie ist die Primärtugend, der Quell jedes gelingenden Betreuungsverhältnisses. Ein Doktorand, der darauf bauen kann, dass die Zusagen seines Betreuers belastbar sind, arbeitet unter einem signifikant geringeren Stresslevel als die (zu vielen) Kommilitonen, die sich episodisch oder gar permanent darum sorgen, ob denn auch in vier Wochen oder anderthalb Jahren noch gilt, was ihnen zu Anfang versichert worden ist. Dies beginnt mit der im Idealfall schriftlich fixierten Betreuungszusage[4] an sich, betrifft aber vor allem auch die Finanzierung von Stellen, das Erstellen von Gutachten, die Gewährung günstiger Arbeitsbedingungen, und – man sollte das eigentlich nicht erwähnen müssen – das Lesen und Kommentieren von Zwischenberichten, Einzelkapiteln, Projektpapieren und ähnlichen textförmigen Wegmarken. So berichten einzelne Doktoranden, dass sie monatelang, teils über ein Jahr, wie verabredet an diesen gearbeitet und sie fristgerecht auf den Schreibtisch des Betreuers gelegt haben, und dann passierte – nichts. Wochenlang nichts, monatelang nichts. Ein davon betroffener Doktorand fühlt sich wie ein Sprinter ohne Bodenkontakt: Er strampelt und strampelt, kommt aber nicht vom Fleck.

Umgekehrt sollten Sie als Betreuer Ihren Doktoranden nicht nur klare zeitliche Rahmenvorgaben setzen, sondern auch ein Verstreichen derselben nicht einfach ignorieren. Hier geht es nicht darum, über Gebühr Druck auszuüben oder gar gleich zu Sanktionen zu greifen. Aber eine Nachfrage, warum es (wiederholt) nicht hinhaut mit den verabredeten Wegmarken, kann zum einen wichtige Klärungen (z.B. auch der Arbeitsteilung am Lehrstuhl[5]) herbeiführen, zum anderen demonstrieren Sie damit, dass Ihnen das Gelingen der Promotion am Herzen

---

[4] Wertvolle Anregungen hierzu bietet eine Best-Practice-Vereinbarung zwischen THESIS und dem DHV; hier wurde in 18 Punkten festgelegt, was ein gutes Promotionsverhältnis auszeichnet (siehe Linktipp am Ende des Kapitels).

[5] Doktoranden in der abschließenden Phase etwa tut es sicher gut, wenn sie vom Alltagsgeschäft zumindest etwas entlastet werden.

liegt. In diesen Bereich der eher formalen Rahmensetzung gehört es auch, seine Doktoranden dazu anzuhalten, sich regelmäßig und schon frühzeitig Feedback von außen zu holen (siehe auch Kapitel 8). Fährt Ihr Doktorand von sich aus nicht auf Konferenzen? Trägt er nicht in benachbarten Kolloquien vor? Baut er kein Netzwerk mit anderen Doktoranden auf? Dann bedarf es vielleicht der Ermutigung oder sanften Aufforderung Ihrerseits. (Anforderungen aller Art lassen sich im Übrigen dann mit den größten Erfolgs- und Akzeptanzchancen stellen, wenn ihre Einhaltung selbst vorgelebt bzw. -gearbeitet wird.)

Ebenso verlässlich wie die genannten eher formalen Aspekte des Betreuungsverhältnisses sollten natürlich die inhaltlichen Ansagen des Doktorvaters sein. Neben dem richtigen Timing (viel Input am Anfang, weniger im Mittelteil, kaum noch gegen Ende) und der idealen Dosis (die die nötigen Leitplanken einzieht, ohne Eigenleistung und Eigeninitiative einzuengen) ist hier vor allem auch Konsistenz gefragt. Gewiss können sich auch im Verlauf eines Vorhabens gute Gründe für die Einforderung von Nachjustierungen ergeben. Komplette U-Turns der Betreuervorgaben, möglicherweise sogar mehrere davon, sollten es aber nicht sein. Hilfreich für beide Seiten kann es hier sein, inhaltliche Absprachen schriftlich zu fixieren. Dabei muss man ja nicht immer gleich zu den nun in immer mehr Promotionsordnungen verankerten Memoranden greifen, welche durch die Fakultätsgremien abgesegnet werden. Einige Stufen darunter bieten sich Besprechungsprotokolle oder zumindest das Aufbewahren von E-Mail-Ausdrucken an.

Was sich Doktoranden jenseits der formalen und inhaltlichen Betreuungsaspekte meist von ihrem Doktorvater wünschen, ist Weisheit, Güte und allgemeiner kluger Rat unter Aufrechterhaltung einer gewissen beruhigenden Restdistanz. Ein allzu enges Verhältnis hingegen schadet häufig der gegenseitigen Kritikfähigkeit; insbesondere, wenn es sich strukturell um ein hierarchisches Verhältnis handelt. (Allerdings sei auch an dieser Stelle noch einmal darauf hingewiesen, dass es legitimerweise sowohl beim Betreuungsstil als auch bei den Doktoranden und ihren Erwartungen eine beträchtliche Variationsbreite gibt und es letzten Endes dann auf die wechselseitige (An-)Passung ankommt).

Viele Doktoranden empfinden es zudem als ungeheuer hilfreich und motivierend, wenn ihre Betreuer für sie Kontakte knüpfen und sie von ihren Netzwerken profitieren lassen. Generös und nicht unelegant handelte etwa der Professor, der einen renommierten ausländischen Gast seinem Doktoranden vorstellte und die beiden dann unter einem Vorwand für ein halbes Stündchen mit ihren Kaffeetassen alleine ließ. Oder derjenige, der mit einem Doktoranden gemeinsam ein (tatsächlich gemeinsam erstelltes) Konferenzpapier einreichte, das es ohne ihn wohl nie aufs Podium geschafft hätte, die Präsentation dann aber dem Mitarbeiter alleine überließ.

Bei aller wohlwollenden Anleitung und Zuwendung aber – und spätestens hier wird aus dem Betreuungshandwerk eine Kunst – brauchen Doktoranden eben auch Freiräume und Entfaltungsmöglichkeiten, und vielleicht sogar auch ab und an die Chance dazu, eigene Fehler zu machen. Wem hier die richtige Mischung gelingt, dem ist ungeheuchelter Dank und lebenslange Vorbildfunktion sicher.

Drei andere Konfliktarten

Konflikte mit Kollegen bzw. anderen Doktoranden

Konflikte mit anderen Doktoranden oder sonstigen Kollegen ergeben sich meist aus ungeklärten Modi der Zusammenarbeit oder aus unpräzisen bzw. nicht eingehaltenen Abgrenzungen von Forschungsthemen. Beides ist innerhalb von Forschungsprojekten oder Nachwuchsgruppen potenziell kritischer als für frei Promovierende. Haben Sie deutlich mehr Arbeit in die Projektdatenbank investiert als ein Kollege, der für seine Dissertation genauso darauf zugreifen darf? Schreibt er plötzlich ein Kapitel über ausgerechnet jenen Untersuchungsaspekt, der Ihnen besonders am Herzen liegt und Ihnen eingangs als Ihre Domäne zugesichert wurde? Schmückt sich ein anderer Lehrstuhlmitarbeiter auf Konferenzen mit Erkenntnissen oder Argumentationssträngen aus Ihrer noch unveröffentlichten Dissertation, ohne auf diese hinzuweisen?

Für diese Konfliktart sind die Bearbeitungsmöglichkeiten im Grunde identisch mit den eben ausgeführten – nur gilt es, die abweichende Konfliktgeometrie im Schatten der Hierarchie zu beachten: Einerseits sind die Konfliktbeteiligten in der Regel gleichrangig oder zumindest weniger weit auseinander positioniert als im Verhältnis zwischen Doktorand und Betreuer; andererseits kann das Einschalten der höheren Ebene, also des Projekt- oder Gruppenleiters bzw. des Doktorvaters, hier für das alltägliche Arbeitsklima besonders unangenehme Folgen haben. Schließlich stehen Doktoranden und Kollegen oft untereinander in einem viel engmaschigeren Austausch und arbeiten intensiver zusammen als Doktoranden und ihre Betreuer. Insofern können solche Konflikte sogar belastender sein. Aber lassen Sie nicht alle Hoffnung fahren: Da die Promotionsphase vor allem auch noch eine Zeit des Lernens und der Selbstfindung und -definition von Forscherpersönlichkeiten ist, kann hier ein offen und konstruktiv ausgetragener Streit vielleicht auch eine grundlegendere Änderung bewirken.

Konflikte wegen der Promotion im privaten Bereich

Die Durchführung eines Promotionsvorhabens kann auch für das private Umfeld eines Doktoranden sehr belastend sein. Sind Sie bei Gesprächen unkonzentriert? Reagieren Sie ungewohnt heftig auf Kritik oder gar harmlose Fragen? Schleichen Sie am Sonntagnachmittag „nur mal schnell" an den Schreibtisch, und fällt deshalb die geplante gemeinsame Unternehmung aus? Jammern Sie Ihren Mitmenschen ständig die Ohren mit Methodenfragen oder der neuesten theoretischen Konstruktion voll? Stehen deshalb gar diejenigen zwischenmenschlichen Beziehungen auf der Kippe, die Ihnen am meisten bedeuten?

Ganz ehrlich: Sie sind eine Zumutung! Phasenweise mag das unvermeidlich sein, und dann sollten Sie um Verständnis werben. Längerfristig aber sollten Sie daran arbeiten, die Dissertation aus Ihrem Privatleben weitestgehend heraus zu halten. Denn da gehört sie nicht hin. Vielleicht hilft es Ihnen, den Heimweg aus dem Institut etwas geruhsamer anzugehen und währenddessen die letzten offenen Fragen des Tages zu durchdenken. (Sie schreiben die Dissertation zuhause und haben daher gar keinen Heimweg zum Abschalten? Dann sind feste Formen der Abgrenzung zwischen Arbeits- und Freizeit umso wichtiger!) Vielleicht brauchen Sie zum Einläuten des Wochenendes bewusst eingeplante Rituale wie ein Bier mit Kollegen oder einen Dauerlauf. Und machen Sie sich immer wieder bewusst, dass Ihre Promotion zwar wichtig, aber nicht das Wichtigste in Ihrem Leben ist.

Exkurs 2: Hilfe, mein Partner/Kind/WG-Mitbewohner promoviert

Dieser zweite exkursorische Absatz richtet sich an das private Umfeld der potenziellen und tatsächlichen Doktoranden.

Wenn Ihr Kind, Ihr Gatte, Ihr Partner oder Ihr Mitbewohner sich anschickt zu promovieren, verbinden Sie damit erstens womöglich ganz unterschiedliche Gefühle: Viele sind stolz, manche auch ein bisschen neidisch, mancher traut es dem Kandidaten im Stillen vielleicht gar nicht zu, und mancher sorgt sich, ob der bisherige Kontakt in derselben Intensität wird aufrecht erhalten werden können.

Zweitens können Doktoranden mit der Zeit auch ganz schön nerven mit ihrer Fixierung auf das große Vorhaben. Machen Sie sich am besten von Vorneherein klar, dass der bzw. die Betreffende sich in der kommenden Zeit mit großer Wahrscheinlichkeit (zumindest übergangsweise) verändern wird. Und bedenken Sie, dass die Promotionsperson selbst voraussichtlich ein Wechselbad der Gefühle durchlaufen wird. Klären Sie für sich und miteinander, dass Ihr Verständnis dafür zwar groß, aber nicht grenzenlos ist.

Und drittens ist es für Promovierende überlebensnotwendig, immer wieder Unterstützung, Rückmeldungen und gelegentlich auch einen Tritt in den Hintern zu bekommen, oder, neudeutsch ausgedrückt: Support, Feedback, and Kicks in the Ass.

Die große Kunst besteht nun darin, diese Liebes- bzw. Freundschaftsdienste über die verschiedenen Phasen im Verlauf eines Promotionsvorhabens angemessen zu verteilen und jeweils richtig zu dosieren. Auch hier gilt unser mittlerweile sicher wohlbekanntes Mantra: Es gibt sehr viele Wege zum Glück, aber bestimmte Dinge sollten auf all diesen Pfaden von Nutzen sein.

So Sie möchten, können Sie den Doktoranden auf ganz unterschiedliche Weise unterstützen. Zunächst einmal einfach dadurch, dass Sie sich seine Erzählungen über das im Werden oder Wachsen begriffene Opus immer wieder anhören und so ein Ventil für die alltäglichen Freuden, aber eben besonders auch für die Sorgen und Nöte des Betreffenden bieten. Sodann indem Sie Gelegenheiten zur körperlichen und seelischen Rekreation schaffen oder auch anmahnen: Ein überraschend zubereitetes Mahl, ein gemeinsamer Besuch im örtlichen Schwimmbad, ein Wanderwochenende in einem der deutschen Mittelgebirge, ein Schachspiel bei Rotwein und Begleitmusik (Dire Straits! Morrissey! Palestrina!), ein Kneipenabend, eine gemeinsam musizierte Bach-Kantate oder auch ein Festival-Besuch samt Schlammsuhlen erquicken nicht nur, sie wirken auch Wunder für die Arbeitsproduktivität am nächsten Werktag.[6]

Oft noch wichtiger sind Rückmeldungen oder die Formulierung von Wahrnehmungen und Beobachtungen. Hierbei gilt es jedoch, die richtige Dosis zu erwischen und meistens, aber besser nicht immer, ehrlich zu sein. Durchhänger der Schaffenskraft oder der Motivation und des Selbstvertrauens erleiden die meisten Promovierenden einmal. „Ich krieg zur Zeit einfach nichts gebacken", „Ich hab überhaupt keinen Bock mehr auf meine Diss" oder „Ich kann das einfach nicht so, wie ich mir das vorstelle" sind Sätze, die Sie sicher irgendwann zu hören bekommen. Nun sind, man kann es nicht oft genug sagen, die Menschen und ihre Kontexte zu verschieden, als dass für alle das Gleiche angeraten wäre. Aber beim ersten oder zweiten Mal dürfte Beschwichtigen nicht falsch sein: „Jeder hat mal ein Tief", „Nächste Woche läuft es bestimmt wieder besser" oder „Du schaffst das schon" sind hier in der Regel die passenden Antworten. Verfestigt sich jedoch ein bestimmter negativer Grundton der Aussagen über diesen zentra-

---

[6] Ein Kollege merkt hier an, zeitweise sei auch die Komplizenschaft beim Verdrängen der größten Probleme äußerst hilfreich. Wir Autoren finden: Zeitweise ja, auf Dauer besser nicht.

len Inhalt des Arbeitslebens, den eine Promotion meist darstellt, sind ehrliche Rückmeldungen von Umfeld-Sensoren oft eine große Hilfe.

Die mit den Schwierigkeiten verbundene fachliche Problematik werden Sie typischerweise nicht selbst beurteilen können. Aber Sie können die menschlichen und sozialen Auswirkungen vermutlich weit besser einschätzen als die Fachkollegen. Also nehmen Sie Ihren Mut zusammen und sprechen Sie Ihren Eindruck offen an: Vielleicht braucht der Betreffende gerade Ihren Anstoß, um sich die nötigen Hilfen zu holen oder das eigene Arbeitsverhalten umzustrukturieren. Dabei sollten Sie ruhig auch Ihre legitimen Eigeninteressen ansprechen. Ein miesepetriger Doktorand kann das Klima um sich herum ganz schön vergiften, und etwas Erdung tut auch in dieser Hinsicht gut.

Ein (besser verbaler als physischer) Tritt in den Hintern kann zum einen bei Durchhängern während der Mühen der Feldarbeit oder der Dateneingabe vonnöten sein, besonders aber in der End- oder „Fertigschreib"-Phase. (Ob diese tatsächlich schon begonnen hat, ist für inhaltlich Außenstehende allerdings gar nicht immer leicht einzuschätzen, und manche Doktoranden verbreiten permanent eine – oft völlig unrealistische – Atmosphäre der Naherwartung.) Dem Überambitionierten darf man dann durchaus einmal sagen, dass auch nach seiner Dissertation auf dem fraglichen Fachgebiet noch etwas kommen können darf (und wenn es seine Habilitation ist), dem Unsicheren, dass es für den Titel schon reichen wird und allein aus institutionellem Eigeninteresse der Betreuer ohnehin fast jeder ein *magna cum laude* bekommt, und dem Gemütlichen, dass er im Leben auch noch etwas anderes leisten dürfte.

Warum Sie sich auf all das einlassen sollen? Aus Liebe, aus Freundschaft, oder zumindest, weil Sie dann mit großer Wahrscheinlichkeit in den Dankesworten auf einer der ersten Seiten des entstehenden Buches genannt werden. Und damit Sie die zwischenzeitlich so seltsame Promotionsperson möglichst bald und möglichst unversehrt wieder haben.

Promovieren heißt: fürs Leben lernen
von Katja Fox

So gewichtig der Titel dieses Beitrages auch klingen mag, die Erfahrung der eigenen Dissertation und der Austausch mit „Leidensgenossen" hat bewiesen: Egal zu welchem Thema man arbeitet, letztlich stehen alle vor sehr ähnlichen Herausforderungen, und „Disziplin" ist die erste.

Schon während meiner Diplomarbeit dachte ich darüber nach, im Anschluss an das Studium direkt an der Uni weiterzumachen und das Projekt „Doktorarbeit" einfach mal zu starten. Die Leichtigkeit und Unbefangenheit, mit der ich an mein Diplomarbeitsthema herangegangen bin, hätte ich mir sehr gerne beibehalten – doch ich sollte eines Besseren belehrt werden. Nachdem feststand, dass ich das Thema meiner Diplomarbeit nicht in weiteren und veränderten Facetten würde fortführen können, stand ich wie vermutlich viele Promotionswillige vor der Frage: „Und nun?" Zumindest war der Betreuer meiner Abschlussarbeit fest davon überzeugt, dass ich eine Dissertation schaffen könne, und da zu dieser Zeit das Thema „Gesundheitswirtschaft" an seinem Lehrstuhl Forschungsschwerpunkt war, wurde mir doch auch direkt der Vorschlag unterbreitet, dazu ein Thema zu finden. Einfacher gesagt, als getan, wenn man von Gesundheitswirtschaft gerade mal in zwei Studienseminaren etwas gehört hat... Und jetzt sollte ich mich also zu einer Spezialistin in diesen Fragestellungen erheben! Da stand ich nun mit meinem gefühlten Halbwissen.

Nach einigen Monaten des intensiven Recherchierens und der Lektüre sowie zahlreichen Gesprächen hatte ich Feuer gefangen und das für mich doch sehr gut passende Thema gefunden. An dieser Stelle sollte ich anmerken, dass es nie mein Ziel war, mit der Dissertation eine universitäre Karriere zu starten, sondern ich erhoffte mir durch den Doktortitel einen etwas leichteren Ein- und Aufstieg in der Wirtschaft – auch an mein Ohr war gedrungen, dass dieser Titel doch so manche Tür öffnen kann. Daher entschied ich mich für ein praxisnahes Thema, das selbstverständlich wissenschaftlichen Ansprüchen genügen sollte und zugleich an die interdisziplinäre Regionalforschung, die mir persönlich ein Anliegen war, anknüpft. Gesagt – getan, und das Abenteuer Dissertation begann.

Im Nachhinein kann ich dieses Abenteuer vielleicht mit dem zugegebenermaßen etwas weit hergeholten Bild einer Alpenüberquerung vergleichen: Die Monate vergingen mit ewig erscheinenden Auf- und Abstiegen. Heute weiß ich, dass gerade das einer „Schule fürs Leben" gleichkommt. „Durchhalten!" hieß allzu oft die Parole, wenn ich mich durch Berge an Literatur quälte, Kurzzusammenfassungen anlegte und dem roten Faden hinterherlief. Die Kunst der Stunde war, Satz um Satz, Zeile um Zeile weißes Papier mit neuem und zusammengetragenem Wissen zu füllen. Schließlich gab mir mein Doktorvater den entscheidenden Hinweis: „Bleib einfach sitzen, auch wenn du eine halbe Stunde auf deinen PC starrst, irgendwann sprudelt es wieder aus dir heraus!" Diesen simplen Tipp kann ich guten Gewissens weitergeben, denn auch diese Form der sehr speziellen Geduld (mit sich selbst) hat etwas mit Disziplin zu tun.

Eine weitere Hürde, die zu nehmen war, war die Zeit – sie schien davonzulaufen! Gerade wenn man noch einer beruflichen Tätigkeit nachgeht, ist ein gutes Zeitmanagement das A und O. Ich möchte daher jedem raten, sich Wochenpläne mit Zielvorgaben in kleinen Schritten zu machen. Mir hat das zumindest immer geholfen. Hätte ich damals schon die wunderbaren Instrumente des Projektmanagements gekannt, ich hätte davon Gebrauch gemacht. Sie helfen, den Überblick nicht zu verlieren – was nach einigen Jahren (auch wenn es bei mir letztlich nur zweieinhalb Jahre waren) durchaus leicht passieren kann.

Im jetzigen Berufsleben haben diese Erfahrungen ihren unschätzbaren Wert. Gedacht wird nämlich – vor allem wenn Sie in Projekten arbeiten – in der Regel in Maßnahmen-, Kosten- und Zeitplänen. Klammert man die Kostenpläne bei einer Dissertation einmal aus, dann haben Sie während Ihrer Dissertation Folgendes fürs Leben gelernt: Sie haben in einem bestimmten Zeitraum ein Projekt aus einem Bündel an Einzelmaßnahmen (Kapiteln) abgeschlossen. Herzlichen Glückwunsch! Und genau dieses Argument können Sie anwenden, wenn es darum geht, den ersten Job nach der Doktorarbeit zu finden. Sofern Sie eine Tätigkeit außerhalb der Alma Mater suchen, spielt das Thema im Übrigen nur noch eine untergeordnete Rolle. Sie haben sich für den Job qualifiziert, weil Sie diszipliniert an einem neuen Thema arbeiten können, Maßnahmen- und Zeitpläne einhalten, und nachweislich Ihr eigener Projektmanager waren.

„Niemals aufgeben!" – auch ein schönes Lebensmotto, das ich zum ersten Mal höchst intensiv bei der Dissertation verinnerlicht habe. Mehr als einmal ist sicherlich jeder Doktorand bereit, das ganze Projekt hinzuschmeißen. Ich bin manches Mal an meine Grenzen gestoßen und musste lernen, mit Rückschlägen umzugehen. Kurze Erholungsphasen sind deshalb genauso wichtig wie der Tipp meines Doktorvaters mit dem „Sitzen bleiben". Es lohnt sich, durchzuhalten, denn es gibt wohl selten ein glücklicheres Gefühl, als mit der Urkunde in der Hand die Frucht der letzten Jahre Arbeit zu ernten!

Dr. Katja Fox wurde 2007 an der Ruhr-Universität Bochum mit der Arbeit „Innovative Märkte zur Stärkung des Standortes Deutschland – Die Medizintechnikbranche in Nürnberg-Erlangen und dem Ruhrgebiet" promoviert. Sie ist seit 2008 als Leiterin der Projektentwicklung bei der Industrie- und Handelskammer Mittleres Ruhrgebiet in Bochum tätig. In dieser Funktion koordiniert sie Aktivitäten, die den Wissenstransfer zwischen Hochschulen und der Wirtschaft befördern. Zudem ist sie Branchenbetreuerin im Bereich „Gesundheitswirtschaft" und begleitet Maßnahmen zur Förderung der Elektromobilität in Bochum.

Konflikte mit sich selbst

Doktoranden waren meist vergleichsweise erfolgreiche Schüler und Studenten und erleben deshalb während der Promotionsphase oft zum ersten Mal intensiver die Grenzen der eigenen Leistungsfähigkeit. Auch ist die einen längeren Bogen spannende, eigenständige Arbeit an einer Dissertation mit dem zuvor gewohnten Semestertakt und dichten sozialen Miteinander unter Studierenden nicht vergleichbar. So kann es leicht dazu kommen, dass Promovierende im Laufe ihres Vorhabens mit sich selbst zu hadern beginnen: Schaffe ich das überhaupt? Warum habe ich bloß damit angefangen? Wenn ich die Sache von Beginn an anders aufgezogen hätte, wäre ich dann jetzt nicht schon viel weiter? Und warum kann ich kaum jemandem meine Zweifel und den Druck verständlich machen, unter den ich mich selbst setze? Schwierigere Phasen gehören zu den meisten Promotionen dazu, und fast jeder Doktorand meistert sie auch.

Bisweilen hilft bei Konflikten mit sich selbst auch – und gerade – der Austausch mit anderen (ggf. ebenfalls promovierenden) Menschen. Mit Sicherheit kennen Sie eine Reihe weiterer Doktoranden, und Sie können gewiss sein: Die meisten unter ihnen dürften mit Problemlagen, die Sie (hoffentlich nur temporär) quälen, auch aus eigener Erfahrung vertraut sein. Sehr empfehlenswert ist (nicht nur) in diesem Zusammenhang auch eine Mitgliedschaft im Doktorandennetzwerk THESIS (www.thesis.de), denn diese ermöglicht es Ihnen, über eine interne Mailingliste Fragen an alle derzeit rund 650 Mitglieder zu stellen – es ist beachtlich, wie viel „Schwarmintelligenz" hier zustande kommt! Es kann zudem hilfreich sein, sich (passiv oder aktiv) an einschlägigen Diskussionen in Internetforen zu beteiligen.[7] Aller Begeisterung und Sinnhaftigkeit von neuen Medien zum Trotz: Wir warnen auch davor, sich in virtuellen Diskussionen zu verlieren. Angesichts der üblichen Bildschirmzeiten von Doktoranden könnte eine echte Begegnung im Café oder beim Wandern (gelegentlich) vorzuziehen sein. Dafür die eine oder andere Hilfestellung zu geben, ist die Hauptmotivation dieses Ratgebers, und meistens dürfte das zugrunde liegende Problem mit einem der Themen seiner übrigen Kapitel zu tun haben (Ratschläge also dort).

Aber zwei Dinge seien hier ganz ausdrücklich betont: Es bricht Ihnen erstens kein Zacken aus der Krone, wenn Sie therapeutische, seelsorgerliche oder sonstige beratende Hilfen in Anspruch nehmen. Und zweitens: Machen Sie sich wegen der zwei Buchstaben vor dem Nachnamen nicht kaputt. Der Abbruch einer verfahrenen Promotion kann auch ein Befreiungsschlag sein[8] und neue Energien freisetzen.

---

[7] Hierzu nur ein Beispiel, vom VS Verlag für Sozialwissenschaften ins Leben gerufen: http://www.facebook.com/Promotionsforum.

[8] Dass es dazu seltener kommt, dazu soll unser Ratgeber einen Beitrag leisten. Mancher gordische Knoten muss aber wohl einfach durchschlagen werden, und wem dazu nur noch der letzte Anstoß fehlt, den wollen wir dazu ausdrücklich ermutigen.

Erfolgreich gescheitert
von Ulrich Müller

Bei der Beantwortung der Frage, warum ich mein Promotionsprojekt abgebrochen habe, könnte ich es mir einfach machen und sagen: Die Gründe für den Abbruch heißen Charlotte und Katharina (meine 2002 bzw. 2005 geborenen Töchter). Natürlich ist die Realität ein wenig komplexer: Im Jahr 2002 wurde ich – neben meiner beruflichen Vollzeittätigkeit – vom Promotionsausschuss der FernUniversität in Hagen als externer Promovend anerkannt. Mein Doktorvater Prof. Dr. Uwe Schimank (jetzt an der Universität Bremen) hatte Gefallen an dem Thema meiner Arbeit gefunden. Aus organisationssoziologischer Perspektive wollte ich mich einer „Kirche wider Willen" nähern, einer relativ unbekannten Religionsgemeinschaft, die eine eigene kollektive Identität gleichzeitig leugnet (Selbstbild) und pflegt (Erscheinungsbild). In der Tat war es vor allem das Interesse an diesem außergewöhnlichen Thema, das mich reizte; erst in zweiter Linie motivierte mich die Aussicht auf den schmückenden Doktortitel. Ich sammelte relevante Literatur, entwarf die Gliederung der Arbeit und sicherte die Theorieanbindung ab. Jährliche Klausurtagungen der Promovenden meines Doktorvaters gaben konkrete und hilfreiche Rückmeldungen zu meinem Ansatz und erweiterten erheblich meinen gedanklichen Horizont. So weit, so gut.

Doch 2005 wurde immer deutlicher, dass eine nebenberufliche Promotion ihre Tücken hat: Mittlerweile forderten zwei Kinder Aufmerksamkeit, Zeit und Kraft. Die beruflichen Belastungen stiegen ebenfalls, je mehr ich mich im Job etablieren konnte. Und nicht zuletzt übernahm ich in meiner Kirchengemeinde vor Ort Verantwortung in der Jugendarbeit. Ein Fortschreiten der Promotion in angemessener Zeit und Qualität erschien mir unter diesen Umständen kaum noch zu gewährleisten. Im Jahr 2006, auf einer der jährlichen Klausurtagungen, vereinbarte ich daher mit meinem Doktorvater, zwei Jahre zu pausieren und danach zu entscheiden, ob eine Weiterführung des Promotionsprojektes sinnvoll und machbar ist.

Innerhalb dieser zwei Jahre wurde mir immer klarer, dass mir letztlich keine andere Wahl blieb, als die Promotion abzubrechen. Es war eine Abwägungsentscheidung, welcher Lebensbereich am ehesten entbehrlich war – und da zog die Promotion eindeutig den Kürzeren. Meine Familie sollte nicht über Gebühr darunter leiden (ich wollte doch nicht das Aufwachsen der eigenen Kinder verpassen!), den Job brauchte ich nicht nur für unseren Lebensunterhalt, er entsprach auch exakt meinen Wünschen – und mein kirchliches Engagement war mir ebenfalls sehr wichtig. Mit einem sehr großen „Dankeschön" für seine Unterstützung, seine vielfältigen Anregungen und konstruktiven Nachfragen teilte ich daher meinem Betreuer im Jahr 2008 den endgültigen Abbruch meines Promotionsprojektes mit.

War das Ganze also ein großes Missverständnis und von Anfang an zum Scheitern verurteilt? Nein: Im Jahr 2002 war noch vieles im Fluss, die familiäre Situation offen und meine berufliche Schwerpunktsetzung noch unklar. Heute bin ich beruflich klar verortet und familiär ausgefüllt (mit inzwischen sogar drei Kindern). Natürlich wäre der akademische Titel hier und da hilfreich, vor allem, da ich im Hochschulkontext arbeite. Aber erstens war die Arbeit an der letztlich unvollendeten Promotion keine verschenkte, sondern überaus lehrreiche Zeit, und zweitens muss die Vielfalt der Lebensoptionen im Lauf der Zeit schlicht und einfach zunehmend den Entscheidungen und Festlegungen der Realität Tribut zollen.

Und wer weiß – vielleicht packe ich nach Durchlaufen der „rush-hour of life" noch einmal ein Promotionsprojekt an?! Aber eine Sache würde ich tatsächlich anders machen: Bei einer berufsbegleitenden Promotion würde ich dann eher ein Thema bearbeiten, das nahe an meinem Tätigkeitsbereich liegt; das schafft Synergieeffekte und vermeidet aufwändiges Einarbeiten in entferntere Sachgebiete.

Ulrich Müller studierte Erziehungswissenschaften, Psychologie und Soziologie an der Universität Bonn. Von 1998 bis 2002 war er Mitarbeiter in der Geschäftsstelle der Bund-Länder-Kommission (BLK) für Bildungsplanung und Forschungsförderung in Bonn. Seit 2002 ist er als Projektleiter des Centrums für Hochschulentwicklung in Gütersloh tätig.

Zum Weitersurfen

Best-Practice-Papier zwischen THESIS und dem DHV:
    https://ssl.thesis.de/fileadmin/user_upload/Presse/best_practice_thesis_dhv_09.pdf
Ein vorbildliches Angebot aus Hamburg:
    http://www.netzwerk-konfliktmanagement.de/
Die eigenen Rechte kennen:
    http://www.familien-wegweiser.de/bmfsfj/generator/BMFSFJ/gleichstellung,
    did=59062.html
Gibt es auch an vielen deutschen Hochschulen:
    http://www.ombudsperson.unibe.ch/content/index_ger.html

Zum Weiterlesen

Jele, Harald (2012[3]): Wissenschaftliches Arbeiten: Zitieren. München: Oldenbourg.
Klein, Susanne (2006): Wenn die anderen das Problem sind: Konfliktmanagement, Konflikt-coaching, Konfliktmediation. Offenbach: Gabal.
Schwanitz, Dietrich (1996): Der Campus. München: Goldmann.
Thiel, Svenja/Widder, Wolfgang (2003): Konflikte konstruktiv lösen. Ein Leitfaden für die Teammeditation. München: Luchterhand.
Weisinger, Hendrie (2002): Wie sag ich's meinem Chef? Mit positiver Kritik zum Ziel. Berlin: Econ.

11 Publizieren – wirklich das Einzige, was zählt?

Die Publikationsstrategie während der Promotionsphase und ihre Implikationen für Planung und Durchführung des Vorhabens hängt ganz entscheidend von Ihrer Antwort auf die Ausgangsfrage ab, ob danach noch eine weiterführende akademische Karriere verfolgt werden soll oder nicht. Aus dieser Weichenstellung folgt fast automatisch, ob allein die – je nach lokaler Promotionsordnung variierende – für den Erwerb des Doktorgrades erforderliche Publikation angestrebt wird, oder ob während der Promotionsphase der Grundstein für eine in der Fachwelt beachtete Publikationsliste gelegt werden soll. Im ersteren Fall ist das Vorgehen klar: Man beschaffe sich die Promotionsordnung, mache sich mit den Publikationsanforderungen darin vertraut und bereite deren Erfüllung vor. Dazu gehören in der Regel nur zwei Wahlhandlungen: Zunächst diejenige zwischen Online- und Buchpublikation und dann die Frage des Publikationsortes oder -verlages. Für die Online-Publikation bieten die allermeisten Universitätsbibliotheken verlässliche und kostengünstige Möglichkeiten. Es bietet sich zu Vergleichszwecken aber auch ein Blick auf die von der Deutschen Nationalbibliothek betriebene und von der Deutschen Forschungsgemeinschaft (DFG) geförderte Internetseite www.dissonline.de an. In der Soziologie ist die Online-Publikation noch deutlich weniger verbreitet als etwa in den Naturwissenschaften. Zudem ist für viele Doktoranden das Buch, das man am Ende einer längeren Wegstrecke in der Hand hält und seinen Lieben als Dank und/oder zum Arbeitsnachweis in die Hand drücken oder gar widmen kann, ein derart bedeutsames, von Beginn an visualisiertes Ziel, dass eine Publikation im Internet für sie nicht in Frage kommt. Für alle anderen Kandidaten ohne weitergehende akademische Ambitionen dürfte der Preisunterschied von durchschnittlich vielleicht 1.500 Euro[1] in Anbetracht der stetig verbesserten Online-Angebote aber eine reizvolle Option sein, und es gibt keinen Grund, davon abzuraten. Ein Kompromiss kann außerdem die Kom-

---

[1] Ja, die Verlage lassen sich fast ausnahmslos die Publikation von Doktorarbeiten zu einem Gutteil von den Doktoranden bezahlen. Wie legitim und seriös das ist, hängt sicher vom Einzelfall ab; Absolventen, die sich zum ersten Mal mit diesem Thema beschäftigen, sind jedenfalls regelmäßig überrascht darüber. Auch hierin liegt ein Anreiz, seinen Mitteilungsdrang zu zügeln (siehe überdies das Schlusskapitel dieses Bandes), liegen die ungefähren Grenzkosten einer zusätzlichen Druckseite doch bei etwa zehn Euro.

bination aus Online-Publikation und Bestellung einiger gedruckter Exemplare im „Print-on-demand"-Verfahren sein. Hier ist allerdings Vorsicht bei der Kostenkalkulation angeraten – angesichts relativ hoher Preise für die einzelnen Bücher kann hier schon das Nachbestellen weniger Exemplare dazu führen, dass man am Ende mehr Geld ausgibt als für den Druckkostenzuschuss zu einer regulären Monographie. (Zur Verlagsauswahl mehr in Kürze bei der Vorstellung der einzelnen Textsorten.) Auch eine Kombination aus Online-Publikation und Monographie ist bei manchen Verlagen möglich.[2] Dabei ist es wichtig, sich mit den Ansprechpartnern in den Verlagen frühzeitig auf eine entsprechende Änderung des Autorenvertrages zu einigen oder eine Zusatzvereinbarung abzuschließen. Vorlagen für solche Vereinbarungen stellen meist die Online-Publikationsstellen der Universitätsbibliotheken zur Verfügung. Doch auch die Verlage selbst, die sich zunehmend mit solchen Doppelpublikationsfragen beschäftigen, können Ihnen in der Regel vorformulierte Textpassagen zuschicken, welche die Frage der Nutzungsrechte regeln. Wichtig: Sprechen Sie die Übertragung der Online-Nutzungsrechte an Ihrer Arbeit genau zwischen den Verlagen und der Online-Publikationsstelle ab. Dann sind Sie auch rechtlich auf der sicheren Seite.

Wer zu Anfang seiner Promotionszeit von vorneherein eine weitere akademische Karriere plant (sicherlich nur ein Teil der Doktoranden in der Soziologie), wer insgeheim damit liebäugelt (schon deutlich mehr Kandidaten) und wer sie zumindest nicht kategorisch ausschließen mag (spätestens jetzt reden wir vermutlich mindestens von einer Dreiviertelmehrheit), der tut gut daran, schon möglichst früh über den idealen Publikationsertrag aus der nun beginnenden Ausbildungs- und Produktionsphase nachzudenken. Die Startvoraussetzungen variieren dabei: So erlaubt manche Promotionsordnung auch die kumulative Promotion, d.h. das Verfassen mehrerer einzelner Artikel anstelle einer zusammenhängenden Doktorarbeit, und mancher Betreuer macht seine Präferenz für die Wahl dieser Option durch den Doktoranden so deutlich, dass kaum die freie Auswahl besteht. Außerdem determinieren die Finanzierungsmodalitäten oft die Erstellung bestimmter Textsorten (etwa Projektzwischen- und -abschlussberichte an die DFG oder andere Projektfinanziers), was im Sinne effizienten Vorgehens bei der Planung der Publikationsstrategie berücksichtigt werden sollte. Grundsätzlich aber hat jeder Doktorand zunächst einmal die Wahl zwischen verschiedenen Publikationsformen, welche im Verlauf der Promotionsphase genutzt

---

[2] Seitdem die Universität Zürich eine Online-Publikation auf ihrem Dokumentenserver vorschreibt, haben sich die meisten Verlage zumindest mit der Frage auseinandergesetzt, eine zeitgleiche Online-Publikation zu ermöglichen. Bei einer Anfrage sollten Sie also in der Regel auf Verständnis stoßen, was nicht bedeutet, dass alle Verlage eine Doppelpublikation ermöglichen.

werden können. Diese, und was dabei jeweils besonders beachtet werden sollte, werden im Folgenden kurz vorgestellt.

Die Monographie

In abgelebten Zeiten war sie die unumschränkt anerkannte Königsdisziplin. Ein Thema in Alleinautorschaft erschöpfend abzuarbeiten, ist vielen auch heute noch ihr – oft gebrochenes, doch zuweilen immer noch gehaltenes – Versprechen. Die Formulierung der Anforderungen an die Promotionsleistung in den meisten Promotionsordnungen lässt dies noch anklingen. Doch auch bar jeder bibliophilen oder von Scholarendünkel gespeister Verklärung stellt die erste selbständige Publikation in Buchform wohl allein schon wegen ihres Umfangs zumindest mental die größte Herausforderung dar. Auch wird sie gemeinhin am engsten mit der Promotion an sich und dem Promovenden im Speziellen in Verbindung gebracht – so wird der frischgebackene Doktorand bei Familienfeiern mit großer Wahrscheinlichkeit vom Patenonkel auf sein Buch angesprochen, bzw. er schildert seiner Großtante seine Tätigkeit mit dem Hinweis darauf, dass er eines schreibe. Und für die berufliche Zukunft wichtiger: Die Fachöffentlichkeit assoziiert den Nachwuchswissenschaftler auf Jahre hinaus, wenn nicht sogar noch dereinst posthum, mit dieser Visitenkarte (siehe auch den Gastbeitrag von Bernhard Kittel).

Abgesehen von den konzeptionellen Grundfragen (siehe Kapitel 6), den vermutlich im Laufe des Schreibprozesses auftretenden Fragen (siehe Kapitel 7 und 8) und nach einer Entscheidung gegen eine Online-Publikation (siehe oben) muss das Werk irgendwann bei einem Verlag untergebracht werden. Das ist grundsätzlich leichter, als die meisten Doktoranden befürchten, verdienen die Verlage mit den Dissertationen doch gutes Geld. Türöffner dafür können Betreuer, Zweitgutachter oder andere fortgeschrittenere Wissenschaftler sein, etwa wenn sie selbst in einem bestimmten Verlag publiziert haben oder dort eine Reihe herausgeben. Die Kontaktaufnahme über diese Kanäle kann nicht schaden, sollte jedoch besser erst nach Aufstellung der eigenen Präferenzliste erfolgen. Einzuschätzen und ggf. gegeneinander abzuwägen sind hier wissenschaftliches Renommee, Design und Ausstattung der Bücher, Ladenpreise und selbstverständlich die für den Doktoranden anfallenden Kosten, aber auch zunächst vielleicht weniger offensichtliche (und weniger selbstverständliche) Leistungen der Verlage wie die Formatierung des Textes und die systematische Werbung für das Endprodukt. Dabei sollte man nicht davon ausgehen, dass diejenigen Verlage, die besonders aufwändig, personalisiert und vollmundig für sich werben, notwendigerweise die geeignetsten sind. Immer wieder werben Verlage beispielsweise damit, dass sie die für eine Anmeldung des Buches bei der VG Wort erforderlichen Formulare und Dokumente bereit stellen. Nun ist die VG Wort tatsächlich eine wichtige Finanzquelle, die durch ihre eigenen Ausschüttungen (aus Gebühren für an sie übertragene Urheberrechte) und mehr noch durch die über sie vermittelten Zuschüsse die finanzielle Last erheblich lindern kann. Der bürokratische Aufwand dabei ist allerdings so gering, dass die angebotene Hilfe der Verlage dabei kaum der Rede wert ist.

Selbstverständlich schließt eine Publikationsform die gleichzeitige Wahl anderer nicht aus. Während der zunächst via Prüfungsordnung primär auf eine Monographie ausgerichtete, an einer weiterführenden akademischen Karriere interessierte Doktorand also vor der Herausforderung steht, aus dem Opus magnum möglichst einige Teile als Zeitschriftenartikel auszukoppeln, stellt sich für seine kumulativ vorgehenden Kommilitonen das umgekehrte Problem, die einzelnen Papiere möglichst unter einen Spannungsbogen zu stellen, der mehr als eine Buchbindersynthese darstellt und es erleichtert, sie zusätzlich als Monographie zu publizieren. Beides wird nicht immer 1:1 umsetzbar, eine Doppelverwertung aller Inhalte nur in Ausnahmefällen erreichbar sein. Größere Synergiepotenziale nicht zu verschenken, sondern von vorneherein auf deren Generierung zu setzen, ist aber sicherlich ratsam.

Der Zeitschriftenartikel

Dem Aufbau einer wissenschaftlichen Reputation ist es ohne Zweifel besonders zuträglich, die Früchte seiner Forschung in Zeitschriften zu veröffentlichen, die von weiten Teilen des Fachpublikums gelesen werden. Der Weg dorthin beginnt mit der Frage, welche Teile der Doktorarbeit dazu geeignet sind, mit relativ begrenzten Modifikationen in diese Textsorte überführt zu werden. Bezieht sich ein Kapitel der Arbeit ohnehin schon stark auf ein Spezialproblem, auf eine Kontroverse in der Literatur oder auf einen jüngst erschienenen Artikel eines bekannten Soziologen? Dann ist es sicherlich besonders geeignet! Aus der Dissertation als Ganzes einen Zeitschriftenartikel zu kondensieren, ist dagegen sicher auch möglich, aber vielleicht nicht die effizienteste Vorgehensweise.

Sorgfältig bedacht sein möchte sodann auch die Auswahl der Zeitschrift, bei der der Artikel (inzwischen meist online) eingereicht werden soll. Die Bandbreite zwischen Flaggschiffen der Disziplin wie dem *AJS* (American Journal of Sociology), der *ASR* (American Sociological Review) oder – deutschsprachig – beispielsweise der *KZfSS* (Kölner Zeitschrift für Soziologie und Sozialpsychologie) mit insgesamt vergleichsweise breiter thematischer Ausrichtung auf der einen Seite und eher obskuren und auf einen Spezialbereich fokussierten Blättern wie dem *YAOJoOUPiEP* (Yet Another Online Journal of Otherwise Unpublishable Papers in Electoral Psychology – okay, we made that one up, but you get the idea) auf der anderen Seite kann den relativ unerfahrenen Forscher leicht verwirren. Abzuwägen gilt es hier zwischen der Einschätzung der Wahrscheinlichkeit, dass das Papier angenommen wird, und der inhaltlichen Übereinstimmung des Artikels mit den Schwerpunkten und der Leserschaft der Zeitschrift. Überdies sollten Sie selbstverständlich Rat von Vorgesetzten und Kollegen einholen, und auch ein Blick auf den Impact Factor bzw. Score (Maße für die Zitationshäufigkeit) der in Frage kommenden Zeitschriften oder andere Rankings – die z.B. auf die Reputation in der Fachwelt abheben, welche nicht immer perfekt oder auch nur stark mit dem impact factor korreliert – sollte kein zu großer Aufwand sein.[3] Zur Reputation der vier wichtigsten soziologischen Fachzeitschriften (ZfS, KZfSS, Soziale Welt, BJS)[4] ist anzumerken, dass sie zwar von den meisten deutschen Soziologen gelesen bzw. zumindest auf interessante Beiträge gescannt wird, im weltweiten Diskurs hingegen (leider) keine allzu große Rolle spielen (Jacobs 2010).

Die Frage, ob es ein deutsch- oder ein englischsprachiges Journal sein soll, bei dem Sie Ihr Papier einreichen, ist unseres Erachtens nicht ganz so selbstverständlich zugunsten des Englischen zu beantworten, wie in weiten Teilen der Disziplin verbreitet. Sicherlich sollte eine der Weiterqualifikationen während der Promotionsphase, die auch die Arbeitsmarktperspektiven jenseits der Wissenschaft verbessern, idealerweise (auch) darin bestehen, geschmeidiges Englisch schreiben zu lernen, doch können sich die wenigsten deutschsprachigen Soziologen auf Englisch so nuancenreich und präzise ausdrücken wie im Deutschen. Es sind also durchaus Zielkonflikte zu vergegenwärtigen: Ist die Ansprache eines potenziell weit größeren Publikums thematisch angezeigt, und rechtfertigt sie in diesem ganz konkreten Fall den größeren Aufwand wie den potenziellen Verlust an authentischer Ausdrucksweise?[5] Eine stadtsoziologische Untersuchung von

---

[3] Erfahrungsgemäß entwickeln Sie, wenn Sie als Doktorand am Geschehen Ihrer Scientific Community teilnehmen, rasch ein Gespür dafür, welche Fachzeitschriften – für welche thematischen Schwerpunkte – angesehen sind (und welche weniger).

[4] Eine fünfte wichtige Fachzeitschrift ist die viermal jährlich erscheinende *Soziologische Revue*, die als Rezensionszeitschrift einen guten und kritischen Überblick über die deutschsprachige soziologische Literatur bietet.

[5] Sicherlich ist es möglich, ein deutschsprachig verfasstes Papier ins Englische (oder prinzipiell jede andere Sprache) übersetzen zu lassen, doch für die meisten (stipendienfinanzierten oder auf einer halben Stelle sitzenden) Nachwuchswissenschaftler dürfte diese Option aus Kostengründen

Gentrifizierungsprozessen in ausgewählten Berliner Vierteln ist vielleicht für die Kollegen in Chicago oder Melbourne gar nicht so interessant, einige Städteplaner in deutschen Großstädten hätten einen deutschsprachigen Artikel darüber aber gerne gelesen. Und wenig ist so unfreiwillig komisch wie ein ausschließlich mit Deutschen besetzter Konferenzraum, in dem angestrengt auf so etwas wie Englisch debattiert wird. Andererseits sind englischsprachige Artikel in renommierten Zeitschriften sicher die härteste, an manchen Standorten gar die einzige Währung, die Zugang zu attraktiven Stellen verschafft.

Für den (immer noch) Ausnahmefall, dass die gesamte Dissertation auf Englisch verfasst wird, gilt dagegen, dass einige Publikationen auf Deutsch zum einen der Wahrnehmung auf dem Heimatmarkt und zum anderen der Demonstration der Sprachmächtigkeit in der Muttersprache dienlich sind.

Eine Daumenregel könnte dann so formuliert werden: Identifizieren Sie zunächst die Zeitschrift, in der Sie selbst einen oder mehrere Artikel gelesen haben, die Ihrem Beitrag strukturell, thematisch und/oder von der Qualität her ähneln. Machen Sie dann aus dieser Einer- eine Dreier-Liste von Zeitschriften, indem Sie eine noch etwas renommiertere und allgemeiner ausgerichtete über die zunächst angedachte und eine etwas weniger gut beleumundete und speziellere Zeitschrift darunter schreiben. Reichen Sie das Papier dann bei der Nr. 1 auf dieser Liste ein, bereiten sich psychisch auf eine eventuelle Ablehnung vor, und arbeiten Sie nach dieser die Liste gelassen weiter ab. Bei großem Zeitdruck – man unterschätze die tatsächliche Dauer eines Review-[6] und ggf. Überarbeitungsverfahrens nicht; die Angaben der Zeitschriften von z.B. maximal drei Monaten bis zu einer Entschei-

---

kaum ernsthaft in Frage kommen. Und selbst muttersprachliche „proofreader", die für ihre Korrekturdienste häufig über Aushänge auf dem Campus werben, verlangen – zu Recht – einen Lohn, der Sie unter Umständen schlucken lässt. Ob (vollständige) Übersetzung oder Korrektur eines bereits in der Fremdsprach verfassten Textes: Es bleibt stets ein wenig offen (und damit Vertrauenssache), ob Ihr Dienstleister in Ihrem fachlichen Metier so sehr zu Hause ist, dass er beispielsweise Ihre Abhandlung über Luhmanns Systemtheorie inhaltlich angemessen übersetzen bzw. sprachlich korrigieren kann – hier ist es zweifellos von Vorteil, wenn er ebenfalls zumindest Sozialwissenschaftler (besser noch: Soziologe) ist. An einigen (und zahlreicher werdenden) Hochschulen bieten überdies zentrale Einrichtungen Unterstützung durch Muttersprachler an, die etwa Artikel oder Abstracts für Konferenzbeiträge gegenlesen. Gerade beim ersten einschlägigen Versuch sei es angeraten, solche Services zu nutzen.

[6] Zum Umgang mit Gutachten bei der Überarbeitung formuliert Plümper (2008: 139f.) nützliche Tipps, unter anderem folgenden: „Wenn Sie ein revise und resubmit erhalten, lesen Sie sich zunächst den Brief des Herausgebers und die referee reports durch. Dann legen Sie diese weg. [...] Eine Woche später lesen Sie die reports nochmals und überlegen, ob [S]ie die Bedingungen und Auflagen erfüllen wollen und können."

dung werden oft nicht eingehalten – können Sie natürlich auch mit der Nr. 2 beginnen.

Und noch ein Tipp: Die Formatierung nach den Kriterien der Zeitschrift ist auch bei Nutzung von Helferlein wie Endnote eine aufwändige Sache, aber damit steht und fällt die Begutachtung kaum. Diese Arbeit kann man also getrost auf die Zeit nach der Annahme verschieben, wenn man nicht riskieren möchte, für die auf eine eventuelle Ablehnung folgende Einreichung bei einer anderen Zeitschrift dann doch wieder auf deren möglicherweise völlig andere Formatvorgaben umstellen zu müssen. Zur möglichen Ablehnung von Papieren ist festzuhalten, dass es sich dabei leider um eines der am stärksten tabuisierten Themen unter Wissenschaftlern handelt. Die Quote der abgelehnten Manuskripte bei angesehenen Zeitschriften liegt oft bei über 75 Prozent, die Zurückweisung ist selbst für renommierte Professoren (sofern sie überhaupt noch diesen Publikationsweg bestreiten) durchaus eine regelmäßige Erfahrung.[7] Weeks (2006: 880) rät Betreuern von Doktorarbeiten daher dringend, mit ihren Schützlingen über diese Erfahrungen und den Umgang damit zu sprechen. Selbst stellt er Doktoranden, deren Artikel abgelehnt wurde, anheim: „Take what you can, and leave what you must" (ibid.). Damit ist gemeint, dass man einerseits bereit sein sollte, aus den kritischen Anmerkungen der Gutachter zu lernen und diese zum Teil auch in die Überarbeitung des Textes einfließen zu lassen, sich aber andererseits eben auch nicht zu sehr entmutigen bzw. nicht notwendigerweise auf alle Kritikpunkte einzulassen, insbesondere da es auch immer wieder vorkommt, dass Artikel aus sachlich unangemessenen Gründen abgelehnt werden.

Das Working (oder Discussion) Paper

Viele Einrichtungen veröffentlichen Serien von Arbeits- und Diskussionspapieren (Letztere sind etwas tentativer und thesenhafter ausgerichtet als Erstere), in denen in der Regel parallel online und in gedruckter Heftform interne, aber oft auch externe Autoren nach Durchlaufen eines vergleichsweise zügigen und etwas weniger anspruchsvollen Review-Prozesses Zwischenergebnisse ihrer Forschungsarbeit veröffentlichen können. So können gerade auch Doktoranden schneller

---

[7] Wir haben bei den vier wichtigsten deutschsprachigen Fachzeitschriften nachgefragt: Die *KZfSS* nannte eine Ablehnungsquote von rund zwei Drittel der eingereichten Manuskripte, die *ZfS* gab rund 75% an, die *Soziale Welt* nannte rund 70%, und bei dem *Berliner Journal für Soziologie* sind es rund zwei Drittel (wobei ungefähr die Hälfte der angenommenen Manuskripte noch einen moderaten oder gründlichen Überarbeitungsprozess durch die Autoren durchläuft).

erste zitierfähige Publikationen aus ihren Projekten destillieren, als dies bei den anderen Publikationsarten möglich ist. Denn diese Reihen fungieren auch als Barometer dafür, was in näherer Zukunft interessante Forschungstrends werden dürften. Einige Reihen genießen durchaus eine hohe Aufmerksamkeit, und nicht selten werden aus hier zuerst veröffentlichten Arbeiten später Beiträge in renommierten Fachzeitschriften.

Der Sammelbandbeitrag

Der einfachste Einstieg ins Publikationsgeschäft dürfte weiterhin in einem Beitrag zu einem von Kollegen oder Vorgesetzten (oder durchaus auch einmal selbst) herausgegebenen Sammelband liegen. Diese niedrigschwelligeren Angebote haben den Vorteil, den Autoren und seine Arbeit an seinem Thema ohne größere Hürden in der Fachöffentlichkeit bekannt zu machen und, auch das ist nicht unwichtig, die Botschaft zu transportieren, dass die Herausgeber einen Beitrag des Doktoranden für des Aufnehmens wert erachtet haben. Sofern man allerdings die Wahl hat (und einem nicht der Betreuer ein Angebot gemacht hat, das man nicht ablehnen kann), sollte man vor einer Zusage folgende Punkte beachten: Zunächst variiert die Qualität von Sammelbänden enorm. Hier geht es weniger um den Verlag, in dem sie erscheinen, als vielmehr um die Mühe, die sich die Herausgeber mit der Formulierung eines alle Beiträge übergreifenden Konzepts (sowie einer Einleitung und eines Synthesekapitels), der Auswahl der übrigen Beitragenden sowie mit der redaktionellen Arbeit an den Texten machen. Nicht alles lässt sich bei der Entscheidung über eine Zu- oder Absage erwartungstreu einschätzen, aber die mit einer Anfrage eines Beitrags zugesandten Dokumente sowie ein Blick in frühere Sammelbände der Herausgeber sollten dabei helfen. Generell bieten sich eher nacherzählende Kapitel aus der Dissertation vielleicht eher für die Zweit- bzw. Vorab-Verwertung in Sammelbänden an als die analytischen Perlen und Kernstücke der Doktorarbeit.

Vermutlich wird auch in einigen Jahren noch der einer relativ speziellen Frage gewidmete, englischsprachige, blindbegutachtete Artikel in einem Journal mit hohem „Impact Factor" die härteste Währung zum Erwerb akademischer Anerkennung sein. Speziell in der deutschen Soziologie muss in diesem Zusammenhang differenziert werden zwischen angestrebtem und faktischem Publikationsverhalten (siehe dazu auch Abbildung 7): Erstrebenswert – und darin dürften die meisten Soziologen einer Meinung sein – sind Veröffentlichungen in hochangesehenen, möglichst internationalen Journals. Tatsächlich jedoch gibt die gängige Veröffentlichungspraxis deutscher Soziologen, so der WR (2008: 446) in seiner Ergebnispräsentation des Forschungsratings Soziologie, „allen Anlass, vor allem das übermäßige Gewicht von Sammelbänden sowie die zu geringe Sichtbarkeit der deutschen Soziologie in der internationalen Wissenschaftskommunikation kritisch zu bedenken." Das ist zweifellos ein hartes Urteil, und es soll Ihnen nicht a priori die Lust auf das Verfassen einer Monographie (oder eines Sammelbandbeitrags) nehmen, aber im Hinterkopf behalten, sollten Sie diese Warnung dennoch. Es steht auch außer Frage, dass sich die „Publikationskulturen" an den verschiedenen Hochschulorten deutlich voneinander unterscheiden; dies kann so weit reichen, dass selbst in Berufungskommissionen der internationalen Sichtbarkeit eines Bewerbers auf die ausgeschriebene Professur unterschiedliches Gewicht beigemessen wird. Wir wollen damit zum Ausdruck bringen: Es gibt nicht die *eine* erfolgversprechende Strategie, und die Abwägung zwischen dem Adressieren des Heimatmarktes oder der globalen Disziplin ist letztlich eine zu individuelle Entscheidung, als dass wir hier nur ein bestimmtes Vorgehen empfehlen könnten. Aus diesen Gründen gilt es an dieser Stelle ein weiteres Mal, den potenziellen und im Frühstadium stehenden Doktoranden dazu aufzufordern, über die in diesem Kapitel aufgeworfenen Fragen selbst nachzudenken. Allerdings auch nicht zu lange, und dann frisch ans Werk – denn, darum geht es im folgenden und letzten Kapitel: Das Ganze soll ja auch fertig werden.

---

[8] Einen überaus lesenswerten Artikel zu der Veröffentlichungspraxis und den Reputationsmechanismen in der deutschen Soziologie schrieb Gerhards (2002) – auch wenn der Artikel bereits rund ein Jahrzehnt alt ist, so verrät er nach wie vor viel über die Kultur des Faches.

Abbildung 7:   Verteilung der Publikationen deutscher Soziologen auf
Publikationstypen[9]

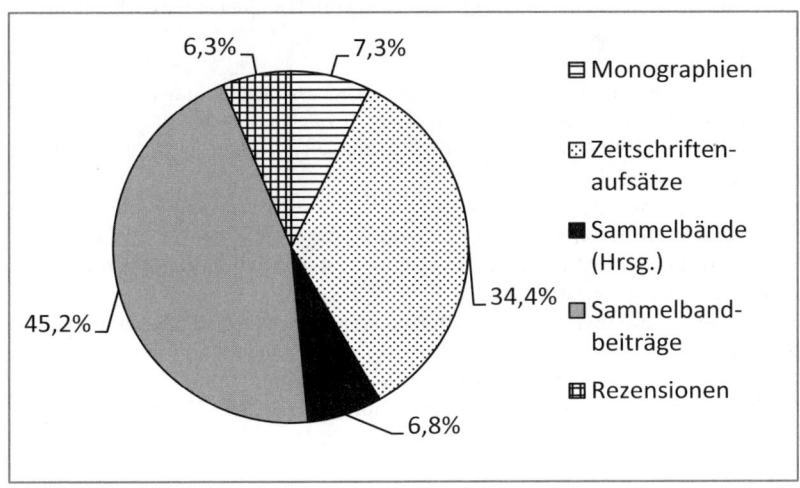

Quelle: WR (2008: 360)

---

[9] Datenbasis für diese Publikationsanalyse sind 10.622 Publikationen aus dem Zeitraum 2001 bis 2005 (WR 2008: 359). Diese Abbildung verdeutlicht auch, warum der WR auf eine umfassende Zitationsanalyse verzichtete: „Nur ein Drittel der erfassten soziologischen Publikationen ... waren Aufsätze in Zeitschriften, von denen wiederum nur ein Viertel (8,8% der gesamten Publikationen) in solchen Zeitschriften erschien, die in den herkömmlichen Zitationsindizes ausgewertet werden." (WR 2008: 425)

Zum Weitersurfen

Von der Deutschen Nationalbibliothek betriebenes Portal mit vielen hilfreichen Hinweisen und weiterführenden Links:
  www.dissonline.de
Beispiel für das Online-Publikationsangebot einer Universitätsbibliothek:
  http://archiv.ub.uni-heidelberg.de/volltextserver/
Zuschusstöpfe und Rechteverwertungs-Ausschüttungen anzapfen:
  www.vgwort.de
Einige renommierte Working Paper-Reihen:
  http://www.mpifg.de/pu/workpapers_de.asp
  http://www.diw.de/de/diw_01.c.100406.de/publikationen_veranstaltungen/publikatio-nen/diskussionspapiere/diskussionspapiere.html
  http://www.diw.de/de/diw_01.c.100410.de/publikationen_veranstaltungen/publikatio-nen/soeppapers/soeppapers.html
  http://www.wzb.eu/de/publikationen/discussion-paper
  http://www.mzes.uni-mannheim.de/frame.php?oben=titel_e.html&links=n_publikatio-nen_e.php&inhalt=publications/wp/workpap_e.php

Zum Weiterlesen

Ascheron, Claus (2006): Die Kunst des wissenschaftlichen Präsentierens und Publizierens. Ein Praxisleitfaden für junge Wissenschaftler. Heidelberg: Spektrum.

Budrich, Barbara (2009): Erfolgreich Publizieren in den Sozial- und Erziehungswissenschaften. Opladen: B. Budrich.

Erne, Roland (2007): On the Use and Abuse of Bibliometric Performance Indicators. A Critique of Hix's 'Global Ranking of Political Science Departments', in: eps European Political Science 6:3, 306-314.

Faas, Thorsten/Schmitt-Beck, Rüdiger (2009): „Die Politische Vierteljahresschrift im Urteil der Profession: Ergebnisse einer Umfrage unter den Mitgliedern der DVPW", in: Politische Vierteljahresschrift 50:3, 627-645.

Garand, James C./Giles, Michael W. (2003): „Journals in the Discipline: A Report on a New Survey of American Political Scientists", in: PS: Political Science and Politics 36:2, 293-308.

Gerhards, Jürgen (2002): „Reputation in der deutschen Soziologie – zwei getrennte Welten", in: Soziologie 31:2, 19-33.

Giessen, Hans W. (2003): Medienadäquates Publizieren. Von der inhaltlichen Konzeption zur Publikation und Präsentation. Heidelberg: Spektrum.

Giles, Michael W./Garand, James C. (2007): „Ranking Political Science Journals: Reputational and Citational Approaches", in: PS: Political Science and Politics 40:4, 741-751.

Hix, Simon (2004): A Global Ranking of Political Science Departments, in: Political Studies Review 2:3, 292-313.

Jackson, Gerald/Lesntrup, Marie (2009): Getting Published. A Companion for the Humanities and Social Sciences. Kopenhagen: NIAS.

Jacobs, Jerry A. (2010): Journal Rankings in Sociology. Using the H Index with Google Scholar. Internetquelle (04.07.2011): http://www.scribd.com/doc/54151438/journal-rankings-in-sociology-new-data-and-new-approaches .

Jürgens, Kai U. (2007): Wie veröffentliche ich meine Doktorarbeit? Der sichere Weg zum eigenen Buch. Kiel: Ludwig.

Luey, Beth (Hrsg.) (2007): Revising your Dissertation. Advice from Leading Editors. Berkeley: University of California Press.

Plümper, Thomas (2008²): Effizient schreiben. Leitfaden zum Verfassen von Qualifizierungsarbeiten und wissenschaftlichen Texten. München: Oldenbourg.

Ruhl, Kathrin/Mahrt, Nina/Töbel, Johanna (Hrsg.) (2010): Publizieren während der Promotion. Wiesbaden: VS Verlag für Sozialwissenschaften.

Weeks, Gregory (2006): Facing Failure: The Use (and Abuse) of Rejection in Political Science, in: PS: Political Science and Politics 40:4, 879-882.

Wissenschaftsrat (2008): Pilotstudie Forschungsrating. Empfehlungen und Dokumentationen. Köln.

Yoder, Stephen (2008): Publishing Political Science: The APSA Guide to Writing and Publishing. Washington: APSA.

Zum guten Schluss

All good things must come to an end

Dieses letzte Kapitel unseres kleinen Ratgebers hat dreierlei Zwecke: Erstens soll es einige Anforderungen an ein gelungenes Schlusskapitel einer Dissertation formulieren; zweitens dazu anhalten, irgendwann auch zu einem Ende mit dem Promotionsvorhaben zu kommen; und drittens die Promovierenden auf die in vielen Fällen nach Abgabe der Doktorarbeit (und einer oft quälenden Wartezeit auf die Gutachten) folgende Disputation vorbereiten.

Anforderungen an ein gelungenes Schlusskapitel

Das Schlusskapitel einer Dissertation sollte zu allererst die wichtigsten Ergebnisse im Hinblick auf die Fragestellung zusammenfassen, die der Arbeit zugrunde lag. Dazu gehört die Kunst, Bedeutendes von weniger Bedeutendem zu trennen und Sachverhalte zugespitzter als in den weiten Ebenen des Mittelteils zu formulieren. Hall (1990: 597) ist zwar zuzustimmen, wenn er mahnt, die Arbeit von mehreren Jahren bzw. ein Werk von mehreren hundert Seiten Umfang nicht mit einer hastig hingeworfenen Conclusio von sieben Seiten zu beschließen. Auf der anderen Seite sollte aber auch nicht noch einmal die ganze Story ab urbe condita aufgedröselt werden. Für den Umfang des Schlusskapitels sind 3-5 Prozent der Gesamtlänge wohl eine gute Daumenregel. Mit King/Keohane/Verba (1994: 7) darf man auch erwarten, dass weiter bestehende Unsicherheiten und Kontingenzen in Bezug auf diese Ergebnisse benannt und auf ihre Größe hin eingeschätzt werden.

Die zweite und oft vernachlässigte Komponente des Schlusskapitels (einer der Autoren des vorliegenden Ratgebers spricht hier gerade auch von seiner eigenen Dissertation) sollten theoretische und methodische Implikationen der Arbeit sein. Sie, lieber Doktorand, haben die Forschungsfront in Ihrem Bereich der Soziologie ein gutes Stück nach vorne geschoben und deshalb den besten Ausblick ins noch nicht kartographierte Gelände jenseits dieser Grenzlinie. Teilen Sie der Fachwelt Ihre Einschätzung mit, wie diejenigen, die nach Ihnen kommen, dorthin am besten vorstoßen könnten! Manches, was Ihnen diesbezüglich selbstverständlich vorkommt, ist insbesondere der nächsten Doktorandengeneration ganz gewiss eine große Hilfe.

Drittens und damit zusammenhängend, aber nicht identisch, sollte das Schlusskapitel diejenigen angrenzenden Bereiche und Anschlussfragen benennen, bei denen Ihres Erachtens der größte Bedarf nach weiterer Forschung besteht. Die entsprechenden Textbausteine lassen sich im Übrigen voraussichtlich prima in der Bewerbung um eine Postdoc-Stelle oder für Ihren nächsten Drittmittelantrag wiederverwerten.

Zu einem Ende kommen

Hier liegt auch einer der Schlüssel dazu, das Promotionsvorhaben als Ganzes nach zwei, drei, spätestens aber fünf Jahren zu einem Ende zu bringen: Es gibt ganz schlicht auch Dinge, die darin nicht gesagt zu werden brauchen, sondern in späteren eigenen oder von Anderen angestellten Forschungsarbeiten behandelt werden können. Die Promotion ist eine Ausbildungsphase. Mit dem daraus hervorgehenden Werk soll substanziell Neues über ein relevantes Thema wissenschaftlich sauber und selbständig erarbeitet werden – aber eben auch nicht mehr. Irgendwann ist es genug, und der Abschluss ist bei aller Liebe zum Thema und bei allem Drang, es noch tiefer zu ergründen und vollständiger abzudecken, auch ein Wert an sich (siehe den Gastbeitrag von Nicole Burzan). Bedenken Sie: Wenn Sie dem Publikum nicht irgendwann Ihre Arbeit zur Verfügung stellen, können all Ihre wertvollen Gedanken überhaupt nicht aufgenommen werden. Sollte die Trennung trotzdem allzu schwer fallen – deklarieren Sie die Dissertation für sich selbst doch einfach als vorläufigen Zwischenbericht, den Sie in der näheren oder weiteren Zukunft jederzeit um das ergänzen können, was jetzt noch nicht darin steht.

Glückwunsch, Sie haben abgegeben! Die Pflichtexemplare sind ausgedruckt, gebunden und ins Dekanat Ihrer Fakultät getragen (vielleicht die größte körperliche Anstrengung im letzten Quartal). Und jetzt? Klar, gebührend feiern und in den wohlverdienten Erholungsurlaub fahren. Aber danach? Die große dunkle Leere, die sich nun möglicherweise in der Mitte Ihres Daseins ausbreitet, könnten Sie zum Beispiel damit vertreiben, sich langsam auf ihre Disputation vorzubereiten. (Wenn Ihre Promotionsordnung diese gar nicht vorsieht, ist die Situation natürlich schwieriger. Ikebana? Capoeira? Sie finden sicher etwas.) Bei der Disputation sollen Sie Ihre Arbeit vor einem Ausschuss, der in der Regel mit den Gutachtern und weiteren Professoren aus dem eigenen Fach und/oder angrenzenden Fächern besetzt ist, präsentieren und verteidigen. Davor schlottern vielen Kandidaten die Knie. Diese Nervosität ist mit wohlmeinendem Rat kaum ganz auszuräumen. Bedenken Sie aber Folgendes: Kein Mitglied der Kommission ist in das Thema so eingearbeitet wie Sie. Viele Fragen werden Sie deshalb ganz ohne Schwierigkeiten beantworten können, und sie dienen oft eher der Vergewisserung der Kommissionsmitglieder über die Inhalte Ihrer Dissertation, die kaum alle ganz gelesen bzw. zum Zeitpunkt der Disputation noch zur Gänze präsent haben. Ein paar härtere Anwürfe und grundsätzliche Infragestellungen Ihres Vorgehens sowie Ihrer Ergebnisse sind darüber hinaus zugegebenermaßen wahrscheinlich. Sehen Sie darin den Ritterschlag – man anerkennt Sie auf Augenhöhe als Mitglied der *scientific community*, und da geht man um der Sache Willen (wie gelegentlich auch zur Reviermarkierung) schon einmal etwas robust-herzhafter miteinander um. Antworten Sie ruhig und selbstbewusst, aber nicht überheblich. Wenn Sie einen Moment zum Nachdenken brauchen, sagen Sie das offen, es ist keine Schande. Fällt Ihnen dann noch nichts ein, bitten Sie freundlich darum, diesen interessanten und wichtigen Punkt zunächst zurückstellen und etwas später wieder aufgreifen zu dürfen. Eventuell sagen Sie auch schlicht, dass Sie das ad hoc nicht abschließend einschätzen können und gerne bereit sind, für die

---

[1] Es gibt noch Prüfungsordnungen, die anstelle einer Verteidigung der Doktorarbeit (und Diskussion verwandter Themen) eine weitere reine Fachprüfung vorsehen, manchmal sogar in allen Fächern, die man einstmals studiert hat. Während wir nicht verhehlen können, dass uns der Sinn solcher Regelungen verschlossen bleibt, sind wir überzeugt davon, dass Sie ggf. auch noch diese Hürde nehmen werden – so unangenehm es sein kann, sich nach Jahren nochmals in entlegene Prüfungsgebiete zurückzuarbeiten. So Sie am Beginn Ihrer Promotion stehen: Werfen Sie die Vorbereitungsunterlagen zu Ihren gerade abgelegten Abschlussprüfungen nicht weg!

Druckfassung der Dissertation an dieser Stelle (natürlich in Abstimmung mit den Gutachtern) nachzulegen.

Sofern Sie schon vor der Disputation Gelegenheit zur Einsicht in die Gutachten bekommen haben – und darum sollten Sie sich unbedingt bemühen –, gehen Sie auf darin zur Sprache kommende Kritikpunkte ein, danken Sie für Anregungen und nutzen Sie die Gelegenheit, Missverständnisse zu klären. Die Gutachten sind auch für die Vorbereitung der Disputation eine wichtige Quelle, viele Fragen der Prüfer lassen sich etwa aus den Ausführungen der Gutachter vorhersehen. Wenn Sie sich daher auf die Kritik in den Gutachten gezielt vorbereiten, den ein oder anderen Text noch zusätzlich lesen und sich Argumentationsstrategien zurechtlegen, die Sie dann an entsprechender Stelle in der Disputation abrufen können, dann braucht Ihnen vor der Abschlussprüfung nicht bange zu sein.

Und dann, nach seltsamerweise zugleich ewig dauernden und blitzschnell vergangenen 60, 90 oder 120 Minuten, warten Sie draußen vor der Tür auf das Ergebnis. Die Bangigkeit während dieser letzten Wartephase lässt sich vielleicht mit dem Gedanken daran vertreiben, dass Ihre Doktoreltern durchaus ein beträchtliches Eigeninteresse daran haben, die von ihnen selbst ja schließlich betreute Arbeit den anderen Kommissionsmitgliedern gegenüber zu verteidigen und in ein gutes Licht zu stellen.

So, Sie werden hereingebeten? Dann bleibt uns nur, uns den Glückwünschen anzuschließen. Sofern unser kleiner Ratgeber dazu beigetragen hat, dass Sie sich die eine oder andere Frage früher gestellt haben und bei der Lektüre wie beim Nachdenken darüber die eine oder andere Antwort schneller gefunden haben, als dies sonst der Fall gewesen wäre, dann hätte er aus unserer Sicht seinen Zweck erfüllt.

Zum Weitersurfen

Vielleicht lauert hier der nächste Job:
  www.academics.de
Sie haben es sich verdient:
  www.lonelyplanet.com

Zum Weiterlesen

Hall, Peter A. (1990): „Helpful Hints for Writing Dissertations in Comparative Politics", in: PS: Political Science and Politics 23:4, 596-598.

King, Gary/Keohane, Robert O./Verba, Sidney (1994): Designing Social Inquiry. Scientific Inference in Qualitative Research. Princeton: Princeton University Press.

Serviceteil
Anhang 1: Promotionsmöglichkeiten in Deutschland

Die folgenden Angaben zu den fachlichen Schwerpunkten und Besonderheiten der Promotionsstudiengänge an den soziologisch forschenden Instituten in Deutschland sollen potenziellen Doktoranden eine erste Orientierung ermöglichen, wo und auf welche Weise sie ihren Doktortitel erwerben könnten. Selbstverständlich können und sollen diese Informationen intensive eigene Recherchen und insbesondere persönliche Kontaktaufnahmen nicht ersetzen, sondern sie allenfalls vorbereiten bzw. bei einer ersten Auswahl behilflich sein.

In den allermeisten Fällen beruhen die Einträge auf Antworten, die uns die Institute selbst auf die folgenden beiden Fragen gegeben haben: Könnten Sie uns bitte drei bis fünf fachliche Schwerpunkte nennen, in denen potenzielle Doktoranden in Ihrem Haus eine besonders kompetente Betreuung erfahren? (Diese Angaben sollten idealerweise weder ganz allgemein, z.B. „Sozialstrukturanalyse", noch zu eng umrissen, z.B. „Theorien sozialen Wandels in Deutschland und Großbritannien im Vergleich", sein.)[1] Und gibt es Besonderheiten der Graduiertenausbildung (wie beispielsweise Promotionskollegs oder curriculare Elemente) an Ihrem Institut?

Durch dieses Vorgehen wollten wir die allen Fremdzuschreibungen inhärente Gefahr vermeiden, dass sich die so Charakterisierten in den Angaben nicht angemessen gewürdigt sehen. Zudem gestehen wir freimütig, dass wir uns weder für kompetent noch für berufen halten würden, die Forschungsschwerpunkte aller in Frage stehenden Institute selbst einzuschätzen. In Kauf nehmen mussten wir deshalb allerdings eine gewisse Bandbreite der Präzision und des Stils der Angaben aus den jeweiligen Häusern.

Einige sehr ausführliche Antworten haben wir behutsam kürzend verdichtet, und bei den wenigen Instituten, die uns auch auf mehrmalige Nachfrage hin nicht

---

[1] Hierbei ist anzumerken, dass zahlreiche Institute weit mehr als fünf Schwerpunkte nannten. Da es unsere Absicht gewesen war, in diesem Anhang die Institute selbst zu Wort kommen zu lassen, haben wir ihre häufig recht ausführlichen Darstellungen in der Regel übernommen.

antworteten, haben wir entsprechende Informationen auf der Basis ihrer Internet-präsenzen selbst zusammengetragen (wo geschehen, ist dies mit einem * hinter dem Namen der jeweiligen Hochschule vermerkt).

Um Glättungen haben wir uns im Sinne einer möglichst großen Einheitlich-keit bemüht, verbleibende Schwächen des Gesamtbildes liegen in unserer Verant-wortung und sind bitte nicht den Instituten anzulasten. Diesen wiederum danken wir für ihre engagierte Zuarbeit.

Baden-Württemberg

Institut	Albert-Ludwigs-Universität Freiburg Institut für Soziologie Rempartstr. 15 79085 Freiburg http://www.soziologie.uni-freiburg.de/
Fachliche Schwerpunkte	▪ Gouvernmentalitätsanalysen, Soziologie der Selbst- und Sozialtechnologien, kultursoziologische Gegenwartsanalysen, Sozialanthropologie ▪ Soziologie der Geschlechterverhältnisse mit Fokus Intersektionalität, Gesell-schaftstheorien im Kontext von Modernisierung und Ungleichheit, Körper- und Sportsoziologie ▪ Sicherheit (urbane Sicherheit, Risikotechnologien, Katastrophen, Kommunika-tion, Kulturen), Technik, Krieg, Gewalt, Medientheorien, Fragen von Organisa-tion und Organisationswandel im Bereich Sicherheit und Kontext von Technik/ Technisierung ▪ globale Institutionen, globale Regionalität, globale und europäische Normbil-dung
Besonderheiten der Graduiertenausbildung	

Institut	Pädagogische Hochschule Freiburg Institut für Soziologie Kunzenweg 21 79117 Freiburg https://www.ph-freiburg.de/soziologie.html
Fachliche Schwerpunkte	▪ Soziologie der sozialen Arbeit (Sozialarbeit, Sozialpädagogik) ▪ Bildungs- und Erziehungssoziologie ▪ Diskriminierung- und Rassismusforschung ▪ Migration und Interkulturalität
Besonderheiten der Graduiertenausbildung	Im Aufbau befindet sich ein Doktorandenkolloquium, das sich insbesondere an AbsolventInnen von Studiengängen der Fachrichtung „Soziale Arbeit" richtet.

Institut	Zeppelin University Friedrichshafen GmbH
	Am Seemooser Horn 20
	88045 Friedrichshafen
	http://www.zeppelin-university.de
Fachliche Schwerpunkte	Übergreifend lässt sich die soziologische Forschung an der Zeppelin Universität als „Theorie der (modernen) Gesellschaft" beschreiben, die in folgender Auffächerung insbesondere soziologietheoretisch beleuchtet wird:
	▪ Wissensgesellschaft, Wissenspolitik, Wissen – Natur – Gesellschaft, Klimawandel und Anpassungen, medizinische und Gesundheitssoziologie
	▪ Theorie sozialer Systeme, Formen der Organisation in der nächsten Gesellschaft, Theorie rechnender Formen (System, Netzwerk), Individualitätstheorie
	▪ Zivilgesellschaft, Kultursoziologie, Soziologie der Öffentlichkeit und politische Kommunikation, Gender und Disability Studies
	▪ Mediengesellschaft, Soziologie der Medien, Wissenschaftskommunikation
Besonderheiten der Graduiertenausbildung	▪ semi-strukturiertes Promotionsprogramm, d.h. viel Freiheit und Eigenverantwortung in der Zusammenstellung der Programmbestandteile (z.B. PhD StudentStudies) bei durchgängiger Einbindung in organisationale (Forschungs-)Zusammenhänge
	▪ große Offenheit explizit interdisziplinären Zusammenhängen gegenüber und eine Haltung, „Zwischenräumen" in jeglicher Form nachzugehen, sie aufzuzeigen und sowohl inhaltlich als auch organisatorisch fruchtbar zu machen
	▪ universitätsinterne Forschungsförderung, die NachwuchswissenschaftlerInnen in ihren wissenschaftlichen Aktivitäten (Publikationen, Konferenzbesuche, Drittmittelanträge etc.) auf Antrag finanziell unterstützt und ihnen beratend zur Seite steht
	▪ ideale Forschungs- und Ausgleichsbedingungen: sehr gute Betreuungsrelationen und Kommunikationsmöglichkeiten mit KollegInnen; ein 24/7-Zugang zur Bibliothek; eine Selbstverpflichtung der Verwaltung zu exzellentem Service und nicht zuletzt: viel Ruhe und viel Sport am See

Institut	Ruprecht-Karls-Universität Heidelberg
	Max-Weber-Institut für Soziologie
	Bergheimer Str. 58
	69115 Heidelberg
	http://www.soz.uni-heidelberg.de/
Fachliche Schwerpunkte	▪ Max-Weber-Forschung, soziologische Theorie, Institutionentheorie: das Weber-Paradigma; Vielfalt der Moderne; Max Webers Religionssoziologie; Institutionentheorie
	▪ Organisationssoziologie, internationale Management- und Karriereforschung: Wandlungsdynamiken des Kapitalismus im internationalen Vergleich; Organisation und Management; industrielle Beziehungen, Organisationsforschung und Human Resource Management; Praxisschwerpunkt Organisations- und Personalentwicklung
	▪ Dritter Sektor, Internationalisierung der Zivilgesellschaft: internationale Zivilgesellschaft; Nonprofit-Institutionen im System nationaler Gesamtrechnungen; Wirkung und Wirkungsmessung von Stiftungen und Nonprofit-Organisationen
	▪ vergleichende Wohlfahrtsstaats- und Sozialpolitikforschung sowie europäische Sozialpolitik: vergleichende Analyse von Wohlfahrtsstaaten; vergleichende Analyse von Alterssicherungssystemen; vergleichende Armutsforschung; Einstellungen zum Wohlfahrtsstaat; europäische Sozialpolitik
	▪ familien-, bevölkerungs- und alter(n)ssoziologische Studien: Studien zur Partnerwahl und zur Beziehungsstabilität; Studien zur Fertilität und zur Kindheit;

	Studien zur Mortalität und Morbidität sowie zu den Lebensbedingungen im Alter
	• kriminalsoziologische Studien: Studien zur Erklärung von Kriminalität; Studien zur Kriminalprävention; methodische Studien; Studien zur Lebensstilforschung
	• Global Institutional Government: politische Soziologie; religiöse Transformationsprozesse in der Globalisierung; theoretische und empirische Grundlagen der Zivilgesellschaftsforschung; aggressive Mimikry als evolutionäre Organisationsstrategie sozialer Bewegungen
Besonderheiten der Graduiertenausbildung	• wöchentliches Promotionskolloquium
	• Promotionskolleg *Die Grenzen der Zivilgesellschaft* (https://www.csi.uni-heidelberg.de/promotionskolleg.htm)

Institut	Karlsruher Institut für Technologie (*) Institut für Soziologie Schlossbezirk 12 76131Karlsruhe http://www.soziologie.kit.edu/
Fachliche Schwerpunkte	• Soziologie unter besonderer Berücksichtigung des Kompetenzerwerbs: Kompetenzforschung in unterschiedlichen Handlungsbereichen; Soziologie professionellen Handelns; Methoden der explorativ-interpretativen Sozialforschung; Szeneforschung; Formen posttraditioneller Vergemeinschaftung
	• allgemeine Soziologie: Sozialstrukturanalyse; Einkommensverteilung; Armut und Reichtum; Lebensverlaufsforschung; Längsschnittanalysen; Bildung; Methoden der empirischen Sozialforschung; Statistik für Sozialwissenschaftler; Analyse von Haushaltspanels; Arbeitsmarkt; inter- und intragenerationale Mobilität; international vergleichende Forschung zu Wohlfahrtsstaaten; Migrationsforschung und räumliche Mobilität von Arbeitskräften
Besonderheiten der Graduiertenausbildung	

Institut	Universität Konstanz Fachbereich Geschichte und Soziologie Fach Soziologie 78457 Konstanz http://www.soziologie.uni-konstanz.de/
Fachliche Schwerpunkte	• Kultursoziologie
	• Mikrosoziologie
	• Ethnologie/Kulturanthropologie
	• empirische Sozialforschung
	• Bildungssoziologie
Besonderheiten der Graduiertenausbildung	Alle Promovierenden müssen am Promotionsstudiengang Soziologie teilnehmen. Mit der Errichtung einer strukturierten Graduiertenausbildung verfolgt die Fachgruppe Soziologie folgende Ziele
	• Intensivierung und Verbesserung der Betreuung und dadurch ein zügiger und erfolgreicher Abschluss der Promotion
	• Anregung und Förderung interdisziplinärer und internationaler Promotionen
	• Stärkung und Intensivierung des wissenschaftlichen Austauschs unter den Doktoranden
	Die leitende Idee ist es, den Doktoranden ein intellektuell herausforderndes Umfeld zur Verfügung zu stellen, das die Dissertation erfolgreich umzusetzen hilft.

Institut	Universität Mannheim
	Fakultät für Sozialwissenschaften
	Fachbereich Soziologie
	A5, 6
	68131 Mannheim
	http://home.sowi.uni-mannheim.de/soziologie/
Fachliche Schwerpunkte	▪ Methoden und Statistik der empirischen Sozialforschung (angewandt auf konkrete Fragestellungen der Soziologie)
	▪ Soziologie des Wohlfahrtsstaats
	▪ Migrations- und Integrationssoziologie
	▪ Familien-, Bildungs- und Arbeitsmarktsoziologie
	▪ Wirtschafts- und Organisationssoziologie
	▪ Sozialpsychologie
Besonderheiten der Graduiertenausbildung	*Graduate School of Economic and Social Sciences, Center for Doctoral Studies in Social and Behavioral Sciences* (http://cdss.uni-mannheim.de):
	▪ Die von der Exzellenzinitiative geförderte Graduiertenschule ist die erste in Deutschland und weltweit eine der ersten, die Wirtschafts- und Sozialwissenschaften in einem kohärenten Doktorandenprogramm vereint.
	▪ englischsprachiges Promotionsstudium in den Sozialwissenschaften wird angeboten in Politikwissenschaft, Psychologie oder Soziologie in drei Jahren
	▪ Ausbildung im ersten Jahr in empirischen und quantitativen Methoden; im zweiten und dritten Jahr begleiten Workshops und Kolloquien das eigenständige Verfassen der Doktorarbeit
	▪ Stipendium für ein Jahr, im zweiten und dritten Jahr erfolgt die Finanzierung über eine Anstellung an der Universität Mannheim, eine Verlängerung des Stipendiums oder selbst eingeworbene Stipendien und Mittel
	▪ Bewerbungszeitraum für das Doktorandenprogramm: 01.12.-15.04. (15.02.: early application deadline)

Institut	Universität Stuttgart
	Institut für Sozialwissenschaften
	Seidenstr. 36
	70174 Stuttgart
	http://www.uni-stuttgart.de/soz/institut/
Fachliche Schwerpunkte	▪ empirische und statistische Analyse von Einstellungs-Verhaltensbeziehungen und Sozialisationsprozessen
	▪ Entwicklung und Anwendung von statistischen Modellen zur Struktur- und Prozessanalyse
	▪ Analysen zum Verhältnis von technologischem, organisationalem und institutionellem Wandel
	▪ Analysen zur Rolle und Bedeutung nicht-organisierter Akteure in Technisierungsprozessen
	▪ neue Technologien und der Wandel von Wirtschaftssektoren
	▪ nachhaltige Technik, Wirtschafts- und Gesellschaftsentwicklung
	▪ Risikoforschung im Umfeld von Globalisierung und Vernetzung
	▪ Wissensökonomie und ihre Bedeutung für eine nachhaltige Gestaltung der Technikchancen und der gesellschaftlichen Modernisierung
Besonderheiten der Graduiertenausbildung	▪ intensive Betreuung in Kleingruppen
	▪ enge Anbindung an Forschungsprojekte
	▪ qualitative und quantitative Methodenorientierung
	▪ promotionsorientierte Methodenschulung
	▪ bei Interesse: Besuch des Graduiertenkollegs der *Stiftung Umwelt und Schadenvorsorge* (http://www.stiftung-schadenvorsorge.de/web/export/sites/

	stuv/kolleg.html) oder des Graduiertenkollegs *Energy Scenarios – Construction, Assessment and Impact* (http://www.kit.edu/kit/promotionsprogramme. php)
	▪ bei Interesse ergänzendes Studium im Nachstudiengang „Risiko und Sicherheit technischer Systeme" oder im Online-Studiengang „Gerontologie"

Institut	Eberhard Karls Universität Tübingen Institut für Soziologie Wilhelmstr. 36 (Hegelbau) 72074 Tübingen http://www.soziologie.uni-tuebingen.de/
Fachliche Schwerpunkte	▪ empirische Bildungsforschung: Bildungserwerb und soziale Ungleichheit, Bildung und Migration, Fachkulturen und Entscheidungen ▪ soziale Mobilität und soziale Reproduktion ▪ Lebensverlaufsforschung: Übergänge im Jugendalter, Ungleichheiten in Erwerbsverläufen, Alterssicherung und Pflege Das Institut befindet sich zur Zeit in einer personellen Umbruchphase, sodass in naher Zukunft weitere Schwerpunkte hinzukommen werden.
Besonderheiten der Graduiertenausbildung	▪ Das Institut beteiligt sich u.a. am Ausbildungsprogramm des Promotionskollegs *Empirische Bildungsforschung* (http://www.erziehungswissenschaft. uni-tuebingen.de/abteilungen/empirische-bildungsforschung-und-paedagogische-psychologie/promotionskollegs/empirische-bildungsforschung.html). ▪ Daneben gibt es Promotionen im Rahmen von drittmittelbasierten Forschungsprojekten und in Form von Einzelpromotionen. ▪ Das Promotionsprogramm am Institut ist Teil der *Graduiertenakademie* der Universität Tübingen (http://www.uni-tuebingen.de/forschung/ graduiertenakademie.html), welche allen Doktorandinnen und Doktoranden organisatorische und zusätzliche fachliche Unterstützung bietet.

Bayern

Institut	Universität Augsburg Philosophisch-Sozialwissenschaftliche Fakultät Universitätsstr. 10 86135 Augsburg http://www.philso.uni-augsburg.de/de/
Fachliche Schwerpunkte	▪ Wissens- und Wissenschaftssoziologie ▪ Organisationssoziologie ▪ Soziologie der Lebensformen und Lebensphasen ▪ Soziologie der Gesundheit/Krankheit ▪ Diskursforschung
Besonderheiten der Graduiertenausbildung	Relevante Informationen finden sich auf den Seiten der Augsburger *Graduiertenschule für Geistes- und Sozialwissenschaften (GGS)*: http://www.uni-augsburg.de/ forschung/ggs_graduiertenschule/.

Institut	Universität Bamberg (*)
	Fakultät Sozial- und Wirtschaftswissenschaften
	Lehreinheit Soziologie
	Feldkirchenstr. 21
	96045 Bamberg
	http://www.uni-bamberg.de/soziologie/
Fachliche Schwerpunkte	▪ Arbeitsmarktsoziologie
	▪ Bildungssoziologie
	▪ Familiensoziologie
	▪ Sozialstrukturanalyse
	▪ Globalisierungsforschung
	▪ Lebensverlaufsforschung
	▪ Migrationsforschung
	▪ Wohlfahrtsstaatsforschung
Besonderheiten der Graduiertenausbildung	Graduiertenkolleg *Märkte und Sozialräume in Europa* (http://www.uni-bamberg.de/gk-mse/)

Institut	Universität Bayreuth
	Kulturwissenschaftliche Fakultät
	Fachgruppe Soziologie
	Universitätsstr. 30
	95447 Bayreuth
	http://www.soziologie.uni-bayreuth.de
Fachliche Schwerpunkte	▪ Entwicklungssoziologie: Die Entwicklungssoziologie ist Teil des interdisziplinären Bayreuther Afrikaschwerpunktes. In diesem Zusammenhang gehört die Entwicklungssoziologie zum *Institut für Afrikastudien* (http://www.ias.uni-bayreuth.de/), das Bayreuther Afrikawissenschaftler aus verschiedenen Disziplinen zusammenführt und zu den größten afrikabezogenen Forschungszentren in Deutschland gehört. Außerdem ist die Entwicklungssoziologie am *Zentrum für Naturrisiken und Entwicklung Bayreuth* (http://www.zeneb.uni-bayreuth.de/) beteiligt, das als ein Netzwerk für sozialwissenschaftlich orientierte Risiko- und Katastrophenforschung in Entwicklungsländern fungiert.
	▪ politische Soziologie: vergleichende deutsch-amerikanische Politikstudien (Welfare, Institutions of Civil Society, Mass Communications); Kultur- und Religionssoziologie (Religion in Amerika); Ideengeschichte (v.a. schottische Aufklärung, Liberalismus, österreichische Schule); politische Ökonomie moderner Demokratien (öffentlich und privat, Civil Society, Wohlfahrtssysteme, Stiftungswesen, gesellschaftliche Erzeugung und Verteilung von Wissen)
	▪ Kultur- und Religionssoziologie: Wissen, Gedächtnis, symbolische Formen; Interaktion und Kommunikation
	▪ qualitative Methoden und Visualisierung
	▪ Methoden der empirischen Sozialforschung: basic-theoretical conditions for intercultural understanding; meta-theoretical consideration on the concept of culture; communication, organisation and migration in the European context; intercultural comparison; translation as a condition for social integration
	▪ Entwicklungspolitik und Politik Afrikas: Diese Facheinheit ist Teil des interdisziplinären Bayreuther Afrikaschwerpunktes und gehört zum Institut für Afrikastudien. Sie ist an der *Bayreuth International Graduate School of Africa Studies* (http://www.bigsas.uni-bayreuth.de/) beteiligt und mit soziologischen und ethnologischen Lehrangeboten eng verknüpft.

Besonderheiten der Graduiertenausbildung	Im Rahmen des in Gründung begriffenen *Bayreuther Graduiertenzentrums für Geistes- und Kulturwissenschaften/Bayreuth Graduate Center of Humanities and Cultural Studies* (BayKult) sind Lehrende der Soziologie an den Schwerpunktbereichen „Religiositätsforschung" und „Kommunikative Konstruktion von Wissen" beteiligt. Ausführlichere Informationen: http://www.soziologie.uni-bayreuth.de

Institut	Katholische Universität Eichstätt-Ingolstadt (*) Fachgebiet Soziologie Ostenstr. 26-28 85072 Eichstätt http://www.ku-eichstaett.de/ggf/soziologie/
Fachliche Schwerpunkte	▪ allgemeine Soziologie und soziologische Theorie ▪ empirische Sozialforschung ▪ Wirtschafts- und Organisationssoziologie
Besonderheiten der Graduiertenausbildung	

Institut	Friedrich-Alexander-Universität Erlangen-Nürnberg Institut für Soziologie Kochstr. 4 91054 Erlangen http://www.soziologie.phil.uni-erlangen.de/
Fachliche Schwerpunkte	▪ soziologische Theorie und Kultursoziologie ▪ Gesellschaftsvergleich ▪ Arbeit und Organisation ▪ Lebenslauf und Bildung ▪ Methodologie
Besonderheiten der Graduiertenausbildung	▪ Graduiertenprogramm *Graduate Programme in Sociology* (http://www.promotion.uni-erlangen.de/promotion/soziologie.shtml) ▪ Das interdisziplinär angelegte DFG-Graduiertenkolleg *Präsenz und implizites Wissen* nimmt seine Arbeit im Frühjahr 2012 auf.

Institut	Ludwig-Maximilians-Universität München Institut für Soziologie Konradstr. 6 80801 München http://www.soziologie.uni-muenchen.de/
Fachliche Schwerpunkte	▪ Bildungs-, Familien- und Wirtschaftssoziologie, insbesondere in quantitativer Orientierung (u.a. Längsschnittanalysen, Familienpanel, Theorien rationaler Wahl, Modellierung) ▪ Kultur-, Wissen(schaft)s- und politische Soziologie (u.a. ethische Praxen, Öffentlichkeit, Theorien) ▪ Gender Studies: Körper; Biopolitik; Ungleichheit; Cultural Studies; Theorien ▪ Migrations- und Gewaltsoziologie, insbesondere in qualitativer Orientierung ▪ Methodologie der Sozialwissenschaften in quantitativer und qualitativer Orientierung
Besonderheiten der Graduiertenausbildung	

Institut	Universität der Bundeswehr München
	Institut für Soziologie und Volkswirtschaftslehre
	Werner-Heisenberg-Weg 39
	85577 Neubiberg
	http://www.unibw.de/sowi/
Fachliche Schwerpunkte	▪ (biographische) Risiko- und (Un-)Sicherheitsforschung
	▪ Vergesellschaftung über Arbeit
	▪ Theorie reflexiver Modernisierung/kritische Theorie
	▪ Mobilität und soziale Integration
Besonderheiten der Graduiertenausbildung	

Institut	Universität Passau
	Lehrstuhl für Soziologie
	Dr.-Hans Kapfinger-Str. 14
	94030 Passau
	http://www.phil.uni-passau.de/soziologie/bach_de.php
Fachliche Schwerpunkte	▪ Soziologie der europäischen Integration bzw. Europasoziologie
	▪ soziologische Theorie (Max Weber, Jürgen Habermas)
	▪ Charisma und Intellektuelle in Europa
	▪ historisch-soziologische Faschismusanalysen
Besonderheiten der Graduiertenausbildung	

Institut	Julius-Maximilians-Universität Würzburg
	Institut für Politikwissenschaft und Sozialforschung
	Wittelsbacherplatz 1
	97074 Würzburg
	http://www.politikwissenschaft.uni-wuerzburg.de/
Fachliche Schwerpunkte	▪ kollektive Identitäten
	▪ Migration und Transnationalisierung
	▪ soziologische Theorie, insbesondere soziologische Systemtheorie
	▪ Theorie funktionaler Differenzierung
	▪ historische Semantik und Wissenssoziologie
Besonderheiten der Graduiertenausbildung	Promotionen sind gekoppelt an das Würzburger Modell der Graduiertenschulen, die prinzipiell inter- bzw. multidisziplinär orientiert sind. Soziologische Fragestellungen lassen sich entweder auf die *Graduate School of the Humanities* (http://www.graduateschools.uni-wuerzburg.de/humanities/) oder auf die *Graduate School of Law, Economics and Society* (http://www.graduateschools.uni-wuerzburg.de/law_economics_society/) beziehen.

Berlin

Institut	Humboldt-Universität zu Berlin
	Institut für Sozialwissenschaften
	Unter den Linden 6
	10099 Berlin
	http://www.europhd.org/
Fachliche Schwerpunkte	European PhD in Socio-Economic and Statistical Studies (SESS.EuroPhD):
	▪ Beziehungen zwischen ökonomischen und sozialen Strukturen

	▪ Märkte als soziale Strukturen und Netzwerke ▪ soziale Konflikte in Arbeitsmarkt und Beschäftigung ▪ Wohlfahrtsstaat und soziale Sicherheit ▪ ökonomische und soziale Ungleichheit, Wahrnehmung sozialer Gerechtigkeit
Besonderheiten der Graduiertenausbildung	▪ internationales Konsortium aus neun europäischen Partneruniversitäten (Universitat de Barcelona, Humboldt-Universität zu Berlin, Université Libre de Bruxelles, Eötvös Loránd Universität Budapest, University of Haifa, Université des Sciences et Technologies de Lille, Sapienza Universita di Roma, University of Southampton, University of Tampere) ▪ Abschluss: Doctor Europaeus (EuroPhD) ▪ verpflichtende Aufenthalte an zwei der Partneruniversitäten ▪ gemeinsames jährliches Seminar mit Promovierenden aller Partneruniversitäten ▪ bei Beginn in Berlin Integration in *Berlin Graduate School of Social Sciences* (http://www.bgss.hu-berlin.de/) ▪ strukturiertes Curriculum mit Methodenseminaren, Research Design, Theoriekursen und Colloquia ▪ praktische Qualifikationen für die wissenschaftliche Karriere (Lehre, Forschungspraktika, Konferenzbesuche) im Curriculum ▪ verpflichtende Milestones (Literature Review, Paper, Teaching) garantieren regelmäßiges Feedback und kontinuierliche Fortschritte ▪ Englisch als Unterrichtssprache ▪ dreijähriges Stipendium unter Vorbehalt der Erfüllung der curricularen Anforderungen

Institut	Humboldt-Universität zu Berlin Institut für Sozialwissenschaften Unter den Linden 6 10099 Berlin http://www.bgss.hu-berlin.de/
Fachliche Schwerpunkte	Berlin Graduate School of Social Sciences (BGSS): ▪ Verbindung von Demokratie- und Inklusionsforschung ▪ gesellschaftliche Herausforderungen für reife und junge Demokratie ▪ soziale Ungleichheit und soziale Integration ▪ Migration und kulturelle Vielfalt, kollektive Identitäten ▪ Wissen und Macht: der Einfluss von Wissen auf Meinungsbildungsprozesse
Besonderheiten der Graduiertenausbildung	▪ enge Vernetzung mit sozialwissenschaftlichen außeruniversitären Forschungseinrichtungen in Berlin (WZB, DIW, iFQ, HSoG, Centre Marc Bloch) ▪ breites internationales Netzwerk (z.B. Graduate Network, SESS.EuroPhD) ▪ verpflichtendes strukturiertes Curriculum mit Methodenseminaren, Research Design, Theoriekursen und Colloquia ▪ praktische Qualifikationen für die wissenschaftliche Karriere (Lehre, Forschungspraktika, Konferenzbesuche) im Curriculum ▪ Milestones (Literature Review, Paper, Teaching) garantieren regelmäßiges Feedback und kontinuierliche Fortschritte ▪ Betreuung durch Promotionskommission auf der Basis einer Betreuungsvereinbarung ▪ Englisch als Unterrichtssprache ▪ dreijähriges Stipendium unter Vorbehalt der Erfüllung der curricularen Anforderungen

Institut	Freie Universität Berlin
	Institut für Soziologie
	Garystr. 55
	14195 Berlin
	http://www.polsoz.fu-berlin.de/soziologie/
Fachliche Schwerpunkte	• Soziologie Europas
	• komparative Kultursoziologie
	• Soziologie mit regionalem Schwerpunkt Lateinamerika, Nordamerika und Osteuropa
Besonderheiten der Graduiertenausbildung	

Institut	Technische Universität Berlin
	Institut für Soziologie
	Franklinstr. 28/29
	10587 Berlin
	http://www.soz.tu-berlin.de/
Fachliche Schwerpunkte	• Wissenssoziologie und Kommunikationsforschung (Religion, Körper, Visualisierung) mit einem „Video-Labor"
	• Methodologie der Erforschung von Zeit- und Raumaspekten
	• Technik- und Innovationsforschung (Mensch-Technik-Interaktivität, Innovationsbiografien)
	• Organisations- und Netzwerkforschung (Pfadkreation, Kompetenzen, Gender und Organisation) mit einem „Netzwerk-Labor"
	• innovative Stadtstrukturen und Stadtkulturen
Besonderheiten der Graduiertenausbildung	Ab 1. April 2012 wird ein DFG-Graduiertenkolleg *Innovationsgesellschaft heute: Die reflexive Herstellung des Neuen* (http://www.innovation.tu-berlin.de/) eingerichtet. Es wird im Wesentlichen von acht soziologischen Fachgebieten getragen unter Beteiligung von vier Ökonomen, einem Historiker, einem Landschaftsplaner, einem Politikwissenschaftler und einer Designerin mit Kooperationspartnern in England (London, Edinburgh), Frankreich (Paris), den Niederlanden (Twente) und den USA (Columbia, Stanford). Mit einem erweiterten sozialwissenschaftlichen Innovationskonzept sollen Praktiken, Diskurse und Regime der Innovation in und zwischen den vier Innovationsfeldern (1) Wissenschaft und Technik, (2) Industrie und Dienstleistungen, (3) Kunst und Kultur, (4) politische Steuerung und räumlich-soziale Planung in Einzelfall- und Vergleichsstudien untersucht werden.

Brandenburg

Institut	Europa-Universität Viadrina Frankfurt/Oder (*)
	Kulturwissenschaftliche Fakultät
	Vergleichende Sozialwissenschaften
	Große Scharrnstr. 59
	15230 Frankfurt/Oder
	http://www.kuwi.europa-uni.de/
Fachliche Schwerpunkte	• philosophische Grundlagen kulturwissenschaftlicher Analyse
	• Europa-Studien
	• vergleichende Mitteleuropastudien
	• Kulturmanagement

	• Wirtschafts- und Sozialgeographie • institutionelle Ordnung der Europäischen Union • vergleichende Kultursoziologie • vergleichende politische Soziologie • vergleichende Kultur- und Sozialanthropologie
Besonderheiten der Graduiertenausbildung	Unterstützung und Förderung bei ihrem Dissertationsvorhaben erhalten DoktorandInnen im fakultätsübergreifenden *Viadrina Center for Graduate Studies* (http://www.europa-uni.de/de/forschung/vcgs/).

Institut	Universität Potsdam Wirtschafts- und Sozialwissenschaftliche Fakultät Fachbereich Soziologie August-Bebel-Str. 89 14482 Potsdam http://www.uni-potsdam.de/wiso_dekanat/deutsch/Fachbereiche/Soziologie
Fachliche Schwerpunkte	• allgemeine Soziologie: Arbeiten zur soziologischen Theorie und Sozialtheorie; theoretische und theoriegenerierende empirische Arbeiten • Organisations- und Verwaltungssoziologie: soziologische Organisationstheorie; Wandel von Verwaltungsorganisationen; Organisationen des Notfalls und der Produktion von Sicherheit; Gender Studies unter Berücksichtigung von Organisation und Profession • Sozialstrukturanalyse: soziale Gruppen und Lebensformen aus der Perspektive ihrer Spezifika, ihrer sozialen Bezüge, des sozialen Wandels; Dimensionen sozialer Ungleichheit; soziale Strukturen im Vergleich • Methoden der empirischen Sozialforschung: sozialwissenschaftliche Datenanalyse; sozialstrukturelle Verankerung der politischen Landschaft der Bundesrepublik; Wohlfahrtsregime: internationaler Vergleich von Gesellschaften und ihrer Performanz • Modelle und Methoden der empirischen Sozialforschung: Begleitung empirischer Arbeiten sowohl in der Bereitstellung der materiellen Voraussetzungen (vor allem Software, Online-Server u.a.) als auch beratende Begleitung des Forschungsprozesses von der Modellbildung bis zur Interpretation
Besonderheiten der Graduiertenausbildung	Die *Potsdam Graduate School* (http://www.pogs.uni-potsdam.de/) ist nicht ausschließlich für Promovierende der Sozialwissenschaften, sondern richtet sich an Promovierende aller Fachrichtungen. Zu ihren Angeboten zählen: • überfachliche Ausbildung – interdisziplinäre Kursangebote: übergreifende Schlüsselkompetenzen wie Präsentationstechniken und Führungskompetenzen; umfassende Wissenschafts- und Forschungsmanagement-Methoden • fachliche Workshops mit externen Expertinnen und Experten (auf Anfrage) • Qualifizierungsangebote in den Bereichen Hochschuldidaktik (Teaching Professionals) und Berufsvorbereitung (EPE) • jährliche Ausrichtung des interdisziplinären Doktorandensymposiums • finanzielle Fördermöglichkeiten in Form von Reise- und Teilnahmekostenzuschüssen und Publikations- bzw. Druckkostenzuschüssen sowie Sprachcoach für kostenlose Übersetzungshilfen für englischsprachige Veröffentlichungen in Fachzeitschriften, Dissertationen und Konferenzpräsentationen • Programm- und Antragsunterstützung • Netzwerke und Kontakte zu Wirtschaft, Industrie und Kultur • Unterstützung bei der Formalisierung von Betreuungsvereinbarungen (zur Dauer der Promotion, zu den Rechten und Pflichten von Betreuern und Promovenden, zur Entwicklung eines Promotionskonzeptes, von Berichtspflichten, Betreuerteams, Publikationen; „Karriereentwicklungspläne"

	• Mentoren: Promovierende haben die Möglichkeit, zusätzlich zu den Betreuern Mentoren zu identifizieren; diese können zum einen eine zusätzliche fachunabhängige (z.B. genderspezifische) Beratungsmöglichkeit bieten, zum anderen im Fall von Konflikten (z.B. im Rahmen der Betreuung) eine Vermittlerrolle übernehmen; die PoGS führt eine aktuelle Liste von Hochschullehrern, die ihre Bereitschaft zu einer Mentorentätigkeit erklärt haben • wenn strukturierte Promotionsprogramme eingerichtet werden, müssen diese zusätzlich folgende Kriterien erfüllen: (1) Transparenz in der Doktorandenförderung (klar definierte und für alle Beteiligten zugängige Vorgaben zu Auswahlkriterien, Betreuungsstrukturen, Promotionskonzepten und Zielen; (2) Familienfreundlichkeit der Ausbildung; (3) Gleichstellungskonzepte (konkrete und effektive Positivmaßnahmen, die für die Gleichstellung von Frauen und Männern in der Promotionsphase sorgen; Abweichungen von einer Verteilung von 50:50 % der Geschlechter innerhalb von Promotionsprogrammen bedürfen einer schriftlichen Erläuterung)

Bremen

Institut	Universität Bremen Institut für Soziologie Universitätsallee 22 28359 Bremen http://www.soziologie.uni-bremen.de/
Fachliche Schwerpunkte	• Geschlechterverhältnisse • soziologische Theorie • Stadt- und Migrationsforschung • Statistik und empirische Sozialforschung • Theorie und Empirie der Sozialstruktur
Besonderheiten der Graduiertenausbildung	

Institut	Universität Bremen Bremen International Graduate School of Social Sciences (BIGSSS) Postfach 33 04 40 28334 Bremen http://www.bigsss-bremen.de/
Fachliche Schwerpunkte	Die Doktorandenausbildung steht unter der Überschrift „Changing Patterns of Social and Political Integration" und gliedert sich in drei thematische Felder: • Global Governance and Regional Integration • Welfare State, Inequality and Wellbeing • Changing Lives in Changing Socio-Cultural Contexts
Besonderheiten der Graduiertenausbildung	Die *Bremen International Graduate School of Social Sciences* (BIGSSS) wird von der Universität Bremen und der Jacobs University Bremen getragen und seit 2008 im Rahmen der Exzellenzinitiative gefördert: • englischsprachiges, interdisziplinär ausgerichtetes PhD-Programm • für Betreuung und Lehre Rückgriff auf die aktive Forschungslandschaft der Bremer Sozialwissenschaften, zu der u.a. Forschungsinstitute wie das *Zentrum für Sozialpolitik* (http://www.zes.uni-bremen. de/), das *Institut für Interkulturelle und Internationale Studien* (http://www.iniis.uni-bremen.de/), das *Institut für Empirische und Angewandte Soziologie* (http://www.empas.uni-bremen.de/), der Sonderforschungsbereich 597 *Staatlichkeit im Wandel*

229

(http://www.sfb597.uni-bremen.de/), das *Jacobs Center on Lifelong Learning* (http://www.bremer-sozialwissenschaften.de/php/jcll. php) und die *School of Humanities and Social Sciences* (http://shss. jacobs-university.de/) gehören

- anstelle des deutschen Doktorvater-Systems gibt es an der BIGSSS ein „committee system" mit mehreren Betreuern
- die PhD Fellows durchlaufen ein Curriculum von teils obligatorischen, teils „demand taylored" Seminaren und Colloquien
- sie erhalten ein Stipendium von € 1.300/Monat sowie weitere materielle Unterstützung für Forschungsvorhaben und Konferenzen
- in jedem Themenfeld können pro Jahr bis zu sechs Bewerberinnen und Bewerber in das dreijährige PhD-Programm aufgenommen werden (Start jeweils im September; Ausschreibung im Herbst des Vorjahres; Bewerbungsschluss: 15. März des jeweiligen Jahres)

Institut	Jacobs International University Bremen School of Humanities and Social Sciences Campus Ring 1 28759 Bremen http://shss.jacobs-university.de/
Fachliche Schwerpunkte	▪ Soziologie der Arbeit im Lebensverlauf ▪ Netzwerkanalyse ▪ Soziologie des interkulturellen und interpersonalen Vertrauens/Trust ▪ Gesundheitssoziologie/Happiness-Research ▪ politische Sozialisation
Besonderheiten der Graduiertenausbildung	Eine Promotion ist ausschließlich in englischer Sprache und im Rahmen des strukturierten Promotionsprogramms der BIGSSS (http://www.bigsss-bremen.de/) möglich.

Hamburg

Institut	Universität Hamburg Fakultät Wirtschafts- und Sozialwissenschaften Fachbereich Sozialwissenschaften Institut für Soziologie Allende-Platz 1 20146 Hamburg http://www.wiso.uni-hamburg.de/de/institute/institut-fuer-soziologie/ Fachbereich Sozialökonomie Fachgebiet Soziologie Von-Melle-Park 9 20146 Hamburg http://www.wiso.uni-hamburg.de/fachbereiche/sozialoekonomie/fachgebiete/fachgebiet-soziologie/startseite/
Fachliche Schwerpunkte	▪ Wirtschaft, Arbeit, Finanzmärkte und Organisation ▪ institutioneller Wandel und Governance im Kontext der Globalisierung ▪ Europäisierung und Gesellschaftsvergleich ▪ Wohlfahrtsstaaten ▪ soziale Ungleichheit und Sozialstruktur ▪ soziale Netzwerke ▪ soziologische Theorie (insbesondere poststrukturalistische Soziologie)

	▪ Soziologie des Klimawandels
	▪ Familienstrukturen und Familienpolitik im internationalen Vergleich
Besonderheiten der Graduiertenausbildung	Fakultäre Dachgraduiertenschule (Graduate School der WiSo-Fakultät; http://www.wiso.uni-hamburg.de/einrichtungen/graduate-school/) mit Wahlpflichtprogramm, bestehend insbesondere aus Methodenkursen und Doktorandenworkshops.

Institut	Helmut-Schmidt-Universität / Universität der Bundeswehr Hamburg Fakultät für Geistes- und Sozialwissenschaften Institut für Soziologie Holstenhofweg 85 22043 Hamburg http://www.hsu-hh.de/soziologie/
Fachliche Schwerpunkte	▪ Arbeit und Leben in der Dienstleistungsgesellschaft ▪ Frauen und Organisationen (auch Militärsoziologie) ▪ Genese und Wandel normativer Orientierungen ▪ Körper- und Biopolitiken ▪ Transformation von Kindheit und Jugend
Besonderheiten der Graduiertenausbildung	Die Graduiertenausbildung findet außerhalb des regulären Lehrbetriebs (an dem lediglich Mitglieder der Bundeswehr teilnehmen) statt. Sie ist für alle Hochschulabsolventen und -absolventinnen zugänglich, basiert auf einem individuell verabredeten Arbeitsbündnis und wird von regelmäßig stattfindenden Kolloquien begleitet und im Rahmen ausführlicher Einzelberatung und -betreuung realisiert.

Hessen

Institut	Technische Universität Darmstadt Institut für Soziologie Residenzschloss 64283 Darmstadt http://www.ifs.tu-darmstadt.de/index.php?id=soziologie
Fachliche Schwerpunkte	▪ Jugenddevianz ▪ Methodenentwicklung und Umfrageforschung ▪ Eliteforschung ▪ Managementforschung ▪ Stadt- und Regionalsoziologie ▪ Raumsoziologie ▪ Globalisierung und Lokalisierung ▪ Frauen- und Geschlechterforschung ▪ Soziologie der Sexualität
Besonderheiten der Graduiertenausbildung	

Institut	Johann Wolfgang Goethe-Universität Fachbereich Gesellschaftswissenschaften Robert-Mayer-Str. 5 60054 Frankfurt/Main http://www.gesellschaftswissenschaften.uni-frankfurt.de/index.pl/home
Fachliche Schwerpunkte	▪ Sozialstruktur, soziale Ungleichheit und soziale Konflikte ▪ Gesellschaft und Wirtschaft im Wandel

231

	▪ Wissenschaftsforschung ▪ Kultur und Kommunikation ▪ Biographie, Bildung, Beratung
Besonderheiten der Graduiertenausbildung	▪ Es gibt ein internationales Promotionskolleg, in dem sich die Promovierenden des Fachbereichs mit finanzieller Unterstützung (Finanzierung von Gastvorträgen, Workshops u.ä.; keine Stipendien) selbst organisieren können. Es gibt jedoch kein Promotionsstudium am Fachbereich. ▪ Der Fachbereich hat auch ein durch den DAAD finanziertes Programm *International Promovieren in Deutschland* eingerichtet.

Institut	Hessische Stiftung Friedens- und Konfliktforschung Baseler Str. 27-31 60329 Frankfurt/Main http://www.hsfk.de/
Fachliche Schwerpunkte	In insgesamt sechs Programmbereichen wird an der Hessischen Stiftung Friedens- und Konfliktforschung geforscht: ▪ Sicherheits- und Weltordnungspolitik von Staaten ▪ internationale Organisationen und Völkerrecht ▪ private Akteure im transnationalen Raum ▪ Herrschaft und gesellschaftlicher Frieden ▪ Information, Beratung und Vermittlung ▪ programmgebundene Forschung (im Aufbau seit Mai 2009) Wie SoziologInnen in diesen Bereichen eingesetzt werden können, hängt von der jeweiligen Ausrichtung der multidisziplinär angelegten Projekte ab.
Besonderheiten der Graduiertenausbildung	▪ Doktorandenkolloquium ▪ Beteiligung am Exzellenzcluster Die *Herausbildung normativer Ordnungen* (http://www.normativeorders.net/) an der Johann Wolfgang Goethe-Universität Frankfurt/Main ▪ Beauftragter für Methodenforschung informiert ständig über Weiterbildungsmöglichkeiten

Institut	Justus-Liebig-Universität Gießen Institut für Soziologie Karl-Glöckner-Str. 21 E/B/D/H 35394 Gießen http://www.uni-giessen.de/cms/fbz/fb03/institute/ifs
Fachliche Schwerpunkte	▪ Transformation von Kulturen ▪ Medienkulturanalyse mit Schwerpunkt Werbung ▪ Wirtschafts-, insbesondere Finanzmarktsoziologie ▪ Gesellschaftsvergleich mit Schwerpunkt südliches Afrika ▪ Bildungsforschung und -soziologie
Besonderheiten der Graduiertenausbildung	Anbindung an das *International Graduate Center for the Study of Culture* (http://www.gcsc.uni-giessen.de/), das *Gießener Graduiertenzentrum Kulturwissenschaften* (http://cultdoc.uni-giessen.de/), das *Zentrum für Medien und Interaktivität* (http://www.zmi.uni-giessen.de/) sowie das *Gießener Zentrum Östliches Europa* (http://www.uni-giessen.de/cms/fbz/zentren/gizo)

Institut	Universität Kassel Fachbereich 05 Gesellschaftswissenschaften Fachgruppe Soziologie Nora-Platiel-Str. 1 34127 Kassel http://www.uni-kassel.de/fb05/fachgruppen/soziologie.html
Fachliche Schwerpunkte	▪ Makrosoziologie: Generationsforschung; Exklusionsforschung; Unternehmensforschung ▪ Mikrosoziologie: Transformation von Erwerbsarbeit; Work-Life-Balance; Lebensführung und private Lebensformen ▪ Soziologie der Diversität: Gender und Migration; transnationale Biographien; soziale Bewegungen; Frauen- und feministische Bewegungen; indigene Bewegungen mit Schwerpunkt Lateinamerika und Mexiko ▪ Hochschulforschung: Hochschul- und Innovationsforschung ▪ angewandte Statistik: Evaluationen
Besonderheiten der Graduiertenausbildung	*Kasseler Internationales Graduiertenzentrum Gesellschaftswissenschaften* (http://www.uni-kassel.de/fb05/studium/promotion/kigg/kigg.html): fachbereichsübergreifende Einrichtung, die sich der Förderung und Verbesserung der Graduiertenausbildung am Fachbereich widmet und Promovierende in ihrem Weg unterstützt. Es werden Workshops, Kolloquien und anders geartete Fördermöglichkeiten (Arbeitsplatz, Kostenbezuschussung) angeboten.

Institut	Philipps-Universität Marburg (*) Fachbereich Gesellschaftswissenschaften und Philosophie Institut für Soziologie Ketzerbach 11 35032 Marburg http://www.uni-marburg.de/fb03/soziologie/index_html
Fachliche Schwerpunkte	▪ gesellschaftliche Entwicklung, soziale Ungleichheit und Konfliktforschung ▪ Theorien und Methoden ▪ gesellschaftliche Teilsysteme und Organisationen
Besonderheiten der Graduiertenausbildung	Es bestehen drei Promotionskollegs: ▪ strukturiertes Promotionsprogramm (2009-2012) *MARA Transitional Justice nach massiver Gewalt* (http://www.uni-marburg.de/konfliktforschung/forschung/promotion/mara_promotionsprogramm) ▪ Promotionskolleg *Geschlechterverhältnisse im Spannungsfeld von Arbeit, Organisation und Demokratie* (http://www.uni-marburg.de/fb03/genderkolleg) ▪ Graduiertenkolleg *Gruppenbezogene Menschenfeindlichkeit* (http://www.uni-marburg.de/menschenfeindlichkeit) ▪ in Planung: Promotionskolleg *Technische Visualität in der Kultur der Moderne* ▪ darüber hinaus bietet die Mitgliedschaft im *Marbuger Graduiertenzentrum für Geistes- und Sozialwissenschaften* (http://www.uni-marburg.de/gsw-graduiertenzentrum) die Vernetzung und Förderung eigener Forschungsvorhaben

Mecklenburg-Vorpommern

Institut	Universität Rostock Wirtschafts- und Sozialwissenschaftliche Fakultät Institut für Soziologie und Demographie Ulmenstr. 69 18057 Rostock http://www.wiwi.uni-rostock.de/soziologie/
Fachliche Schwerpunkte	▪ soziale Ungleichheit, Bildung und Mobilität ▪ kultursoziologische Aspekte in der Moderne ▪ Familie und Partnerschaft im sozialen Wandel ▪ Morbidität, saisonale Sterblichkeit und Langlebigkeit ▪ demographische Analysemethoden
Besonderheiten der Graduiertenausbildung	

Niedersachsen

Institut	Technische Universität Braunschweig Institut für Sozialwissenschaften Bienroder Weg 97 38106 Braunschweig http://www.tu-braunschweig.de/isw
Fachliche Schwerpunkte	▪ Arbeits-, Organisations- und Wirtschaftssoziologie: Dynamik der Corporate-Governance-Strukturen; Zukunftsperspektiven von Dienstleistungsarbeit ▪ Sozialstrukturanalyse und empirische Sozialforschung: sozialstruktureller Wandel und Lebenslaufprozesse; dynamische Analyse des Wandels von Familie und Lebensformen; Ausbildungs- und Berufsverläufe; Arbeitsmarktmobilität Internationale Vergleiche sowie die Analyse von Interdependenzen zwischen den genannten Teilgebieten sind möglich bzw. erwünscht.
Besonderheiten der Graduiertenausbildung	

Institut	Georg-August-Universität Göttingen Institut für Soziologie Platz der Göttinger Sieben 3 37073 Göttingen http://www.uni-goettingen.de/de/28106.html
Fachliche Schwerpunkte	▪ Kultursoziologie: Religionssoziologie; Migrationssoziologie; Stadtsoziologie; Soziologie der Geschlechterverhältnisse ▪ politische Soziologie und Sozialpolitik ▪ Arbeit und Wissen
Besonderheiten der Graduiertenausbildung	Die Fakultät bietet einen Promotionsstudiengang *Biodiversität und Gesellschaft* (www.biodiversitaet-gesellschaft.uni-goettingen.de/) an.

Institut	Gottfried Wilhelm Leibniz Universität Hannover Philosophische Fakultät Institut für Soziologie Schneiderberg 50 30167 Hannover http://www.ish.uni-hannover.de/
Fachliche Schwerpunkte	• Wissenschaft und Gesellschaft: Soziologie des Essens; Formen sozialer Ungleichheit in der Wissensgesellschaft • Kulturanthropologie und Weltgesellschaft: Entwicklungssoziologie und Kulturanthropologie (insbesondere Lateinamerika und Ostafrika), insbesondere zu den Themen soziale Ungleichheit, Ethnizität und Nationalismus, soziale Bewegungen, Migration, Konflikt/Gewalt, Rechtspluralismus; Missionierung • Methoden: Familie; Partnerschaft und Fertilität; sozialer Wandel in Mittel- und Osteuropa; Entscheidungs- und Handlungstheorien • Arbeit und Organisation: gesellschaftstheoretische Bezüge der Arbeits- und/ oder Organisationssoziologie; aktuelle arbeits-, wirtschafts- und wissenssoziologische Problemstellungen, wie z.B. Wissenstransfer, Kontrolle, Anerkennung, Mikrostrukturen der Weltgesellschaft, korruptive Praktiken, zahlengestützte Steuerung
Besonderheiten der Graduiertenausbildung	• Promotionsvereinbarung zwischen Doktorand/in und Betreuer/in • Mediationsstelle, die bei Problemen zwischen Doktorand/in und Betreuer/in vermittelt • Weiterbildungsmöglichkeiten im Bereich Hochschuldidaktik • zahlreiche Weiterbildungsangebote in den Bereichen Fremdsprachen, Rhetorik, Präsentationstechniken, wissenschaftliches Schreiben und Publizieren etc. • regelmäßige Weiterbildungsangebote im Rahmen von semesterbegleitenden Kursen und in Form von Summer Schools in: Methoden der quantitativen und qualitativen Sozialforschung, Statistik, linguistische Datenanalyse, Interpretations- und Auswertungsverfahren etc. • diverse Forschungskolloquien • Graduierteninitiative der Philosophischen Fakultät, die Workshops und Treffen zum transdisziplinären Austausch der Doktorand/inn/en der Fakultät anbietet • uniinterne Forschungsfinanzierungsmöglichkeiten und Beratung für das Erstellen von Drittmittelanträgen und die Findung geeigneter Drittmittelgeber • Career Service und uni-transfer-Stelle zur weiteren Karriereplanung und Berufsfindung • jährliche Promotionsfeier der Philosophischen Fakultät • über die *Graduiertenakademie* (http://www.graduiertenakademie.uni-hannover.de/de/) werden zahlreiche weitere Veranstaltungen für Doktorand/inn/en der gesamten Universität angeboten • interdisziplinäre Forschungs- und Diskussionszusammenhänge und Colloquien

Institut	Stiftung Universität Hildesheim Institut für Sozialwissenschaften Marienburger Platz 22 31141 Hildesheim http://www.uni-hildesheim.de/index.php?id=721
Fachliche Schwerpunkte	• empirische Generations- und Jugendforschung mit wissenssoziologischem und qualitativem Akzent • biographieanalytisch und longitudinal angelegte Bildungsforschung

Besonderheiten der Graduiertenausbildung	▪ kriminal- und devianzsoziologische Forschung mit Akzent auf Polizeisoziologie (Kooperation mit der Hochschule der Polizei Niedersachsen) ▪ strukturale Kultursoziologie und Analyse populärer Kulturen ▪ regelmäßiges Doktorandenkolloquium ▪ drei weitere Promotionskollegs im Fachbereich I der Universität Hildesheim mit Schwerpunkten in Bildungsforschung und transnationaler sozialer Unterstützung (weitere Informationen unter: http://www.uni-hildesheim.de/index.php?id=foerderung-wissenschaftnachwuchs)

Institut	Leuphana Universität Lüneburg Fakultät IV Institut für Soziologie Scharnhorststr. 1 21335 Lüneburg http://www.leuphana.de/institute/isoz.html
Fachliche Schwerpunkte	▪ Kulturtheorie/Kultursoziologie ▪ Medientheorie/Mediensoziologie ▪ Technik und Kultur/Techniksoziologie/technische Medien ▪ Lebensformen im Wandel: Familie; Singles; Zusammenwirken von Arbeitswelt und Privatsphäre
Besonderheiten der Graduiertenausbildung	Promotionsstudium im Aufbau

Institut	Carl von Ossietzky Universität Oldenburg Fakultät I – Bildungs- und Sozialwissenschaften Institut für Sozialwissenschaften 26111 Oldenburg http://www.sowi.uni-oldenburg.de/
Fachliche Schwerpunkte	▪ experimentelle Methoden und Entscheidungstheorie ▪ Europastudien ▪ Innovationsforschung ▪ Sozialtheorie mit den Schwerpunkten: a) Theorien des Dritten; b) Akteurs- und Personenkonzepte; c) Verhältnis von Ethik und empirischer Forschung ▪ Gesellschaftstheorie mit dem Schwerpunkt gesellschaftliche Differenzierung und Menschenrechte
Besonderheiten der Graduiertenausbildung	▪ Das interdisziplinäre Graduiertenkolleg *Praktiken der Subjektivierung* (http://www.aps.uni-oldenburg.de/) wurde 2010 eingerichtet und wird unter Beteiligung von VertreterInnen aus der Sozialwissenschaft durchgeführt. ▪ Weitere strukturierte Angebote der Promovierendenausbildung befinden sich im Aufbau.

Institut	Universität Osnabrück Fachbereich Sozialwissenschaften Seminarstr. 33 49074 Osnabrück http://www.sozialwiss.uni-osnabrueck.de/index.php
Fachliche Schwerpunkte	Wir wurden explizit gebeten, von einer Vorstellung des Fachbereichs abzusehen. Daher verweisen wir auf die oben angegebene URL.
Besonderheiten der Graduiertenausbildung	

Institut	Universität Vechta
	Institut für Sozialwissenschaften und Philosophie
	Fach Soziologie
	Driverstr. 22
	49377 Vechta
	http://www.uni-vechta.de/index.php?id=446
Fachliche Schwerpunkte	▪ Soziologie der Lebensformen: Lebenslaufperspektiven und geschlechtsspezifi-sche Unterschiede in Beziehungsstrukturen
	▪ strukturelle Ungleichheiten von Frauen und Männern auf dem Arbeitsmarkt
	▪ Bildungssoziologie: Aspekte von Weiterbildung; Entwicklung von Weiterbil-dungskonzepten für Arbeitnehmer und Arbeitnehmerinnen
	▪ Kommunikation in und über Medien
	▪ Kulturvergleiche zu den drei ersten Schwerpunkten und Themen: Deutsch-land mit europäischen Ländern, mit Brasilien und mit Japan
Besonderheiten der Graduiertenausbildung	

Nordrhein-Westfalen

Institut	RWTH Aachen University
	Institut für Soziologie
	Eilfschornsteinstr. 7
	52062 Aachen
	http://www.soziologie.rwth-aachen.de/
Fachliche Schwerpunkte	▪ allgemeine Soziologie und soziologische Theorien, insbesondere Akteur- und Systemtheorien
	▪ empirische Sozialforschung, vor allem in den Bereichen Familiensoziologie/ Soziologie der Partnerschaft, Migrations- und Minoritätensoziologie
	▪ Techniksoziologie, Organisationssoziologie, Netzwerkforschung
	▪ Gender Studies und Lebenslaufforschung
	▪ Terrorismusforschung
Besonderheiten der Graduiertenausbildung	▪ monatliches informelles Promovendenkolloquium (organisiert von den Dok-toranden des Instituts) zum Erfahrungsaustausch
	▪ mehrfach jährlich stattfindendes offizielles Promovendenkolloquium mit allen Doktoranden und Professoren des Instituts zur Präsentation des Forschungs-standes der Doktoranden
	▪ Center for Doctoral Studies (http://www.rwth-aachen.de/go/id/bgq/): Semi-nare, Workshops und Kurse zum Erwerbs von Schlüsselqualifikationen

Institut	Universität Bielefeld
	Fakultät für Soziologie
	Postfach 10 01 31
	33501 Bielefeld
	http://www.uni-bielefeld.de/soz/
Fachliche Schwerpunkte	▪ Theorien und Konzepte der Soziologie
	▪ Forschungsmethoden der Soziologie
	▪ Weltgesellschaft, transnationale Geschichte, Transnational Studies
	▪ Sozialstruktur, Sozialpolitik und soziale Ungleichheit
	▪ Wissenschafts- und Technikforschung
	▪ Netzwerke, Organisationen und Professionen

	• Wirtschaft, Arbeit und Beschäftigung • Medienforschung und Visual Culture Studies • Kultur, Ethnizität, Migration und Citizenship • moderne Gesellschaften • Geschlechterforschung • Didaktik der Sozialwissenschaften • interamerikanische Studien, Osteuropastudien und Regionalstudien Asiens
Besonderheiten der Graduiertenausbildung	• Die Fakultät für Soziologie bietet zwei prinzipielle Möglichkeiten zur Promotion: erstens im Rahmen einer strukturierten Promotionsausbildung, zweitens im Rahmen einer studiengangsfreien Promotion; für beide Varianten ist ein Bewerbungsverfahren vorgesehen, in dem der Promotionsausschuss auf der Grundlage von Kurzgutachten zu Exposés des Promotionsvorhabens über die Zulassung zur Promotion entscheidet (Einzelheiten des Verfahrens sind in der Promotionsordnung der Fakultät für Soziologie enthalten). • Die Promotion im Rahmen einer strukturierten Promotionsausbildung ist die Normalform der Promotionsausbildung. Institutionalisiert ist diese strukturierte Promotionsausbildung in der *Bielefeld Graduate School in History and Sociology* (http://www.uni-bielefeld.de/bghs/), die gemeinsam mit der Abteilung Geschichtswissenschaft organisiert wird. • Diese strukturierte Promotionsausbildung sieht ein Studienprogramm vor, das sich immer auch an den bisherigen individuellen Studien orientiert; es umfasst in der Regel: (1) vier Seminare, die im Rahmen des Promotionsstudiengangs angeboten werden; (2) vier Kolloquien, die im Rahmen des Promotionsstudiums angeboten werden; (3) zwei Veranstaltungen aus dem Bereich Schlüsselqualifikationen • Das Studienangebot umfasst englisch- und deutschsprachige Kurse. • In Einzelfällen kann die Kandidatin oder der Kandidat von der Teilnahme an dem Studienprogramm oder Teilen davon befreit werden. • Die BGHS bietet die Gelegenheit, durch Promovierende selbst organisierte Workshops und Tagungen durchzuführen. • Sie bietet darüber hinaus: Services im Bereich Beruf und Karriere; das jährlich stattfindende Annual Seminar in History and Sociology; einen Visiting Chair in History and Sociology; die regelmäßig stattfindenden Veranstaltungen der Gastwissenschaftlerinnen und Gastwissenschaftler; interdisziplinäre Seminare und das interdisziplinäre Kolloquium; die durch die Fakultät für Soziologie und die BGHS organisierte Niklas-Luhmann-Gastprofessur, die auch im Rahmen der Promotionsausbildung tätig ist

Institut	Ruhr-Universität Bochum Fakultät für Sozialwissenschaft Sektion Soziologie 44801 Bochum http://www.sowi.ruhr-uni-bochum.de/sektionen/soz/index.html.de
Fachliche Schwerpunkte	• allgemeine Soziologie, Arbeit und Wirtschaft • soziale Ungleichheit und Geschlecht • Arbeitsorganisation und -gestaltung • Organisation, Migration, Mitbestimmung • Stadt und Region, Familie • Entwicklung und Internationalisierung • Gesundheit und Sozialstruktur • Sozialanthropologie • Sozialtheorie und Sozialpsychologie • Kulturpsychologie und anthropologisches Wissen

	• Methoden/Statistik: empirische Sozialforschung; angewandte Sozialforschung, qualitative Methoden der Sozialwissenschaft • Fachdidaktik der Sozialwissenschaft • Gender Studies
Besonderheiten der Graduiertenausbildung	Die Promotion erfolgt als strukturierte Promotion bestehend aus: • einem nach thematischen Schwerpunkten orientierten Promotionskolloquium • einer vertiefenden Veranstaltung aus dem Bereich Theorie/Methoden • einer vertiefenden Veranstaltung in einem sozialwissenschaftlichen Fachgebiet, das nicht Hauptgebiet der Dissertation ist • der Teilnahme am sozialwissenschaftlichen Kolloquium der Fakultät • optional kann das überfachliche Qualifikationsangebot der *Ruhr University Research School* (http://www.research-school.rub.de/) wahrgenommen werden

Institut	Rheinische Friedrich-Wilhelms-Universität Bonn (*) Institut für Politische Wissenschaft und Soziologie Lennéstr. 25/27 53113 Bonn http://www.politik-soziologie.uni-bonn.de/
Fachliche Schwerpunkte	• Stadtsoziologie • Medienforschung • Umweltsoziologie • politische Soziologie • Wissenssoziologie und Wissenschaftsforschung • Gender Studies • Familiensoziologie • Jugendforschung • Rechtssoziologie
Besonderheiten der Graduiertenausbildung	

Institut	Technische Universität Dortmund Fakultät 11 – Wirtschafts- und Sozialwissenschaftliche Fakultät Fachgebiet Soziologie Vogelpothsweg 87 44227 Dortmund http://www.wiso.tu-dortmund.de/wiso/de/fakultaet/ Fakultät 12 – Erziehungswissenschaft und Soziologie Emil-Figge-Str. 50 44221 Dortmund http://www.fk12.tu-dortmund.de/cms/de/home/index.html
Fachliche Schwerpunkte	Fakultät 11 – Wirtschafts- und Sozialwissenschaftliche Fakultät: • Wirtschafts- und Industriesoziologie: wirtschaftlicher Strukturwandel und Entwicklungstendenzen von Arbeit; Unternehmensstrategien und Unternehmensnetzwerke im Spannungsfeld von Globalisierung und Regionalisierung; Technologieentwicklung und Innovationsprozesse im Zusammenhang mit dem Wandel organisationaler und institutioneller Strukturen • Techniksoziologie: Innovationsmanagement in hochautomatisierten Systemen; Simulation künstlicher Sozialsysteme; staatliche Technologiepolitik; soziale Netzwerke und Technikgenese; Management komplexer Systeme • Organisationssoziologie; sozialwissenschaftliche Innovationsforschung; Methoden der empirischen Sozialforschung

239

	Fakultät 12 – Erziehungswissenschaft und Soziologie: ▪ Geschlechterverhältnisse ▪ Modernisierung als Handlungsproblem (u.a. Erlebniswelten, posttraditionale Gemeinschaften, Teilkulturen) ▪ Soziologie des Alterns ▪ soziale Ungleichheit
Besonderheiten der Graduiertenausbildung	▪ strukturiertes Promotionsprogramm der Fakultät 11 mit regelmäßigem Doktorandenkolloquium am Lehrstuhl Wirtschafts- und Industriesoziologie ▪ ein strukturiertes Promotionsprogramm wird in der Fakultät 12 stetig weiterentwickelt

Institut	Heinrich-Heine-Universität Düsseldorf Philosophische Fakultät Institut für Sozialwissenschaften Abteilung Soziologie Universitätsstr. 1 40225 Düsseldorf http://www.phil-fak.uni-duesseldorf.de/soziologie/
Fachliche Schwerpunkte	▪ allgemeine soziologische Theoriebildung (insbesondere Rational-Choice Ansätze) ▪ Sozialkapital und Vertrauen ▪ Wissenssoziologie und soziale Erkenntnistheorie ▪ Methodenprobleme der Umfrageforschung ▪ soziale Probleme und abweichendes Verhalten ▪ empirische Kultursoziologie ▪ Wahlforschung ▪ physische Attraktivität und soziale Ungleichheit ▪ Lebensstilforschung
Besonderheiten der Graduiertenausbildung	▪ interdisziplinäres sozialwissenschaftliches Graduiertenkolleg *Linkage in Democracy. Politische Repräsentation in heterogenen Gesellschaften* (http://www.phil-fak.uni-duesseldorf.de/sozwiss/gradkolleg/), das von den Fächern Soziologie, Politikwissenschaft sowie Kommunikations- und Medienwissenschaft getragen wird (Beginn: Oktober 2011)

Institut	Universität Duisburg-Essen (*) Fachbereich Gesellschaftswissenschaften Institut für Soziologie Lotharstr. 65 47057 Duisburg http://www.uni-due.de/soziologie/
Fachliche Schwerpunkte	▪ Arbeit, Organisation und Sozialstruktur ▪ Gesellschaftsvergleich ▪ Methoden der empirischen Sozialforschung und Statistik ▪ allgemeine Soziologie/soziologische Theorie ▪ Jugend und Freizeit ▪ soziale Ungleichheit und Geschlecht
Besonderheiten der Graduiertenausbildung	▪ DoktorandInnennetzwerk *DokNet* (http://www.uni-due.de/dok-net/index.php) der Gesellschaftswissenschaften ▪ interdisziplinäres Doktorandenforum *DokForum* (http://www.uni-due.de/dokforum/) der Fachbereiche Bildungs-, Geistes- und Gesellschaftswissenschaften

240

Institut	FernUniversität in Hagen
	Fakultät für Kultur- und Sozialwissenschaften
	Institut für Soziologie
	Universitätsstr. 11
	58084 Hagen
	http://www.fernuni-hagen.de/soziologie/
Fachliche Schwerpunkte	▪ Gegenwartsdiagnosen
	▪ soziologische Theoriebildung
	▪ Organisationssoziologie und qualitative Methoden (interpretative/mikrosoziologische Organisationsforschung)
	▪ Stadt- und Regionalforschung
Besonderheiten der Graduiertenausbildung	individuelle Betreuung, verbunden mit der Methodenausbildung im Lehrgebiet/ Arbeitsbereich und angebunden an empirische Forschungsprojekte

Institut	Universität zu Köln
	Wirtschafts- und Sozialwissenschaftliche Fakultät
	Seminar für Soziologie
	Greinstr. 2
	50939 Köln
	http://www.soziologie.uni-koeln.de/
Fachliche Schwerpunkte	Die Soziologie an der Universität zu Köln versteht sich als eine theoretisch angeleitete und empirisch orientierte Wissenschaft. Daher steht – neben den soziologischen Theorien – die Vermittlung von Kenntnissen in sozialwissenschaftlichen Methoden und Statistik im Mittelpunkt der Ausbildung. Für potenzielle Doktoranden relevante fachliche Schwerpunkte sind den nachfolgend aufgeführten Graduiertenprogrammen zu entnehmen.
Besonderheiten der Graduiertenausbildung	Der Doktortitel im Fach Soziologie kann auf Qualifikations- oder Projektstellen an der Universität zu Köln oder auch von Universitätsexternen erworben werden. Graduiertenprogramme:
	▪ *Cologne Graduate School in Management, Economy and Social Sciences* (http://www.cgs.uni-koeln.de/): integrierte Graduiertenschule der Wirtschafts- und Sozialwissenschaftlichen Fakultät
	▪ Graduiertenkolleg *Soclife – Social Order and Life Chances in Cross-National Comparison* (http://www.soclife.uni-koeln.de/)
	▪ Graduiertenkolleg *Riskmanagement* (http://www.risk.uni-koeln.de/)
	▪ *IMPRS-SPCE – International Max Planck Research School on the Social and Political Constitution of the Economy* (http://imprs.mpifg.de/; siehe unten)

Institut	Max-Planck-Institut für Gesellschaftsforschung
	Paulstr. 3
	50676 Köln
	http://www.mpi-fg-koeln.mpg.de/
Fachliche Schwerpunkte	▪ soziale Einbettung der Wirtschaft
	▪ Soziologie des Marktes
	▪ institutioneller Wandel kapitalistischer Ökonomien
	▪ Theorien institutionellen Wandels
	▪ grenzüberschreitende Institutionenbildung
Besonderheiten der Graduiertenausbildung	Die *International Max Planck Research School on the Social and Political Constitution of the Economy* (IMPRS-SPCE) ist eine Kooperation zwischen dem Max-Planck-Institut für Gesellschaftsforschung und der Universität zu Köln:
	▪ strukturiertes Doktorandenprogramm (39 Monate) mit Stipendium
	▪ interdisziplinär und international ausgerichtet

	- Curriculum bestehend aus Kern- und Wahlkursen, Doktorandenkolloquium, Methodenausbildung - Auslandssemester an Partnereinrichtung in Frankreich, Großbritannien oder USA - Teilnahme an Sommerkonferenzen - Möglichkeit zur Teilnahme an französisch-deutschem Doktorandenprogramm mit Doppelpromotion (Co-tuelle) - Bewerbungszeitraum: 15. Dezember bis 15. März - Programmbeginn: 01 .Oktober

Institut	Westfälische Wilhelms-Universität Münster Institut für Soziologie Scharnhorststr. 121 48151 Münster http://www.uni-muenster.de/Soziologie/index.html
Fachliche Schwerpunkte	- sozialer Wandel als Determinante und Resultante strategischen Handelns - Bildungsforschung - die Konstruktion des menschlichen Selbstverständnisses – zum Verhältnis von Individualität und Kollektivität - Reflexion sozialwissenschaftlicher Forschung
Besonderheiten der Graduiertenausbildung	Die *Graduate School of Sociology* (http://www.uni-muenster.de/Soziologie/ grass/) ist ein auf sechs Semester angelegtes strukturiertes Promotionspro-gramm, welches zur Erlangung des akademischen Grades eines Doktors der Phi-losophie führt. Es beinhaltet: - ein individuell abgestimmtes Studienprogramm - eine intensive Betreuung - die Bereitstellung von Arbeitsplätzen und Reisekosten Mit einer Größe von maximal 20 Promovierenden ermöglicht das GRASS eine dichte Vernetzung, die einen regen Austausch und die Entwicklung neuer Ideen in Forschung und Lehre fördert.

Institut	Universität Siegen Philosophische Fakultät Soziologie Adolf-Reichwein-Str. 2 57068 Siegen http://www.fb1.uni-siegen.de/soziologie/
Fachliche Schwerpunkte	- Sozialstrukturanalyse: Bildung; Migration; Armut, Familie - soziale Dienstleistungen; Gesundheits- und Sozialpolitik - vergleichende Kultursoziologie und politische Soziologie (Europa, Afrika) - Wirtschaftssoziologie, politische Ökonomie
Besonderheiten der Graduiertenausbildung	Es besteht ein binationales Promotionsprogramm mit der Universität Lancaster im Bereich *Global and European Studies* (http://www.fb1.uni-siegen.de/ soziologie/gaes/). Diese Promotionen zielen auf einen Doppelabschluss und bein-halten Forschungsaufenthalte in Siegen und Lancaster bei einer wissenschaftli-chen Betreuung an beiden Universitäten.

Institut	Universität Witten-Herdecke Fakultät für Kulturreflexion Alfred-Herrhausen-Str. 50 58448 Witten http://www.uni-wh.de/kultur/soziologie
Fachliche Schwerpunkte	• Systemtheorie und rekonstruktive/qualitative Sozialforschung • rekonstruktive Organisationsforschung • Soziologie des Krankenhauses • Gehirn und Gesellschaft • dokumentarische Methode
Besonderheiten der Graduiertenausbildung	Es wird von den Doktoranden eine regelmäßige Teilnahme an der gemeinsamen Forschungswerkstatt erwartet (sechs Sitzungen à vier Stunden im Semester).

Institut	Bergische Universität Wuppertal Fachbereich G – Soziologie Gaußstr. 20 42119 Wuppertal http://www.fbg.uni-wuppertal.de/faecher/soziologie/soziologiehome/
Fachliche Schwerpunkte	• Soziologie der Kindheit und Transitionen ins Erwachsenenalter • Wissenschafts- und Innovationsforschung • vergleichende Organisationsforschung • Analyse von Interaktionen, sozialen Beziehungen und Vergemeinschaftungen in Lebenswelten und medialen Präsentationen
Besonderheiten der Graduiertenausbildung	Die Forschung zu Kindheit und Jugend ist angeknüpft an eine DAAD-Hochschulkooperation und Partneruniversitäten in Zentralasien, erfolgt also vergleichend in Ländern Zentralasiens. Zu diesem Forschungsbereich wird auch ein Modul in englischer Sprache angeboten (v.a. auch zur Nachqualifikation ausländischer Studierender).

Rheinland-Pfalz

Institut	Technische Universität Kaiserslautern Fachbereich Sozialwissenschaften Fachgebiet Soziologie Erwin-Schrödinger-Str., Geb. 57 67663 Kaiserslautern http://www.uni-kl.de/FB-SoWi/FG-Soziologie/
Fachliche Schwerpunkte	• Automotive: Krise und Entwicklungsdynamik in der Automobilwirtschaft mit den Schwerpunkten E-Mobilität und soziale Netzwerke; Globalisierung von neuen Produktionsstandorten • IT, Medien und Kreativwirtschaft: Technologie und Marktdynamik; Neugründungen und Arbeitsmarktentwicklung • Gesundheitswirtschaft: digitaler Support und veränderte Organisationsformen; Prävention • Grüne Wirtschaft: erneuerbare Energien und ihr wirtschaftlicher, qualifikatorischer und politischer Impact • Modernisierung und Intervention: sozietale Formen gesellschaftlicher Modernisierung; Cluster-Konzeptionalisierung und -Organisation, Netzwerke und Plattformen

Besonderheiten der Graduiertenausbildung	• sehr gute Netzwerke in verschiedenen Branchen, u.a. Automobilwirtschaft, Medien- und Gesundheitswirtschaft • *International School for Graduate Studies* (http://www.uni-kl.de/isgs): eine hochschulweite und fächerübergreifende Graduiertenschule, die Doktoranden bei administrativen und organisatorischen Prozessen unterstützt • Promotionsunterstützung bei entsprechenden Themen auch durch das *Institut zur Modernisierung von Wirtschafts- und Beschäftigungsstrukturen GmbH* in Mainz (http://www.imo-institut.de) möglich

Institut	Universität Koblenz-Landau (*) Fachbereich 6: Kultur- und Sozialwissenschaften Institut für Sozialwissenschaften Abteilung Soziologie Marktstr. 40 76829 Landau http://www.uni-koblenz-landau.de/landau/fb6/sowi/soziologie/
Fachliche Schwerpunkte	• Bildung • Globalisierung • Jugend • Kultur • Methoden • Migration • Sozialstruktur
Besonderheiten der Graduiertenausbildung	

Institut	Johannes Gutenberg-Universität Mainz Institut für Soziologie Colonel-Kleinmann-Weg 2 55099 Mainz http://www.soziologie.uni-mainz.de/
Fachliche Schwerpunkte	• Praxistheorien • Wissenssoziologie • Organisationssoziologie • Gender Studies • Netzwerkanalyse
Besonderheiten der Graduiertenausbildung	Doktorandenkolloquien und eigener strukturierter Promotionsstudiengang mit großer Wahlfreiheit zwischen Modulen

Institut	Deutsche Hochschule für Verwaltungswissenschaften Speyer Freiherr-vom-Stein-Str. 2 67346 Speyer http://www.dhv-speyer.de/
Fachliche Schwerpunkte	• Organisationssoziologie • Wissenschaftsmanagement: Netzwerkstrategien von Forschergruppen; Innovationsfähigkeit; Wissens- und Technologietransfer
Besonderheiten der Graduiertenausbildung	Die Deutsche Hochschule für Verwaltungswissenschaften (DHV) ist eine Hochschule für Verwaltungswissenschaften, die seit 1970 etwa 220 Kandidaten den akademischen Grad „Doktor der Verwaltungswissenschaften" (Dr. rer. publ.) verliehen hat. Seit 2006 verleiht sie auch die Grade „Doktor der Staats- und Wirtschaftswissenschaften" (Dr. rer. pol.) und „Doktor der Rechtswissenschaft" (Dr. iur.). An der DHV sind zwei soziologische Lehrstühle angesiedelt.

Institut	Universität Trier (*) Fachbereich IV Fach Soziologie Universitätsring 15 54296 Trier http://www.uni-trier.de/index.php?id=1835
Fachliche Schwerpunkte	▪ Absatz, Markt, Konsum ▪ allgemeine Soziologie ▪ Kultursoziologie ▪ Arbeit, Personal, Organisation ▪ Ethnologie ▪ Sozialpolitik ▪ empirische Sozialforschung ▪ Wirtschaftssoziologie
Besonderheiten der Graduiertenausbildung	*Internationales Graduiertenzentrum* (http://www.uni-trier.de/index.php?id=147)

Sachsen

Institut	Technische Universität Chemnitz Institut für Soziologie Campus Reichenhainerstraße Thüringer Weg 9 09126 Chemnitz http://www.tu-chemnitz.de/hsw/soziologie/institut/
Fachliche Schwerpunkte	▪ Arbeits-, Berufs- und Industriesoziologie ▪ Familiensoziologie ▪ Migrationssoziologie ▪ Soziologie des Raumes ▪ moderne Gesellschaften
Besonderheiten der Graduiertenausbildung	

Institut	Technische Universität Dresden (*) Philosophische Fakultät Institut für Soziologie Chemnitzer Str. 46a 01187 Dresden http://tu-dresden.de/die_tu_dresden/fakultaeten/philosophische_fakultaet/is
Fachliche Schwerpunkte	▪ Mikrosoziologie ▪ Makrosoziologie ▪ Methoden der empirischen Sozialforschung ▪ soziologische Theorie, Theoriegeschichte und Kultursoziologie ▪ Techniksoziologie
Besonderheiten der Graduiertenausbildung	▪ integriertes Graduiertenkolleg des Sonderforschungsbereichs 804 *Transzendenz und Gemeinsinn* (http://www.sfb804.de/) ▪ Promotionskolleg *Lebenslanges Lernen* (http://www.tu-dresden.de/kollegLLL/)

Institut	Universität Leipzig
	Institut für Soziologie
	Beethovenstr. 15
	04107 Leipzig
	http://www.uni-leipzig.de/~sozio/content/site/index.php
Fachliche Schwerpunkte	▪ Anwendungen der Rational-Choice- und Spieltheorie in der Soziologie
	▪ Erklärungen sozialer Normen
	▪ soziale Netzwerke
	▪ Theoriegeschichte: rationale Rekonstruktion klassischer Theorien
	▪ Organisationssoziologie
	▪ Wirtschaftssoziologie
	▪ Soziologie der Arbeit und sozialen Sicherheit
	▪ Europasoziologie
	▪ Ursachen und Wirkungen von raumbezogenen Identifikationen, Kriminalitäts- einstellungen, Geschlechternormen
Besonderheiten der Graduiertenausbildung	▪ der Schwerpunkt liegt auf Individualpromotionen
	▪ Betreuungsbesonderheiten im Bereich „Soziologie der Arbeit und sozialen Si- cherheit" und „Europasoziologie": Einbindung in das wöchentlich stattfinden- de sozialpolitische Kolloquium und in die einmal jährlich im März stattfinden- de *Leipzig European Winter School* (http://www.uni-leipzig.de/~lews/)

Institut	Internationales Hochschulinstitut Zittau
	Professur Sozialwissenschaften
	Markt 23
	02763 Zittau
	http://www.ihi-zittau.de/index.php?whl=26000000&lg=de
Fachliche Schwerpunkte	▪ Wirtschaft und Gesellschaft
	▪ Unternehmensethik (Business Ethics)
	▪ Transformationsökonomien in Mittel- und Osteuropa
Besonderheiten der Graduiertenausbildung	▪ sozialwissenschaftliche Promotionen (zum Dr. rer. pol.) sind neben der freien Einzelpromotion auch im Rahmen eines fächerübergreifenden (auf drei Jahre angelegten) Doktorandenkollegs möglich
	▪ Möglichkeit zur kooperativen Promotion exzellenter FH-Absolventen

Sachsen-Anhalt

Institut	Martin-Luther-Universität Halle-Wittenberg
	Institut für Soziologie
	Adam-Kuckhoff-Str. 41
	06108 Halle/Saale
	http://www.soziologie.uni-halle.de/
Fachliche Schwerpunkte	▪ Lebenslaufsoziologie
	▪ Bewältigung demographischen Wandels
Besonderheiten der Graduiertenausbildung	Unter Beteiligung von soziologischen Arbeitsbereichen finden derzeit drei struk- turierte Graduiertenausbildungen statt:
	▪ *Bildung und soziale Ungleichheit* (http://www.philfak3.uni-halle.de/ paedagogik/allg_erzwiss/kolleg/1_foerder/; Böckler-Stiftung)
	▪ *Formenwandel der Bürgergesellschaft. Deutschland und Japan im Vergleich* (http://www.igk-buergergesellschaft.uni-halle.de/; DFG, in Kooperation mit der University of Tokyo)

246

	▪ *Graduate School Society and Culture in Motion* (http://www.scm.uni-halle. de/gsscm/; Landesschwerpunkt Wissenschaftszentrum Land Sachsen-Anhalt)

Institut	Otto-von-Guericke Universität Magdeburg Institut für Soziologie Zschokkestr. 32, Lehrgebäude 40 39104 Magdeburg http://www.isoz.ovgu.de
Fachliche Schwerpunkte	▪ Analyse sozialer Welten, sozialer Bewegungen und kollektiver Identitäten ▪ Berufs- und Professionssoziologie, Beratungsforschung ▪ Bildungs- und Erziehungssoziologie, Studienverlaufsforschung ▪ Interaktions-, Biographie-/Lebensverlaufsforschung ▪ Medizinsoziologie, Gesundheitsforschung, Gesundheits- und Sozialberichterstattung ▪ Sozialstrukturanalyse ▪ Soziologie sozialen Wandels, insbesondere Transformationsforschung, Entwicklungssoziologie und Sozialanthropologie (Schwerpunkte: Osteuropa, Russische Föderation, Zentralasien, Südasien) ▪ Wirtschafts-, Industrie- und Organisationssoziologie ▪ Wissens- und Wissenschaftssoziologie, Diskursanalyse
Besonderheiten der Graduiertenausbildung	

Schleswig-Holstein

Institut	Universität Flensburg (*) Internationales Institut für Management Professur für allgemeine Soziologie Munketoft 3b 24937 Flensburg http://iim.uni-flensburg.de/index.php?id=soziologie
Fachliche Schwerpunkte	▪ Gesellschaftstheorie und Sozialphilosophie ▪ politische Soziologie und Verfassungstheorie ▪ Rechtssoziologie und Demokratietheorie ▪ Struktur und Entwicklung der Weltgesellschaft
Besonderheiten der Graduiertenausbildung	

Institut	Christian-Albrechts-Universität zu Kiel Institut für Sozialwissenschaften Soziologie Westring 400 24098 Kiel http://www.soziologie.uni-kiel.de/
Fachliche Schwerpunkte	▪ Diversity Studies (Schwerpunkt Theorienbildung) ▪ Geschlechterforschung ▪ Geschlechterverhältnisse im europäischen Vergleich ▪ Gleichstellungs- und Antidiskriminierungspolitik in der Europäischen Union ▪ Militär und Geschlecht ▪ Regionalsoziologie Israel

	▪ Theorien sozialer Ungleichheit ▪ Sozialstrukturanalyse und Lebensstilforschung ▪ allgemeine Soziologie, insbesondere Kultursoziologie ▪ Mediensoziologie ▪ Wirtschafts- und Organisationssoziologie ▪ Professionssoziologie ▪ Wissenschafts- und Bildungsforschung ▪ Familien- und Jugendsoziologie ▪ quantitative und qualitative Methoden der empirischen Sozialforschung ▪ internationale Politik und Gesellschaft Das Institut für Sozialwissenschaften ist zwei Fakultäten zugeordnet: Philosophische Fakultät und Wirtschafts- und Sozialwissenschaftliche Fakultät
Besonderheiten der Graduiertenausbildung	▪ Promotionskolloquium zu Gender- und Diversityforschung ▪ deutsch-israelische Sommerakademie für Promovierende (zusammen mit der Tel-Aviv University) ▪ Promotionskolleg ist in Planung ▪ das *Graduiertenzentrum* (http://www.graduiertenzentrum.uni-kiel.de/) bietet überfachliche Qualifizierungsangebote, allgemeine Förderung und Beratung

Thüringen

Institut	Universität Erfurt Staatswissenschaftliche Fakultät Nordhäuser Str. 63 99089 Erfurt http://www.uni-erfurt.de/staatswissenschaften/studierende/ba/sozialwissenschaften/
Fachliche Schwerpunkte	Wir wurden explizit gebeten, von einer Vorstellung der Fakultät abzusehen. Daher verweisen wir auf die oben angegebene URL.
Besonderheiten der Graduiertenausbildung	

Institut	Friedrich-Schiller-Universität Jena Institut für Soziologie Carl-Zeiß-Str. 2 07743 Jena http://www.soziologie.uni-jena.de/
Fachliche Schwerpunkte	▪ Schwerpunkt „Arbeit – Wohlfahrt – Profession", in dessen Zentrum die Verknüpfung von mikro- und makrosoziologischen Perspektiven auf die Vergesellschaftung von Arbeit und die Steuerung des Sozialsektors steht ▪ Schwerpunkt „Sozialer Wandel und soziologische Zeitdiagnosen", der in vergleichender Perspektive die Strukturbildungsprozesse und den Wandel der Zeit-Raum-Verhältnisse in modernen Gesellschaften in den Blick nimmt Forschung und Lehre in beiden Schwerpunkten zielen auf eine empirisch fundierte und methodisch variable, der demokratischen Öffentlichkeit verpflichtete kritische Soziologie der Gegenwartsgesellschaft.
Besonderheiten der Graduiertenausbildung	Im Rahmen des Promotionskollegs *Zeitstrukturen des Sozialen* (http://www.soziologie.uni-jena.de/Promotionskolleg.html) wird Fragen der Kontinuität und Diskontinuität gesellschaftlicher Entwicklung in der Moderne nachgegangen. Es steht im institutionellen Kontext der *Jena Graduate School Human Behaviour in*

| | *Social & Economic Change* (http://www.gsbc.uni-jena.de/), die sozialwissen-schaftliche, verhaltenswissenschaftliche und wirtschaftswissenschaftliche Diszi-plinen in sich vereint und ihrerseits unter dem Dach der *Jenaer Graduierten-Akademie* (http://www.uni-jena.de/graduiertenakademie.html) operiert; deren Lehr- und Fortbildungsangebote stehen auch den Promovierenden des Instituts für Soziologie offen. |

Anhang 2:
Überblick über die Promotionsförderung durch Stipendienorganisationen

Die folgenden tabellarischen Darstellungen bieten einen ersten Überblick über die Promotionsförderung der zwölf großen Förderwerke, welche die Mittel des Bundesministeriums für Bildung und Forschung vergeben. Obgleich die Fördersätze und die grundsätzlichen Regeln auf einer allgemeinen Grundlage basieren – den Bundesrichtlinien zur Stipendienvergabe[1] – und deshalb hier nicht separat aufgeführt werden, zeigt sich eine gewisse Varianz insbesondere hinsichtlich der Ausrichtung der jeweiligen Stiftung, der ideellen Förderung, der Förderung von Forschungsreisen sowie der Aufnahmequoten in den vergangenen Jahren. Die Angaben, die Sie in den nachfolgenden Überblicksdarstellungen finden, basieren auf Informationen, welche die Förderwerke uns auf Anfrage zur Verfügung gestellt haben.[2] Nicht berücksichtigt sind in der folgenden Tabelle die landesspezifischen Förderprogramme (Landesgraduiertenförderung etc.), Universitätsprogramme sowie sonstige Stiftungen, die Promovierende während ihres Studiums unterstützen – wie etwa Förderwerke von Medien (Zeit, Fazit Stiftung der Frankfurter Allgemeinen Zeitung), ortsbezogene bzw. fachspezifische Stipendienprogramme oder auch spezielle Förderprogramme für Frauen.

---

[1] Das Grundstipendium beträgt monatlich 1.050 Euro. Hinzu kommen monatlich 100 Euro Forschungskostenpauschale sowie ggf. 155 Euro Familienzuschlag und ein Kinderbetreuungszuschlag von bis zu 255 Euro.

[2] Für die dauerhafte Richtigkeit dieser Angaben können wir selbstverständlich keine Gewähr übernehmen.

Cusanuswerk (katholische Kirche)

URL	http://www.cusanuswerk.de/
besondere Bewerbungsvoraussetzungen	• katholische Konfession • Zulassung zur Promotion
Bewerbungstermine	• 10. Januar (zur Auswahlentscheidung im Mai) • 1. Mai (zur Auswahlentscheidung im Oktober) • 1. September (zur Auswahlentscheidung im Januar)
Aufnahmequote (in % der Bewerber)	in den vergangenen Jahren rd. 20%
Regelförderdauer	zwei Jahre, max. drei und in Härtefällen vier Jahre
Reisekosten	Für notwendige Reisen ins Ausland (Studium, Kongresse/ Tagungen, Praktika, Sprachkurse, etc.) können auf Antrag Auslandszuschläge gewährt sowie Reisekosten und Studiengebühren ersetzt werden.
ideelle Förderung	• Betreuung: Vertrauensdozenten an den Hochschulorten, Ansprechpartner in der Geschäftsstelle • Seminarprogramm: Ferienakademien, Workshops (Studium und Beruf), Fachschaftstagungen von Studierenden bestimmter Fachgruppen, Exerzitien und Besinnungstage, Jahrestreffen • Graduiertentagungen: Seminare zu diversen Themen nur für Promovierende

Ernst Ludwig Ehrlich Studienwerk (jüdische Begabtenförderung)

URL	http://www.eles-studienwerk.de/
besondere Bewerbungsvoraussetzungen	• Zugehörigkeit zur jüdischen Gemeinschaft • Dissertation in der Anfangsphase • deutsche Staatsangehörigkeit, Staatsangehörigkeit eines EU-Mitgliedslandes oder der Status eines Bildungsinländers/einer Bildungsinländerin im Sinne des BAföG §8 • Immatrikulation bzw. Zulassung zur Promotion an einer staatlichen oder staatlich anerkannten Hochschule in Deutschland, in einem EU-Mitgliedsland oder in der Schweiz
Bewerbungstermine	• zum Wintersemester: 30. Juni • zum Sommersemester: 31. Dezember
Aufnahmequote (in % der Bewerber)	10 Prozent
Regelförderdauer	zwei Jahre, max. drei Jahre
Reisekosten	Unterstützung des Forschungsaufenthalts, von Praktika und Sprachkursen im Ausland in Form von Reisekosten, Auslandszuschlägen und Zuschüssen zu Studiengebühren
ideelle Förderung	• Beratung: Vertrauensdozenten in der jeweiligen Region • Sommerakademien, wissenschaftliche Akademien mit diversen Schwerpunkten rund um das Judentum

Evangelisches Studienwerk e.V. Villigst (evangelische Kirche)

URL	http://www.evstudienwerk.de/
besondere Bewerbungsvoraussetzungen	• Zugehörigkeit zu einer evangelischen Kirche
Bewerbungstermine	• 15. Juni (zur Auswahlentscheidung im Oktober) • 15. Dezember (zur Auswahlentscheidung im April)
Aufnahmequote (in % der Bewerber)	keine Angaben
Regelförderdauer	zwei Jahre, max. drei Jahre

Reisekosten	Unterstützung, wenn ein Promotionsvorhaben einen Auslandsaufenthalt erforderlich macht – sowohl für mehrmonatige Forschungsaufenthalte als auch für kurze Konferenzteilnahmen und Archivbesuche. Beantragt werden können die Reisekosten und bei Forschungsaufenthalten ein monatlicher Auslandszuschlag (je nach Land unterschiedlich). Bei kurzen Aufenthalten werden neben den Reisekosten ein Tagegeld wie auch evtl. entstehende Tagungsgebühren bezahlt. Da die Relevanz zum Thema nicht immer eindeutig erkennbar ist, erwartet die Stiftung zum Antrag eine Stellungnahme des Betreuers/der Betreuerin, worin die Notwendigkeit oder Wichtigkeit bestätigt wird.
ideelle Förderung	• Beratung: Studienleiter, Vertrauensdozenten an den Hochschulorten, Seelsorge • Sommeruniversität im Haus Villigst, zwei Promotionstagungen im Jahr, Auslands- und Praktikumstreffen, Pfingsttreffen aller Generationen zu gesellschaftspolitisch aktuellen Fragen, Kontaktforum zwischen Stipendiaten und Unternehmern • Mitarbeit der „Villigster" in Entscheidungsgremien des Studienwerks, bei der Abstimmung des Bildungsprogramms und in der Auswahl der neuen Stipendiaten • Arbeitsgemeinschaften zu bestimmten Themen, aus denen sich Tagungen und Seminare ergeben können • Konvente an den Hochschulorten

Friedrich-Ebert-Stiftung (SPD-nah)

URL	http://www.fes.de/studienfoerderung
besondere Bewerbungsvoraussetzungen	Die Förderung richtet sich an Doktorand/-innen, die an einer staatlichen oder staatlich anerkannten deutschen Hochschule ohne Auflagen zur Promotion zugelassen sind. Das vorherige Studium sollte zügig und mit überdurchschnittlichem Ergebnis abgeschlossen worden sein. Das wissenschaftliche Vorhaben sollte einen bedeutsamen Beitrag zur Forschung leisten. Zusätzlich wird ein ausgeprägtes gesellschaftspolitisches Engagement erwartet.
Bewerbungstermine	Bewerbungen können jederzeit online eingereicht werden. Promotionen in der Abschlussphase und Promotionen sowie Fach- und Weiterbildungen im Bereich Medizin werden nicht gefördert.
Aufnahmequote (in % der Bewerber)	Von knapp 800 Bewerbungen um Promotionsförderung pro Jahr werden rund 25% dem unabhängigen Auswahlausschuss zur Entscheidung vorgelegt. Davon werden jährlich ca. 50% positiv beschieden und neu aufgenommen.
Regelförderdauer	zwei Jahre, max. drei Jahre
Reisekosten	• Zuschüsse zu Auslandsaufenthalten möglich • Förderung von Promotionen im Ausland in Ausnahmefällen
ideelle Förderung	• Betreuung: FES-Betreuer, Vertrauensdozenten, Mentoren • stipendiatische Aktivitäten (u.a. Hochschulgruppenarbeit, Arbeitskreise, FORUM, Internet-Community, Veranstaltungsreihen) • Seminarprogramm (Veranstaltungen zu Themen aus Politik, Gesellschaft und Wissenschaft sowie zur Berufsorientierung, Fachtagungen für Promovierende)

Friedrich-Naumann-Stiftung für die Freiheit (liberal)

URL	http://www.stipendium.freiheit.org
besondere Bewerbungsvoraussetzungen	vielseitige Persönlichkeit, Engagement

Bewerbungstermine	• 15. Mai • 15. November
Aufnahmequote (in % der Bewerber)	bei Graduierten ca. 15% der Bewerber
Regelförderdauer	zwei Jahre, max. drei Jahre
Reisekosten	Reisekostenzuschuss, Förderung von Auslandsaufenthalt und Tagungsreisen
ideelle Förderung	• Foren für wissenschaftliche und gesellschaftliche Debatten • Selbstorganisation in Arbeitskreisen, z.B. AK Demokratie, AK Kultur • eigenverantwortliche Initiativen der Stipendiaten, z.B. Malawi, Queer, I-Prom • von Stipendiaten gestaltete, interdisziplinäre Seminare • Ferienakademien im In- und Ausland • bundesweiter Konvent • Seminare zu Liberalismus, Freiheit, Menschenrechte u.a. • Trainings in Kommunikation und Moderation • breites Angebot der regionalen Bildungsstätten, der Virtuellen Akademie, der Internationalen Akademie für Führungskräfte • Stipendiatentreffen und Doktorandenkolloquien an der Hochschule • liberales Netzwerk im In- und Ausland

Hanns-Seidel-Stiftung (CSU-nah)

URL	http://www.hss.de/
besondere Bewerbungsvoraussetzungen	• Prädikatsexamen • persönliche Eignung (Affinität mit den Stiftungszielen) • längeres gesellschaftliches und ehrenamtliches Engagement alternativ auf politischem oder hochschulpolitischem Sektor, auf kirchlich-konfessionellem oder karitativem Gebiet und/oder auf Verbandsebene • Höchstalter 32 Jahre • Promotion an einer Hochschule innerhalb Deutschlands • Promotionsthema muss einen wichtigen Beitrag im Rahmen der wissenschaftlichen Diskussion leisten • keinerlei Berücksichtigung von Quoten jeglicher Art
Bewerbungstermine	• 15. Januar • 15. Mai • 15. Juli
Aufnahmequote (in % der Bewerber)	Je nach Bewerberjahrgang unterschiedlich: ca. 25 bis 30% werden in die zweite Runde eingeladen; in der Regel ist es schwieriger, in die zweite Runde zu kommen, als dort nicht zu bestehen.
Regelförderdauer	zunächst 1 Jahr mit der Option der zweimaligen Verlängerung bis max. 2,5 Jahren (= 3 Förderungszeiträume)
Reisekosten	Reisekostenzuschuss für notwendige Auslandsaufenthalte und Auslandszuschläge; maximale Aufenthaltsdauer: sechs Monate. Keine Bezuschussung von Seminar- oder Konferenzaufenthalten.
ideelle Förderung	• Betreuung: Vertrauensdozenten an den Hochschulorten • Seminare/Studienfahrten/Symposien zu allgemeinen und aktuellen bildungspolitischen Themen/Fragestellungen • eine mehrtägige Veranstaltung der Studien-/Promotionsförderung pro Förderungszeitraum • zusätzlich einmalig eine Promotionsfachtagung

Hans-Böckler-Stiftung (gewerkschaftsnah)

URL	http://www.boeckler.de/
besondere Bewerbungsvoraussetzungen	Es gelten die üblichen wissenschaftlichen und fachlichen Voraussetzungen; darüberhinaus wird ein gewerkschafts- oder gesellschaftspolitisches Engagement von den Bewerbern erwartet.
Bewerbungstermine	Es gibt 4 Aufnahmetermine im Jahr. Der jeweilige Bewerbungsschluss ist auf der Homepage einsehbar.
Aufnahmequote (in % der Bewerber)	in den vergangenen Jahren rd. 15 %
Regelförderdauer	zwei Jahre, max. drei Jahre
Reisekosten	Unterstützung bei Forschungsaufenthalten, Tagungen und Sprachkursen im Ausland. Auslandspromotionen sind in begründeten Fällen möglich.
ideelle Förderung	• Betreuung: Studienförderungsreferenten und Vertrauensdozenten • promotionsbegleitendes Seminarprogramm (Hochschuldidaktik, Forschungsmethoden, Schlüsselqualifikationen, Rhetorik etc.) • Praktikaprogramm • bundesweite Treffen und Tagungen der Promovierenden • Möglichkeit zur eigenständigen Initiierung von Arbeitsgemeinschaften

Heinrich-Böll-Stiftung (Grünen-nah)

URL	http://www.boell.de/
besondere Bewerbungsvoraussetzungen	siehe im Internet: http://www.boell.de/stipendien/stipendien.html
Bewerbungstermine	I.d.R. zum 01. März und zum 01. September; siehe aber die aktuellen Ausschreibungen im Internet: http://www.boell.de/stipendien/stipendien.html
Aufnahmequote (in % der Bewerber)	rd. 10% (es gibt keine feste Quote)
Regelförderdauer	zwei Jahre, max. drei Jahre
Reisekosten	Es gibt die Möglichkeit, einen Zuschuss zu promotionsrelevanten Auslandsaufenthalten zu erhalten. Promotionen im europäischen Ausland sind möglich.
ideelle Förderung	• Beratung: Vertrauensdozenten und Fachreferenten • Begleitprogramm aus Veranstaltungen zu Schlüsselqualifikationen, Karriereplanung und interdisziplinärem Austausch sowie praxisrelevante Trainings (Persönlichkeitsentwicklung, Publikationsstrategien, Hochschuldidaktik) • Sommerakademie „Campus" • einführende Seminare „Ansichten einer Stiftung" • Promovierendenforum

Konrad-Adenauer-Stiftung (CDU-nah)

URL	http://www.kas.de/wf/de/42.36
besondere Bewerbungsvoraussetzungen	Zulassung zur Promotion muss gesichert sein
Bewerbungstermine	in der Regel: • 15. Juli • 15. Dezember
Aufnahmequote (in % der Bewerber)	keine Quote, variiert nach Bewerberlage

Regelförderdauer	zwei Jahre, max. drei Jahre
Reisekosten	Zuschüsse zu Auslandsaufenthalten sind möglich
ideelle Förderung	• stipendienbegleitende Beratung und Berufsorientierung • Veranstaltungen innerhalb der Stipendiatengruppe an den Hochschulorten • Promotionskollegs „Die Zeit der Deutschen Teilung: Diktaturerfahrung, Innerdeutsche Beziehungen, Europäische Dimensionen" und „Soziale Marktwirtschaft" • Seminarprogramm (Bildungsprogramm Begabtenförderung, Veranstaltungen zur Berufsorientierung/Berufsförderung)

Rosa-Luxemburg-Stiftung (Die Linke-nahe)

URL	http://www.rosalux.de/
besondere Bewerbungsvoraussetzungen	• Zulassung zur Promotion • Nachweis des aktuellen gesellschaftspolitischen Engagements
Bewerbungstermine	▪ 30. April (für Förderbeginn zum 01. Oktober desselben Jahres) ▪ 31. Oktober (für Förderbeginn zum 01. April des darauffolgenden Jahres)
Aufnahmequote (in % der Bewerber)	rd. 10 %
Regelförderdauer	zwei Jahre, max. drei Jahre
Reisekosten	Förderung von Auslandsaufenthalten (Forschungsreisen, Konferenzbesuche etc.) ist möglich
ideelle Förderung	• Betreuung durch Vertrauensdozenten • Einführungsseminar • Ferienakademie in Selbstorganisation der Stipendiatinnen und Stipendiaten • Doktorandenseminare • Begleitprogramm mit verschiedenen Seminaren (Techniken des wissenschaftlichen Arbeitens und Forschungsmethodik, Bildungsreisen, Fachtagungen) • Vernetzung der Stipendiatinnen und Stipendiaten über die Regionaltreffen, Mailinglisten und das Intranet • Publikationsmöglichkeiten der Forschungsergebnisse (Karl Dietz Verlag)

Stiftung der deutschen Wirtschaft (wirtschaftsnah)

URL	http://www.sdw.org/
besondere Bewerbungsvoraussetzungen	Zu den Top-Kriterien zählen: • gesellschaftliches Engagement, z.B. Gremienarbeit an der Hochschule, Mitwirkung in Vereinen oder in einer Partei, ehrenamtliches Engagement in der Kirche oder in sozialen Einrichtungen • Zielstrebigkeit Weitere Kriterien sind: • soziale Kompetenz • Allgemeinbildung • Fähigkeit zu vernetztem Denken • kommunikative Fähigkeiten Formale Voraussetzungen für die Bewerbung sind folgende: • gefördert werden können deutsche und ausländische Nachwuchswissenschaftler, die ein abgeschlossenes Hochschulstudium nachweisen können und an einer staatlichen oder staatlich anerkannten

	Hochschule in Deutschland, in der Schweiz oder im EU-Ausland zur Promotion zugelassen sind • Promovierende können nur gefördert werden, wenn sie mindestens zwei Drittel ihrer Promotionsförderzeit aktiv in einer der inländischen oder der drei ausländischen Stipendiatengruppen (London, Paris, Schweiz) mitarbeiten, regelmäßig die Gruppentreffen besuchen und an dem in Deutschland stattfindenden Veranstaltungsprogramm teilnehmen • eine Förderung ist nicht möglich, wenn der/die Promovierende für denselben Zweck bereits eine andere Förderung erhält • eine Förderung ist nicht möglich während eines Ausbildungsganges oder einer beruflichen Einführung, sofern diese Ausbildung nicht für die Promotion unterbrochen ist • eine Förderung ist ebenso dann nicht möglich, wenn der/die Promovierende mehr als 10 Stunden wöchentlich einer vergüteten wissenschaftlichen Arbeit in Forschung und Lehre nachgeht oder mehr als 5 Stunden wöchentlich in anderer Form erwerbstätig ist • Promovierende, die sich zum Assessment Center im Frühjahr bewerben, dürfen zum 1. April des entsprechenden Kalenderjahres das 32. Lebensjahr noch nicht vollendet haben; Promovierende, die sich zum Assessment Center im Herbst bewerben, dürfen zum 1. Oktober des entsprechenden Kalenderjahres das 32. Lebensjahr noch nicht vollendet haben • Bewerberinnen und Bewerber müssen am Beginn des Promotionsvorhabens stehen; eine reine Abschlussförderung wird nicht angeboten • zwischen möglicher Aufnahme in die Förderung und geplantem Abschluss der Promotion müssen bei Bewerbern, die bereits während ihres Studiums von der sdw gefördert wurden (interne Bewerber), mindestens 13 Monate liegen; bei Bewerbern, die zuvor noch nicht von der sdw gefördert wurden (externe Bewerber), muss die Förderzeit ab Aufnahme in die Promotionsförderung mindestens 18 Monate betragen • alle Bewerberinnen und Bewerber sollten nach Möglichkeit einen nicht-touristischen Auslandsaufenthalt (Praktikum oder Studium, nicht aber Sprachkurse) nach Abschluss der Schulzeit nachweisen können
Bewerbungstermine	Die Bewerbung ist zweimal im Jahr möglich. Bewerbungstermine sind der 15. Januar und der 15. August; für eventuelle Terminänderungen wird der Besuch der o.g. Internetpräsenz empfohlen.
Aufnahmequote (in % der Bewerber)	Jährlich können bei ca. 300 bis 400 Bewerbungen ca. 42 Promotionsstipendien an Neubewerber vergeben werden. Darüber hinaus stellt die Stiftung ca. 36 Stipendien für Absolventen ihrer Studienförderung zur Verfügung, die eine Promotion anschließen; von den Altstipendiaten bewerben sich ca. 30-40 pro Jahr für das Promotionsstipendium.
Regelförderdauer	zwei Jahre, max. drei Jahre
Reisekosten	Förderung von Auslandsaufenthalten durch Zuschläge zum Stipendium, Reisekostenzuschuss, Zuschuss zur Auslandskrankenversicherung, (teilweise) Übernahme von Sprachkursgebühren.
ideelle Förderung	• Betreuung: Vertrauensdozenten, Vertrauensmanager (aus Unternehmen), Vertrauensschulleiter für Stipendiaten aus dem Bereich Lehramt, Alumnimentoren, Regionalbetreuer • Aufnahmeveranstaltung für neue Stipendiaten

	• verpflichtende Mitarbeit in der jeweiligen Stipendiatengruppe • Seminare und Akademien zu gesellschaftspolitischen Themen, Trainings und Workshops zu Schlüsselkompetenzen (Verhandlungstechnik, Zeit- und Projektmanagement etc.), Dialogforen mit Unternehmern, Veranstaltungen exklusiv für Promovierende (Methodentraining zum wissenschaftlichen Vortrag, interdisziplinäre Kolloquien etc.) • Projektwettbewerbe zur Umsetzung von eigenen Projektideen

Studienstiftung des deutschen Volkes (staatliches Elitenförderungswerk)

URL	http://www.studienstiftung.de/
besondere Bewerbungsvoraussetzungen	• Zulassung zur Promotion • Vorschlag durch Dissertationsbetreuer
Bewerbungstermine	Keine, Antrag jederzeit möglich
Aufnahmequote (in % der Bewerber)	ca. 30 %
Regelförderdauer	zwei Jahre, max. drei Jahre
Reisekosten	diverse öffentliche und privat finanzierte Stipendien, die bei der Finanzierung von Semester-, Jahres- oder auch Kurzaufenthalten helfen
ideelle Förderung	• Beratung: Vertrauensdozentengruppe an den Hochschulorten • Doktorandenforen zur Vernetzung von Doktorandinnen und Doktoranden verwandter Fächer mit dem Ziel, sich über Arbeitsmethoden, Hindernisse und Herausforderungen der Promotion auszutauschen • Sommerakademien • Sprachkurse

Kölner Zeitschrift für Soziologie und Sozialpsychologie

Die soziologische Fachzeitschrift *Kölner Zeitschrift für Soziologie und Sozialpsychologie (KZfSS)* ist nach Umfang und Verbreitung das bei weitem bedeutendste soziologische Fachorgan im deutschen Sprachraum und berichtet umfassend über die deutsche soziologische Forschung aller Fachrichtungen und vermittelt regelmäßig Forschungsergebnisse aus vielen Ländern der Welt.

Die *KZfSS* verfolgt das Modell einer soziologischen Universal-Zeitschrift. Neben jährlich über 40 Aufsätzen, bei denen es sich grundsätzlich um Erstveröffentlichungen handelt, werden ausführliche Literaturberichte sowie in einem umfangreichen Rezensionsteil Besprechungen der deutschen und internationalen Fachliteratur publiziert. Sie bietet ein offenes Forum für soziologische Forschung und Diskussion. Besonderer Wert wird darauf gelegt, den jungen Fachkollegen eine Möglichkeit für die Erstveröffentlichung zu bieten.

63. Jahrgang 2011 – 4 Hefte jährlich

www.kzfss.de

Erhältlich im Buchhandel oder beim Verlag.
Änderungen vorbehalten. Stand: Juli 2011.

VS-JOURNALS.DE

Abraham-Lincoln-Straße 46
65189 Wiesbaden
tel +49 (0)6221.345 - 4303
fax +49 (0)6221.345 - 4229